무심 선생과의 대화

김 태 길 지음

철학과현실사

머 리 말

　일반인을 철학의 세계로 안내하고자 하는 뜻을 품고 한 뭉치의 원고를 작성한 것은 1969년 4월이었고, 그것을 『흐르지 않는 세월』이라는 이름으로 출판한 것은 1974년 3월이었다. 수량으로는 지나칠 정도로 많은 책을 썼고 그 가운데는 부끄러운 것도 적지 않으나, 『흐르지 않는 세월』은 내가 아직도 애착을 느끼는 몇 권의 저서 가운데 하나이다. 기대 이상으로 많은 독자들의 사랑을 받았고 지금도 그 책에 언급하는 사람들과 가끔 만나는 것도 그러한 애착을 조장하는 원인의 일부일 것이다.
　『흐르지 않는 세월』의 원고는 철학적 에세이에 대한 나의 관심이 절정에 달했던 40대 후반에 쓴 것이어서, 재치를 부려서 문학성을 돋보이게 하려는 욕심이 앞을 섰다. 따라서 철학적 대화의 내용보다도 그 주변의 '이야기'에 지나친 비중을 둔 결과를 불렀다. 뿐만 아니라 그 당시 나의 체험과 사색이 아직 미숙한 시기여서, 대화의 내용도 문제를 제기하는 수준에서 머물고 만 아쉬움을 남겼다. 이러한 아쉬움을 덜기 위하여 그 후편을 쓰고 싶다는 생각을 가진 것은 이미 오래 전부터이다.

『흐르지 않는 세월』이라는 책 이름은 원고를 쓴 뒤 5년이 지나서 출판을 결정한 다음에 정한 것이었으나, 그 후편의 이름을 『무심 선생과의 대화』로 정한 것은 원고의 첫장을 시작하기 전이었다. 이번에는 '대화'의 내용에 중점을 두자는 생각이 확고했던 것이었다. 그러나 전편과의 연속성을 살리고 싶은 욕심도 있어서, 성환 근방에 있던 농장에서 작별한 무심 선생을 근 30년 뒤에 서울 근교에서 다시 만나는 시점부터 붓을 들기 시작했다. 그리고 '대화'의 내용에 활기를 더하기 위해서 윤 여사와 강 여사 같은 중년 여성을 비롯하여 몇 사람의 조역을 등장시켰다.

대화의 주제로서는 오늘의 한국인이 일상생활에서 흔히 부딪치는 현실적 문제들을 골랐다. 건강, 자녀의 인성교육, 성도덕 등 일상적이고 비근한 문제들을 대상으로 삼되 '철학적'이라고 말할 수 있는 깊은 각도에서 접근하는 대화를 시도한 것이다. 일방적으로 해답을 제시하기보다는 독자들과 함께 생각하는 기회를 갖고자 하는 자세로 임하였다.

한국인은 대화에 서투른 편이다. 감정이 앞서기도 하고 논쟁에서 이기고자 하는 욕심이 발동하기도 하여, 지성적이며 차분한 대화가 이루어지지 않는 경우가 많다. 이러한 점을 고려하여, 이 저술에서는 상대편을 꺾으려는 논쟁보다는 대화다운 대화를 통하여 서로의 의견을 종합하는 방향으로 결론을 유도하도록 시도하였다.

저자는 이 저술에서 다룬 모든 문제들에 대하여 이론(異論)의 여지가 없는 확고부동한 해답을 제시하겠다는 욕심은 부리지 않았다. 비록 일상적인 문제라 하더라도 깊이 생각하면 철학적 문제가 되는 것이고, 철학적인 문제에 대하여 확고부동한 해답을 서두르면 독단에 빠지기 쉽다. 같은 문제라 하더라도 상황이 달라지면 그 대답이 달라질 수도 있다. 선각자연한 독단적 주장보다도 독자들과 함께 차분하게 생각하는 시간을 갖는 편이 더욱 바람직하다는 것이 저자의 일관된 생각이다.

            1999년 12월
            철학문화연구소에서
            金 泰 吉

차 례

머리말·3

제 1 장 건강 그리고 여가·11
    1. 무심 선생과의 재회 …………………………11
    2. 건강의 비결 ……………………………………15
    3. 여가의 선용 ……………………………………24

제 2 장 효도와 현대 한국·33
    1. 효의 세계화 운동 ……………………………33
    2. 효는 천지와 자연의 원리인가? ……………37
    3. 효와 현대사회 …………………………………42

제 3 장 자녀교육의 문제·58
    1. 강 여사와 윤 여사 …………………………58
    2. 자녀교육의 기본 원칙 ………………………63
    3. 인성교육 ………………………………………75

제 4 장 누가 여성의 적인가? · 87
　　　　1. 대화의 어려움 ··87
　　　　2. 왜 남성이 우위를 차지했는가? ··················93
　　　　3. 누가 누구의 적인가? ·································105

제 5 장 성과 도덕 · 114
　　　　1. 식욕과 성욕 ··114
　　　　2. 성문제에 관한 자녀와의 대화 ··················124

제 6 장 결혼, 우정, 인간애 · 139
　　　　1. 객적은 잡담 ··139
　　　　2. 결혼문제로 고민하는 젊은이의 편지 ········145
　　　　3. 성애에서 인간애까지 ·································156

제 7 장 종교를 믿으십니까? · 164
　　1. '종교'라는 말의 뜻 …………………………164
　　2. 신은 존재하는가? …………………………171
　　3. 자연주의적 종교 ……………………………181

제 8 장 윤리는 누구를 위한 것인가? · 190
　　1. 의식구조가 먼저냐, 사회구조가 먼저냐? …190
　　2. 윤리란 무엇인가? …………………………195
　　3. 왜 윤리를 지켜야 하는가? ………………203
　　4. "윤리는 나 자신을 위해서도 지켜야 한다"고
　　　 말할 수 있는가? ……………………………209

제 9 장 국제화 시대와 한국민족 · 218
　　1. 국제화 시대와 민족주의 …………………218
　　2. 민족의 정체성 ……………………………222
　　3. 한국인, 우리는 누구인가? ………………230
　　4. 겉모습의 존중과 부분에 대한 애착 ………237

제10장 바람직한 인간상 · 242
    1. 존경받는 역사적 인물 ································242
    2. '나'에 대한 사랑과 '남'에 대한 사랑 ········248
    3. 대아적 태도와 합리적 태도 ······················255
    4. 삶의 궁극목적으로서의 행복 ····················260

제11장 전통문화와 외래문화 · 267
    1. '민족 최대의 명절' ·····································267
    2. 무엇을 지키고 무엇을 버릴 것인가? ········270
    3. 문화의 평가, 문화의 도구적 가치와
       본래적 가치 ···277
    4. 우리나라 정신풍토의 문제점 ····················284

제12장 멋있는 삶 · 293
    1. 겉모습의 멋과 속마음의 멋 ······················293
    2. 무심 선생이 만나본 멋있는 사람들 ··········299
    3. 선비와 풍류의 멋 ······································306
    4. 삶의 슬기로운 끝마무리 ···························311

제 1 장
건강 그리고 여가

1. 무심 선생과의 재회

　『흐르지 않는 세월』이라는 이름을 가진 책을 쓰기는 했지만, 역시 세월은 흐르게 마련이었다. 그것은 쉬지 않고 흘렀다. 흐르고 또 흘러서 여러 해가 지났지만, 그 동안에 한 번도 무심 선생(無心先生)의 농장을 다시 찾지 못했다. 못한 것이 아니라 안한 것이었다. 성환과 천안 사이에 위치한 곳이니 마음만 먹으면 언제든지 갈 수 있는 곳이다. 그러나 나는 그곳을 다시 찾지 않았다. "눈에서 멀어지면 마음도 멀어진다"고 했는데, 내가 바로 그 꼴이었다.
　편지도 자주 못했다. 처음에는 가끔 안부도 묻고 세상 돌아가는 모습에 대한 짧은 의견을 전하기도 했으나, 편지 길도 점점 멀어졌다. 나중에는 겨우 연하장 하나 보내는 것으로 옛 스승에 대한 제자의 도리를 다했다는 얼굴을 하며 살아 왔다. 세상 살기가 바빠졌다는 것이 핑계의 전부였다.
　내가 보낸 편지나 연하장에 대하여 무심 선생은 빼놓지 않고 답장으로 응했다. 더러는 내 것보다도 더 자상한 답장이 날아오기도 했다. 그러나 선생께서 먼저 편지나 연하장을 보낸 적은 없었다. 그렇게 실낱 같은 인연의 줄만 겨우 유지한 가운데 세월은 흐르고 또 흘렀다.

그러나 그 실낱 같은 인연마저 끊어지는가 싶은 일이 생겼다. 내가 보낸 연하장에 대한 회답이 오지 않은 것이다. 연하장에 대한 회답이 없는 것은 흔히 있는 일이지만, 무심 선생의 경우는 느낌이 달랐다. 간단하게나마 나의 정을 담아서 보내드린 연하장에 대해서 아무 회신도 없다는 것은 그분 신변에 어떤 변화가 생겼음을 의미한다는 생각이 들었다. 혹시 건강이 매우 나빠진 것이나 아닐까.

연말연시에는 우편물이 폭주하므로 배달이 제대로 안 되는 경우가 간혹 생길 수도 있다. 나는 다시 문안편지 한 장을 써서 이번에는 등기로 부쳤다. 그러나 그것은 되돌아왔다. 주소가 변경된 모양이었다. 여기저기 수소문해 보았으나, 아무도 무심 선생의 근황에 대해서 아는 바가 없었다.

무심 선생의 전 주소를 찾아가서 새 주소를 알아볼 정도의 정열은 나에게 없었다. 그저 궁금하다는 생각만 가끔 하고 있었는데, 어느 날 무심 선생의 필적이 완연한 편지 한 장이 날아왔다. 새 주소에서 보낸 것이었다. 이사를 하고도 소식을 전하지 못해서 미안하다는 사연이 적혀 있었다. 선생의 새 주소는 과천(果川)의 어느 아파트라고 하였다. 서울 근교로 다시 돌아온 것이다. 편지 끝머리에 전화번호도 적혀 있었다.

당장 전화를 걸었다. 그러나 출타중이었다. 전화를 받은 약간 무미건조하게 들려온 여자 목소리를 상대로 무심 선생의 건강부터 물었다. "건강은 아주 좋으신가 비유" 하는 대답을 듣고, "고맙습니다"로 전화를 끊었다.
 저녁시간을 기다려서 다시 전화를 걸었다. 이번에는 선생이 직접 받으셨다. 옛날 그대로의 낭랑한 음성이었다. 그 목소리를 듣고 한동안 묻혀 있었던 그리움이 북받혀 올라온듯, 나는 일종의 흥분을 느꼈다. 무슨 말부터 해야 좋을지 몰라서 나는 약간 횡설수설하는 꼴이 되었다. 무심 선생도 매우 반가워하는 기색이었으나, 여유와 침착성에 있어서 한 수 위라는 것을 다시 확인했다. 나는 수일 이내에 찾아뵙겠다는 약속을 하고 수화기를 놓았다.
 다음 일요일에 무심 선생을 아파트로 찾아갔다. 아주 많이 늙었을 것으로 예상했는데, 별로 변한 것 같지 않았다. 무심 선생의 얼굴에서 '흐르지 않는 세월'의 모습을 보았다면 약간 과장이 될 것이다. 그러나 놀라울 정도로 옛모습을 그대로 간직하고 있음에는 의심의 여지가 없었다. 나에게는 그 점이 우선 크게 기뻤다.
 사모님도 건강한 편이었다. 그러나 옛날의 아름다웠던 모습은 많이 변해 있었다. 풍기는 품위는 옛날과 다를 것이 없었으나, 여성으로서의 아름다움은 '무상'(無常)을 직감할 정도로 크게 시들어 있었다. 젊음과 늙음의 차이는 남자의 경우보다도 여자의 경우가 크고, 보통 여자의 경우보다도 빼어난 미인의 경우가 더욱 현저하다는 생각이 떠올랐다.
 성환 근방에 있던 무심 농장을 찾아갔을 때 나눈 대화의 한 토막이 생각났다. 내가 무심 선생에게 이제 끝까지 시골에 파묻혀 있을 생각이냐고 물었을 때, 선생은 반드시 그런 것은 아니라고 대답했던 사실이 어렴풋하게 기억에 떠올랐다. 선생이 정년을 멀리 앞두고 농촌으로 숨어버린 것은 철학자로서의 자신에 대해서 회의를 느꼈기 때문이다. 그는 자신이 왜소한 자아(自我)의 껍질 속에 갇힌 옹졸한 이기주의자에 불과할 뿐 아니라 실천이 뒤따르지 않는 '좋은 말'만 앞세우는 가짜 철학자라고 생각한 끝에, 자신을 반성하고 정리하는 조용한 시간을 갖고자 서울을 떠났었다. 은퇴를 위해서 시골로 숨은 것은 아니라고 했으니, 때가 되면 다시 대중 앞에 나타날 가능성의 문을 열어놓고 있었던 셈이다. 무심 선생 자신의 입으로도, 자기의 옹졸한 인품이 어느 정도 극복되었다고 인정하게 되는 날이 오면, 다시 세상에 나타나고 싶다는 말을 한 적이 있었다.

그러나 무심 선생이 서울 근교로 돌아온 동기를 그날의 대화와 연결시켜서 물어볼 수는 없었다. 자신의 인품에 대한 자신감이 생겨서 다시 대중 앞에 나타난 것이냐는 뜻이 담긴 물음을 던진다면, 그것은 너무나 무례하고 잔인한 짓이 될 것이다. 그래서 나는 선생이 다시 돌아온 것을 크게 기뻐한다는 솔직한 심정을 전하는 것 이외에는 아무 말도 하지 않았다. 그러나 궁금한 마음이 없었던 것은 물론 아니다.

이야기를 나누는 가운데 무심 선생은 농장을 정리하게 된 사정을 지극히 세속적인 관점에서 말해 주었다. '무심 농장'이라는 이름을 붙이기는 했지만, 거기서 한 일은 주로 젖소를 기르는 목축이었다. 근래에는 기계화된 대규모의 목장이 많이 생겨서, 무심 농장과 같은 소규모의 목장은 경쟁에서 밀릴 뿐 아니라, 임금을 올려 주어도 사람 구하기가 점점 어려운 실정이다. 한마디로 말해서, 자본도 적고 노동력도 부실한 사람이 목축업을 지속하기에는 어려움이 많았다. 다행히 땅값이 올라서, 농장을 처분하면 아파트 하나를 사고도 노후를 위하여 쓸 수 있는 돈이 좀 남는다는 계산이 섰다. 이것이 무심 선생이 과천으로 오게 된 사정의 개략에 해당한다.

2. 건강의 비결?

"그런데 농촌생활을 하시는 동안에 선생님 내외분의 건강이 매우 좋아지신 것 같습니다. 건강과 장수를 위하여 노후에는 시골에 가 사는 것이 좋다는 말들을 많이 합니다." 나는 이렇게 화제를 돌렸다. 말머리를 돌린 것은 좋았으나, 내 말의 뜻이 농촌생활을 찬양함에 역점이 있다는 오해를 부를 가능성이 있어서, 아까 무심 선생이 서울 가까이 돌아온 것을 기뻐한다고 했던 나의 말과 모순되는 듯하여, 내가 말을 잘못했다는 생각이 스쳐갔다. 그러나 무심 선생은 전혀 개의하는 기색 없이 이렇게 말하였다.

"그야 일반적으로 말해서, 도시보다는 농촌이 건강을 위하여 좋은 곳이라고 말할 수 있겠지. 그러나 건강을 위해서 가장 중요한 문제는 어디에 사느냐가 아니라 어떻게 사느냐에 있을 거야."

"슬기로운 생활태도만 가지면 어떠한 곳에 살아도 건강을 유지할 수 있다는 말씀이십니까?"

"아니 뭐 내가 건강문제의 전문가는 아니니까 단언할 처지는 아니지만, 어린이의 건강은 부모가 하기에 달렸고, 성인의 건강은 자신이 하기에 달렸다고 나는 생각해요."

"선생님께서는 구체적으로 어떤 수칙을 따라서 건강을 관리하고 계십니까?"

"구체적 수칙은 아니지만, 건강의 요체는 조화(調和) 또는 중용(中庸)을 잃지 않음에 있다고 나는 생각해요. 정신과 육체의 조화, 일과 놀이의 조화, 바쁨과 한가로움의 조화. 한 가지 길로 치우치지 않고 중용을 지키는 것이 건강을 위한 기본 원칙이라는 생각이 들어요."

"어느 정도에 머무는 것이 조화 또는 중용에 해당하는지, 그것을 정확하게 알 수 있는 어떤 수치나 공식 같은 것이 있습니까?"

"혈압이나 체온 또는 혈중의 콜레스테롤 같은 것은 일반적으로 어느 정도에 머무는 것이 바람직한지 수치를 말할 수 있겠지만, 대부분의 경우는 일반적으로 적용할 수 있는 수치나 공식을 말하기는 어렵겠지요. 술은 어느 정도 마시는 것이 좋은지 또는 운동은 어느 정도가 중용에 해당하는지는 사람에 따라서 다르고 같은 사람도 때에 따라서 다를 것이므로, 일반적 공식을 말하기는 어렵겠지."

"그렇다면 조화 또는 중용을 잃지 않고 싶다는 생각을 가지고 있어도, 구체적 상황에서 무엇을 어떻게 해야 옳을지 판단을 내리기가 어렵지 않겠습니까?"

"그 판단을 위해서도 '나' 자신과 '나'의 처지를 잘 아는 것이 중요하겠지. 나와 나의 처지를 잘 알고 어느 정도에 머무는 것이 조화 또는 중용을 얻는 길인지 바르게 판단하는 것이 삶의 지혜라는 것이 아니겠소?"

"알기는 해도 의지가 약해서 실천은 못하는 사람도 있지 않습니까? 소크라테스는 참된 앎에 도달하면 실천도 따른다고 말했습니다만."

"담배를 끊어야 한다는 것을 알면서도 계속 피우는 사람의 경우가 그것인데, 일반적으로 지(知)와 행(行)이 일치하지 않는 경우는 흔히 있는 일이지요. 소크라테스가 알면 반드시 행할 수 있다고 했을 때의 '앎'은 실천력까지 포함한 실천지(實踐知)를 말한 것이겠지."

"주지주의자였던 소크라테스는 참된 앎을 가장 소중한 가치로 생각했고, 관념적으로만 알고 실천이 따르지 못하는 경우는 참된 앎에 이르지 못한 것이라고 본 것이 아닐까요?"

"플라톤의 대화편 가운데 그러한 분석을 뒷받침할 만한 말이 있는지는 잘 모르오만, '알면 반드시 행한다'는 소크라테스의 명제를 그대로 받아들인다면, 그러한 분석이 가능하겠지."

"제가 공연히 소크라테스를 끌어들여서 이야기가 옆길로 빠졌습니다. 우리에게 중요한 것은 조화 또는 중용을 벗어나지 않도록 살기에 필요한 지혜를 어떻게 터득하느냐 하는 문제가 아니겠습니까. 이를테면 술은 어느 정도 마시는 것이 좋을지, 운동은 어느 정도가 적합한지를 우선 알아야 하고, 그 앎을 실천에 옮겨야 하겠는데, 그러한 앎과 실천력을 어떻게 갖추느냐 하는 문제 말입니다."

"무엇이 옳은지를 알고 그대로 실천하는 능력을 우리는 '덕'(德)이라고 부르지요. 덕이라는 것은 일조 일석에 생기는 것이 아니라, 오랜 경험을 통하여 형성된다고 보아야 하겠지."

"건강관리의 지혜도 오랜 경험을 통하여 터득하게 되는 것이며, 건강관리의 능력도 일종의 덕이라는 말씀, 저도 동감입니다. 그런데 어떤 사람은 건강관리의 지혜를 깨닫는 데 그리 오랜 세월이 걸리지 않기도 하고, 어떤 사람은 늙은 뒤에까지도 건강관리가 매우 서투른 경우도 있습니다."

"일반적으로 말해서, 허약한 체질을 타고난 사람들은 건강에 대한 관심이 커서 자신의 몸과 건강관리의 요령을 비교적 빨리 알게 되지만, 체질을 튼튼하게 타고난 사람들은 자신의 건강을 과신하는 까닭에 건강관리에 별다른 신경을 쓰지 않게 되어 도리어 건강이 나빠지는 경우가 있지."

내가 본래 알고 싶었던 것은 무심 선생의 건강법이었다. 그분이 건강관리를 어떻게 했기에 그토록 깨끗하게 늙었는가, 그것이 알고 싶었던 것이다. 그런데 이야기가 엉뚱한 일반론으로 흘러가고 있었다. 나는 여기서 말머리를 이렇게 돌렸다.

"선생님은 건강관리를 어떻게 하고 계십니까? 겉으로 뵙기에는 옛날보다도 건강이 오히려 좋아지신 것 같은데, 그것이 단순히 농촌생활 때문인지, 건강관리에 남다른 노력을 하신 결과인지 알고 싶습니다."

"농촌생활의 덕분으로 건강이 약간 좋아지기도 했지만, 나는 지금도 건강관리에 신경을 쓰는 편이야."

구체적으로 무심 선생의 건강법이 무엇인지 듣고 싶었으나, 너무 캐묻는 것이 결례가 될 것 같아서, 더 묻지 않고 그분의 입만 계속 주시하였다. 내 마음 속을 읽었는지 선생은 다시 말을 이었다.

"농장에 있었을 때는 자연히 근육노동을 많이 하게 되더군. 지나치지 않을 정도로 계속 운동을 하는 것이 건강에 좋다는 것은 흔히 듣는 말이지만, 실제로 그런 것 같아요. 농장을 떠난 뒤로는 자연히 근육노동을 할 일이 없게 되었는데, 몸이 무거워지는 것을 느끼게 되었어. 그래서 다시 운동을 시작했더니 건강상태가 좋아지는 듯한 기분이 들어요. 단순히 그런 기분이 들 뿐인지 실제로 건강이 좋아지는지는 알 수 없지만."

"이곳 과천으로 오신 뒤에는 어떤 운동을 하고 계십니까?"

"그저 걷는 것이 내가 하는 운동의 전부에 가깝지. 이 부근에는 산책에 적합한 길이 많고, 더러는 산에 올라가기도 해요. 노화라는 것이 주로 다리에서 온다는 속설을 믿고 열심히 걸어다녀요."

"운동 이외에도 건강관리를 위하여 명심해야 할 점이 또 있지 않겠습니까?"

나는 마치 취재를 위해서 찾아온 기자 모양으로, 내친 김에 또 물었다. 사실 나도 이제는 노경(老境)에 들어서게 되었고, 근자에 건강에 대한 관심이 부쩍 늘었다. 연세에 비하여 건강한 분을 만나게 되면, 무슨 비방이라도 들을 수 있을까 하는 얄팍한 욕심에서 묻고 또 묻는 버릇이 생겼다. 무심 선생 앞에서까지 그 버릇이 발동한 것이다.

"어쩌면 운동보다도 마음가짐이 더욱 중요할지도 모르지. 마음의 평화가 무너지면 건강도 무너지는 것이 아닐까. 시쳇말로 표현한다면, 스트레스가 만병의 원인이라는 주장이 되겠지."

"육체의 운동은 결심만 단단하면 언제나 할 수가 있겠지만, 마음가짐의 경우는 사정이 다르지 않습니까. 마음의 평화를 원해도 뜻대로 되지 않을 경우가 많고, 현대사회라는 것이 스트레스 투성이가 되어서 그것을 피할 도리가 없지 않습니까?"

"내가 하고 싶은 말이 바로 그거요. 옛날의 고승(高僧)들은 참선을 통하여 자기의 마음을 자유롭게 통제할 수 있는 경지에 도달했다고 하지만, 우리네 속인이야 내 마음도 내 뜻대로 되지 않으니 답답할 뿐이지."

"가장 어려운 것이 감정을 다스리는 일이라고 생각됩니다. 슬픔과 노여움, 두려움과 걱정 따위의 감정이 한 번 일어나면, 그것을 가라앉히기가 여간 힘들지 않습니다. 그리고 욕심을 잠재우는 일도 보통 어렵지 않습니다. 그렇지만 선생님은 감정과 욕심을 어느 정도 초월할 수 있는 경지에 이르신 것으로 보입니다."

"웬걸, 그렇지 않아요. 젊었을 때에 비교하면 많이 좋아진 편이지만, 아직도 멀었어요. 기쁜 일이나 슬픈 일 또는 노여운 일 때문에 겉으로 흥분하는 경우는 거의 없다고 말할 수 있겠지. 바꾸어 말하면, 겉으로 보기에는 항상 태연한 것 같은 모습을 유지하지만, 속마음은 그렇지가 못해요. 그렇지 못하다는 증거가 있는걸."

"어떤 증거 말씀이십니까?"

"잠이 안 오는 것이 그 증거지. 마음이 평화로우면 밤에는 언제나 잠이 와야 옳은데, 나는 그렇지가 못해요. 별로 대수롭지 않은 일 때문에 잠을 설치는 경우도 흔히 있는걸."

"그것은 특별한 감정 때문이라기보다도 신경이 예민하시기 때문이라고 보아야 하겠지요."

"신경이 예민하다는 것은 결국 감정의 관리가 제대로 되지 않는다는 뜻이 아닐까. 삶의 현장에서 신경의 날을 날카롭게 세우고 긴장해야 할 경우란 그리 흔치 않은데, 우리는 별것도 아닌 일로 감정을 소모하는 어리석음을 범할 때가 많아요."

"속된 말로 눈 없으면 코 베어가는 세상인데, 어찌 신경의 날을 세우며 긴장해야 할 상황이 흔치 않다고 말할 수가 있겠습니까. 선생님과 같이 은퇴하시고 세상을 관망하는 사람의 경우는 모르겠습니다만."

"그야 김 선생의 말에도 일리가 있다고 보아야 하겠지. 그런데 어떤 사람은 항상 느긋한 자세로 여유를 보이는 데도 오히려 상황에 적응해 가며 무난히 살아가는 경우가 흔히 있거든. 신경을 날카롭게 하고 긴장을 늦추지 않고서는 현대사회에 적응하기 어렵다는 것이 일반적인 생각이겠지만, 그 생각이 반드시 옳다고만 말할 수 있을지. 글쎄, 일률적으로 단정해서 말하기가 어렵지 않을까?"

"그 사람의 직업 또는 처지 여하에 따라서 요구되는 삶의 자세도 다른 것 같습니다. 가령, 전방에서 보초를 서고 있는 병사의 경우는 긴장을 늦추지 말아야 하며, 시골에서 농업에 종사하는 사람은 느긋한 자세로 살아도 무방하다고 말할 수 있겠지요."

"결국 정도의 문제겠지. 보기에 따라서는 모든 사람들이 치열한 경쟁상황 내지 전쟁상황 속에서 살고 있다 하여도 과언이 아닐 듯하고, 시골에서 농사를 짓는 사람도 농사꾼으로서 살아남기 위해서는 경쟁에서 낙오를 면해야 하고, 낙오를 면하자면 마냥 느긋할 수만은 없겠지. 그러나 보초병에게 요구되는 긴장의 정도와 농부에게 요구되는 긴장의 정도는 현저하게 다르다고 보아야 할 것이 아니겠소?"

"저도 그렇게 생각합니다. 그런데 비록 정도가 낮은 긴장이라 하더라도 긴장은 역시 긴장이고, 그것이 누적되면 건강을 해치는 것이 아니겠습니까? 긴장은 바로 스트레스를 의미하는 것이니까요."

"물론 그렇지. 삶의 과정에서 긴장 또는 스트레스가 전혀 없다면, 그것도 문제지요. 삶의 활력을 위해서는 적당한 긴장이 있어야 하는 모양이고, 다만 그 긴장이 계속하여 피로가 누적되는 것은 건강을 위해서 좋지 않겠지. 긴장된 시간과 느긋한 시간이 적절한 조화를 이루는 것이 바람직한 모양이오. 결국 긴장과 느긋함에 관해서도 중용(中庸)이 중요하다는 이야기가 되겠군."

"긴장과 이완(弛緩)의 조화도 중요하겠지만, 긴장 그 자체가 중용을 벗어나지 아니함이 중요하지 않을까요. 비록 긴장이 요구되는 상황이라 하더라도, 지나친 긴장은 도리어 좋지 않은 결과를 부릅니다. 아까 전방에서 보초의 임무를 수행중인 병사는 긴장이 요구되는 경우라고 말씀드렸습니다만, 보초병의 긴장이 지나치면 상황 판단을 잘못하기 쉽습니다. 더 알기 쉬운 예로서는 운동경기의 경우를 생각할 수 있습니다. 경기에 임하는 선수가 방심을 해서는 물론 안 되겠지만, 지나치게 긴장을 해도 몸이 굳어서 실력을 발휘하지 못합니다."

"시험을 치르는 학생도 지나치게 긴장하면 아는 문제까지 틀리는 경우가 흔히 있지."

"감정 또는 욕심으로부터 자유로울 수가 있느냐는 문제를 말하다가 이야기가 옆길로 샌 것 같습니다. 선생님은 불면증이 있으시다는 것을 근거로 감정과 욕심에 초연하지 못하다고 말씀하셨으나, 그것은 이상론을 기준으로 한 겸손의 말씀같이 저에게는 들렸습니다. 불면증이 반드시 감성의 흥분이나 욕심에서만 오는 것은 아닙니다. 자기가 수행해야 할 일에 대한 책임감 때문에 잠이 안 오기도 하고, 어지러운 세상을 걱정하거나 쓰고자 하는 원고의 가닥을 구성하다 잠이 달아나는 수도 있지 않습니까. 선생님의 경우는 감정이나 욕심 때문에 밤잠을 못 주무시는 것이 아니라고 생각됩니다."

"나 개인이 어떻든 그것이 무어 그리 대수롭겠소. 내가 하고 싶었던 말은 건강을 위해서는 마음의 평화도 운동 못지 않게 중요하다는 것과, 마음의 평화를 위해서는 지나친 욕심을 자제해야 한다는 일반론에 지나지 않아요. 어쩌면, 마음가짐은 운동이나 식사보다도 건강을 위하여 더욱 중요한 것이 아닐까."

"욕심이 많을수록 불만이 크게 되고 불만이 클수록 그것이 스트레스가 되어 건강을 해친다는 말은 그 전에도 들은 적이 있습니다. 그런데 부정적인 함축이 강한 '욕심'이라는 말과 긍정적 함축이 강한 '의욕'이라는 말의 구별을 어떻게 해야 할지, 저는 그 한계선을 분명하게 밝히기가 어렵다는 생각을 가끔 합니다."

"사람들은 좋은 의지를 '의욕'이라고 부르는 반면에, 나쁜 의지를 '욕심'이라고 흔히 말하지요. 그리고 비록 좋은 의지라 하더라도 그 정도가 지나치면 '욕심'이라고 부르기도 하고. 그런데 좋은 의지와 나쁜 의지를 구별하는 데 필요한 객관적 기준을 정하기가 어렵고, 의욕이 지나치지 않기 위해서 지켜야 할 중용의 선을 긋기가 어려우므로, 결국 '의욕'과 '욕심'의 한계선을 명확하게 말하기가 어려울 수밖에 없을 것이오."

"논리적으로 엄밀한 구별을 짓기는 어렵겠지만, 상식적으로는 어느 정도 구별이 가능하지 않겠습니까?"

"상식적 수준에서라면 가능하겠지. 일반적으로 말해서, 타인과 공동체를 위하여 도움이 되는 의지를 '의욕'이라 부르고, 자기만을 위하고자 하는 이기적 의지에 대해서 '욕심'이라는 이름을 붙이는 것이 우리들의 상식이지요. 그리고 비록 뜻이 좋다 하더라도 그 사람의 능력으로써 감당하기가 어렵다고 판단될 경우에는 '욕심'이라는 말을 쓰기도 하는데, 이 경우에 말하는 '욕심'에는 도덕적 비난의 뜻이 별로 없는 것이 보통이지."

"어떤 의미로든 '욕심'을 부리는 것은 건강을 위해서 좋지 않을 뿐 아니라 삶 전체를 위해서도 바람직하지 않다는 것이 선생님의 지론인 것으로 알고 있습니다. 그런데 '의욕'을 상실한 삶은 건강을 위해서 좋지 않을 뿐 아니라, 삶 그 자체의 의미가 크게 줄어든다고 생각됩니다. 결국 의욕은 갖되 욕심은 버려야 한다는 말이 되겠습니다만, 그 경지에 이르는 것이 이론적으로나 실천적으로나 매우 어려운 일일 것 같습니다."

"'의욕은 갖되 욕심은 버려라!' 그렇게 하자면 우선 내 마음 속에 일어나고 있는 것이 '의욕'인지 '욕심'인지 정확하게 알아야 하고, 다음에 그 구별을 따라서 '의욕'이면 살리고 '욕심'이면 버려야 하니, 이중의 어려움이 있다는 이야기가 되겠군."

"선생님, 건강하게 오래 살고 싶다는 생각은 의욕입니까, 욕심입니까?"

"김 선생은 학생 때도 가끔 묘한 질문을 하더니, 아직도 그 취미가 남아 있군. 글쎄, 불로초를 구해 오라고 한 진시황의 경우는 '욕심'이라는 느낌이 들고, 바라는 바가 정도를 지나치지 않을 경우에는 '욕심'이라고까지 말할 까닭이 없을 듯하오만, 이야기가 말장난으로 흐르고 있는 것이나 아닐지."

나도 말장난에 가깝다는 생각이 들었다. 이야기를 너무 오래 해서 선생을 피로하게 만들고 있다는 뉘우침도 스쳐갔다.

3. 여가의 선용

시계 바늘은 오후 세 시 가까운 곳에 와 있었다. 내가 무심 선생의 산책시간을 침범하고 있을지도 모른다는 생각이 떠올랐다.

"선생님, 오늘은 저 때문에 아직 산책을 못 하신 것 아닙니까? 그러시다면 저도 선생님을 모시고 걷고 싶습니다. 날씨가 매우 화창한 것 같습니다."

"그러지 않아도 나 역시 비슷한 생각을 하고 있었는걸. 우리 차나 한 잔 더 하고 곧 떠납시다."

사모님이 새로 끓인 물을 가지고 오셨다. 물이 너무 뜨거우면 녹차의 제맛이 나지 않는다며, 선생은 주전자 뚜껑을 잠시 열어 놓았다. 물이 식기를 기다리는 동안에 나는 녹차 통을 들고 살펴보았다. 중국산이라는 것밖에는 그것이 어떤 특색을 가진 것인지 전혀 감이 잡히지 않았다. 나는 녹차에 대해서 아주 무식하다. 무식한 주제에 관심이 깊은 것처럼 행동한 나 자신을 의식하며 녹차 통을 제자리에 놓았다.

집안에 들어앉아 있기에는 너무나 쾌적한 가을날씨였다. 과천의 하늘은 서울의 그것보다도 훨씬 맑았고, 춥지도 덥지도 않은 기온이 피부에 쾌적하게 느껴졌다. 과천 지리에 어두운 나는 길의 선택을 무심 선생에게 일임하고, 그의 뒤를 따랐다. 늙음은 다리에서부터 시작한다고 들었는데, 무심 선생의 걸음에서는 늙음의 그림자가 느껴지지 않았다. 꼿꼿한 자세로 뚜벅뚜벅 걸어가는 그의 하체만을 바라보면 '할아버지'라는 말보다는 '아저씨'라는 말이 어울릴 것 같다는 생각이 들었다. 다만 그의 머리와 목과 어깨를 뒷모습으로 바라볼 때는 "역시 할아버지구나" 하는 느낌이 앞섰다.

흙을 밟을 수 있는 산길을 걷고 싶었으나, 내 복장과 구두가 적합하지 않았다. 자동차의 왕래가 비교적 적은 뒷길을 통하여 현대미술관 경내로 들어가기까지 우리는 별로 말을 하지 않았다. 말을 하며 느릿느릿 걷는 것보다는 약간 빠르게 걷는 것이 좋다며 무심 선생은 앞장을 섰고, 나도 묵묵히 그 뒤를 따랐다. 뒤를 따르면서 칸트(Kant)와 그린(Green)의 산책을 생각하였다. 내가 읽은 칸트의 전기에 따르면 칸트와 그린은 한 시간 이상 함께 산책을 하면서 한 마디의 대화를 나누지 않아도 지루함을 느끼지 않을 정도로 가까운 사이였다.

과천의 어린이공원에 '서울랜드'라는 이름을 붙인 것은 '디즈니랜드'를 모방한 것일까? 요즈음 젊은이들을 위한 잡지나 상점 이름에 서양말을 사용한 것이 부쩍 늘고 있는 것과 맥을 같이하는 현상이라는 생각이 들었다. 이름이 좋아서 그런 것은 아니겠지만, '서울랜드'는 그 외곽도로에서도 느낄 수 있을 정도로 많은 사람들로 붐비고 있었다.

현대미술관 쪽은 매우 조용하고 한적하였다. 산책을 나온 우리들에게는 조용하고 한적함이 바람직한 상황이었지만, 고급 문화에 대한 관심이 미약한 것은 크게 볼 때 섭섭한 현상임에 틀림이 없었다. 사실은 나 자신도 미술 전시회나 음악 연주의 마당에 자주 가는 마음의 여유를 잃은 지 오래다. 젊었을 때보다는 시간의 여유가 더 있어야 마땅한데 현실은 그렇지 않다. 세상이 바쁘게 돌아가기 때문이기도 하겠고, 나의 호기심이 줄어들었기 때문이기도 할 것이다.

무심 선생과 나는 미술관 정원에 비치된 긴의자에 나란히 앉았다. 앉으면서 나는 입을 열었다.

"선생님, 저 건너편 놀이터를 찾아온 사람들과 이곳 미술관을 찾아온 사람들은 여가를 즐기러 집을 나왔다는 점은 같습니다만, 여가를 즐기는 방식은 크게 달라 보입니다. 장차 기계문명이 발달할수록 사람들은 점점 많은 여가를 갖게 될 것입니다만, 그렇게 되면 여가를 어떻게 보내느냐 하는 문제가 삶에서 차지하는 비중도 상당히 클 것으로 보입니다."

"아까부터 나도 그 비슷한 생각을 하고 있었소. 일 자체를 즐길 수 있는 직업 즉 놀이의 요소가 많은 직업을 가진 사람들의 경우는 '여가'라는 것이 그다지 큰 의미를 갖지 않겠지만, 단순하거나 힘든 육체노동에 종사하는 사람일수록 여가를 즐김으로써 긴장을 풀고 삶의 리듬을 조절할 필요가 있겠지. 힘들게 일한 시간이 길수록 그 다음에 갖는 여가의 즐거움이 크게 마련인데, 일하는 시간은 짧고 여가가 남아돌게 되면, 여가를 어떻게 보내느냐 하는 것이 만만치 않은 문제가 될 것이오."

"정년(停年)으로 직장을 물러난 사람이 남아도는 시간을 주체 못하여 지루한 나날을 보내는 경우를 흔히 봅니다만, 대부분의 일을 기계가 대신하는 시대가 오면, 직장을 가진 사람에게도 비슷한 문제가 생길 것입니다. 그런 뜻에서, 여가 선용의 지혜를 갖느냐 못 갖느냐가 장차 삶의 질을 결정하는 데 중대한 구실을 할 것으로 생각됩니다. 이 점에 대해서 선생님께서는 어떤 생각을 가지고 계신지 궁금합니다."

"'여가'라는 것은 그저 즐기면 되지 않겠느냐고 간단하게 생각하는 사람들도 있겠지만, 사실은 여기 짚고 넘어가야 할 문제가 적지 않다는 생각을 나도 가끔 해요. 내가 생각한다기보다도 문명 비평가들의 그와 같은 생각에 나도 동감이라고 말하는 편이 정확하겠지. 일하는 시간이든 '여가'로 불리는 시간이든, '시간'이라는 점에서 중요하기는 마찬가지이며, 여기서 우리는 근본적 문제로서 시간을 뜻있게 보내는 길이 무엇인가를 물어야 할 것이오. 비록 '여가'의 시간이라 하더라도 아무렇게나 보낼 수 없는 귀중한 시간임에는 다를 바가 없다는 점을 항상 염두에 두어야 할 터인데…."

"그런데 선생님, 여가를 뜻있게 보내는 구체적인 방안이 무엇인지 모르는 것이 보통사람들의 경우가 아닐까 합니다. 이 대부분의 보통사람들을 위해서 선생님께서는 어떤 조언을 주시겠습니까? 사실은 저 자신도 그 비슷한 질문을 받은 적이 있습니다."

"글쎄 나 자신도 그 문제를 깊이 생각해 본 적은 없어서…. 이제 우리 함께 생각해 봅시다. 사람들이 여가를 즐기는 길에 크게 두 가지가 있다고 볼 수 있겠지. 능동적 활동을 함으로써 여가를 즐기는 길과 수동적 자세로 남의 것을 바라봄으로써 즐기는 길 말이오."

"가령, 자기 스스로 어떤 스포츠나 예술활동의 주인공이 되는 경우와 남이 하는 스포츠나 무대공연 또는 영상을 앉아서 구경하는 경우 말씀이십니까? 단순히 관객으로서 남이 하는 것을 바라보며 즐기는 것보다는 자신이 스스로 하며 즐기는 편이 바람직하다는 말을 선생님이 쓰신 것을 어디선가 본 기억이 어렴풋하게 생각납니다."

"설익은 생각을 여기저기 숱하게 썼으니, 그런 말도 썼을지 모르지. 그러나 지금 생각으로는 단순하게 일률적으로 말하기는 어려운 것 같소. 제 스스로 하는 오락 가운데도 좋지 않은 것이 있고, 남의 것을 바라보기만 하는 행위에도 권장할 만한 것이 많으니까. 다만 현대에는 상업주의가 지나쳐서 돈만 내면 앉아서 즐길 수 있는 오락이 너무 많으며, 또 그 상업주의가 만들어내는 오락을 탐닉하는 사람들이 많다는 사실에 문제가 있다는 점은 우리 모두가 깊이 반성해야 하겠지."

"스포츠를 관람하는 것도 좋겠지만 스스로 운동하는 시간을 갖는 것이 더욱 바람직하고, 남의 음악을 듣는 것도 좋은 일이지만 스스로 노래를 부르거나 악기를 다루는 것은 더욱 권장할 만한 일이라고 저도 생각합니다. 지금부터 100년 전만 하더라도 우리나라의 양반들은 자신이 직접 운동이나 가무(歌舞)의 행위자가 되는 것보다도 그 구경꾼 노릇 하는 것을 더 귀하게 여기기도 했습니다만."

"우리나라뿐 아니라 옛날에는 그리스에서도 운동선수보다 그 관람자를 더욱 존귀하다고 생각했다는 이야기가 있지 않소?"

"선생님께서 고대의 그리스 철학을 강의하셨을 때, 피타고라스가 그런 말을 했다는 기록인지 전설이 있다는 말씀을 하신 기억이 납니다. 피타고라스는 올림픽 경기장에 모이는 사람들을 세 부류로 나누었는데, 그 가운데서 가장 귀한 사람들은 관람객이고, 가장 천한 사람들은 돈을 벌기 위해서 경기장 주변에 모인 상인들이며, 운동선수들은 그 중간에 위치하는 것으로 평가했다는 말씀을 하셨습니다."

"현대에는 전문적 운동선수 또는 전문적 연예인들이 '스타'라는 이름의 우상이 되고, 일반시민들은 그들을 바라보며 박수치고 환호하는 세상이 되었지. 연예인들을 광대니 딴따라패니 하며 얕잡아보던 시절보다는 좋아진 현상이라고 보는 것이 오늘의 상식일 것이오. 첫째로 봉건사회의 유물인 직업 귀천의 벽을 무너뜨렸다는 점에서 환영할 만한 변화라 할 것이고, 또 전문가들의 탁월한 기량을 관찰하고 모방함으로써 일반인도 수준 높은 운동경기나 음악의 실천자가 될 수 있다는 점도 바람직한 일이오. 다만 여기에 고도의 상업주의(商業主義)가 뛰어들어서 문화의 질서를 흔들어놓고 있다는 사실에 심각한 문제가 있는 것이지.”

“건전한 오락은 쌓인 피로가 풀리는 동시에, 즐긴 다음에 힘의 재충전이 이루어져야 하는데, 상업주의의 산물인 유흥업소나 위락시설은 많은 돈의 낭비를 강요할 뿐 아니라, 즐기고 나면 피로가 더 쌓일 경우가 많으니 정말 심각한 문제가 아닐 수 없습니다.”

“어디 그뿐이오? 근대는 호화스러운 유흥업소와 사치스러운 위락시설이 신분 과시용으로 잘못 쓰이는 경우가 많아요. 결국 허영과 사치의 풍조가 기승을 부리게 되고 계층 사이의 위화감을 조장하게 되니, 결코 간단한 문제가 아니지.”

“그렇다고 정부의 공권력으로 상업주의에 제동을 걸 수도 없지 않습니까. 이런 이야기는 하면 할수록 답답하다는 생각이 듭니다.”

“정부의 힘만으로 해결될 문제는 아니겠지. 여가산업에 종사하는 사람들의 가치관도 달라져야 할 것이고, 소비자들의 의식에도 변화가 있어야 할 것이야. 그런 가운데도 정부가 해야 할 일이 적지 않아요. 정책 결정자들에게 확고한 의지만 있다면, 지나친 상업주의와 지나친 소비성향에 대하여 제동을 거는 방법이 전혀 없지는 않겠지. 예컨대, 무거운 세금을 매기는 길도 생각할 수 있고, 더 좋은 방법으로는 건전한 여가선용의 시설과 기회를 많이 만들어서 국민의 관심을 돌리도록 하는 길을 생각할 수도 있겠지."

"그런 확고한 의지가 정책 결정자들에게 있는지 의심스러울 때가 많습니다. 정부 스스로가 바른 길로 앞장을 서기를 기대하기는 어려울 것 같습니다. 따가운 언론이 정부를 올바른 길로 채찍질하는 임무를 수행해야 할 터인데, 언론기관조차도 광고를 통하여 사치와 낭비를 조장하는 일에 가담하는 실정이니 답답한 노릇입니다."

"답답한 것이 어디 한두 가지 뿐이겠소. 여러 가지 요인들이 서로 맞물려서 우리들의 현실을 어려운 상황으로 만들어놓고 있으니, 어디서부터 어떻게 풀어나가야 할지 실마리를 찾기가 어려워서 답답한 것이지. 그렇다고 체념하거나 포기해서는 안 될 것이오. 단시일 안에 어떻게 할 수 있는 묘책 같은 것은 없겠지만, 꾸준한 자세로 함께 힘을 모으면 풀어나갈 수 있는 길이 열리게 될 것으로 믿어요."

"선생님께서는 그 전보다 매사에 더 낙관적이신 것 같습니다."

"나의 과거를 잘 아는 사람들로부터 그런 말을 가끔 들어요. 젊었을 때의 나는 심한 완벽주의자였지. 그러나 지금은 완벽주의의 멍에를 벗어났다고나 할까, 약간 헐렁하게 살고 있는 편이지. 어려운 세상을 살아가는 가운데 현실에 적응하다 보니, 자연히 그런 변화가 생긴 것 같아."

"그러나 선생님께서는 우리 한국의 장래에 대하여 막연하게 낙관하시는 것은 아닌 것 같습니다. '꾸준한 자세로 함께 힘을 합하면'이라는 단서를 붙이셨으니까요. 그런데 우리의 현실을 바른 방향으로 변화시키기 위하여 다수가 힘을 합한다는 것이 쉬운 일이 아닙니다. 여러 사람들의 뜻을 규합하는 구심점의 구실을 하는 작용이 있어야 하겠는데, 우리나라의 경우에는 누가 그 구심점의 구실을 합니까?"

"오늘의 우리 사회는 위인 또는 영웅이 나타나기 어려운 사회지. 그러므로 어느 한 개인 또는 한 집단이 전국민의 구심점이 되기는 어려워요. 나라와 사회를 걱정하는 여러 개인과 여러 집단이 각각 동시다발적으로 더욱 밝은 내일을 위한 운동을 전개하는 것이 현재 우리가 할 수 있는 일의 전부가 아닐까?"

"실제로 그러한 운동을 전개하는 집단이 여기저기 생기고 있는 것으로 알고 있습니다. 이를테면 '도덕성 회복'이라든지 '공동선의 실현' 또는 '21세기의 밝은 한국 건설' 등의 표어를 앞세우고 동참을 호소하는 사람들이 여기저기 있습니다. 그러나 그들의 움직임이 우리나라 현실의 대세를 바꿀 정도의 영향력을 발휘한다고는 생각되지 않습니다."

"사회개혁이라는 것이 단시일 안에 눈에 보이는 성과를 거두기는 어렵겠지. 그러한 걱정을 하고 움직이는 사람들이 상당수 있다는 사실이 희망의 씨라고 나는 생각해요. 산발적으로 움직이는 바른 의지의 힘이 함께 모이는 날 우리 현실에 새로운 지평이 열리기 시작하겠지."

"그러나 제가 보기에는 그 점이 좀 막연한 낙관이라는 생각이 듭니다. 여기저기서 일어나는 그 '바른 의지'의 움직임을 하나로 묶는 힘이 없는 한, 그 산발적인 움직임이 현실에 변화를 가져오기는 어려울 것 같습니다. 예컨대, 도덕성 회복을 외치고 나오는 사람들이 하나의 힘으로서 뭉치기 위해서는 앞으로 건설하고자 하는 '도덕적 사회'에 대하여 같은 그림을 머리 속에 가져야 할 터인데, 그러한 공분모적(公分母的) 요소가 부족한 것 같습니다."

"그 점은 나도 동감이오. 윤리운동은 각각 떨어져서 전개하더라도 윤리문제에 대하여 공통된 철학을 나누어 가지고 있어야 하나의 힘으로서 모일 수 있겠는데, 그 공통된 철학이 부실한 것이 우리들의 실정이지. 어떤 단체에서는 효(孝)를 역설하며 전통윤리로의 복고를 목표로 삼는가 하면, 어떤 단체에서는 서구적 시민윤리를 거울로 삼기도 하고, 심지어 사회주의적 윤리체계를 염두에 두는 사람들도 더러 있는 실정이지."

"그러므로 오늘의 우리 사회가 요구하는 골격을 누군가가 정립해서 제시해야 하지 않겠습니까? 선생님 같은 분이 그러한 이론을 제시해야 한다고 저는 생각합니다."

"그러한 이론의 정립을 한 개인의 힘으로 감당하기는 어려운 일이고, 설령 누가 좋은 이론을 제시한다 해도 그것이 일반적으로 받아들여지기까지에는 상당한 시일이 필요하겠지. 민주주의 사회에서는 좋은 이론도 다수의 지지를 얻어야 실천에 응용될 수 있게 마련이고, 따라서 서두르기보다는 느긋한 자세로 문제와 대결해야 할 것이야. 뜻있는 사람들이 꾸준한 자세로 힘을 모으면, 어려운 일도 해결의 길이 열리게 되겠지."

"선생님, 좀더 걷지 않겠습니까?"

대화가 벽에 부딪치고 있음을 느낀 나는 다시 산책을 함으로써 기분의 전환을 꾀하고 싶었다. 그 말을 기다리기라도 한 듯이, 무심 선생은 곧 몸을 일으켰다.

제 2 장
효도와 현대 한국

1. 효(孝)의 세계화 운동?

  무심 선생과 작별했을 때는 자주 찾아뵙겠다고 말했지만, 실제로는 그렇게 되지 않았다. 몇 주일 뒤에 다시 과천을 찾게 되었는데, 마침 선객(先客)이 두 사람 와 있었다. 60 고개를 바라보는 듯한 뚱뚱한 사람과 그보다 열 살쯤 젊어 보이는 후리후리한 사람이 공손한 자세로 선생과 마주 앉아 있었다. 선생은 두 사람을 나에게 소개하였고, 두 사람은 요즈음 세상에서는 보기 드문 정중한 태도로 나를 대하였다.
  뚱뚱한 분이 명함을 주었다. 어느 모임의 회장직을 가진 박(朴) 아무개라고 적혀 있었다. 또 한 분은 명함을 주지 않고 구두로 자기소개를 했으나, 내 기억에는 남은 것이 없다. 나이 탓이겠지만, 요즈음은 특별히 신경을 쓰지 않으면 금방 들은 것도 바로 잊어버리곤 한다.
  무심 선생과 박 회장 사이에 서류가 놓여 있는 것을 보고, 나는 그들이 어떤 용건이 있어서 찾아온 손님이라는 것을 눈치로 알았다. 혹 방해가 될지도 모른다는 생각이 들어서, 내가 무심 선생의 서재로 피할까 하고 망설이고 있었을 때, 선생이 입을 열었다.

"김 선생, 마침 잘 왔소. 지금 우리는 효(孝) 사상에 관한 이야기를 막 시작하고 있던 참이오. '효'에 관해서라면 김 선생도 일가견을 가지고 있을 것이 아니오? 그럼 우리 박 회장이 하고자 하는 일의 취지부터 들어봅시다."

"간략하게 말씀드리겠습니다. 지금 우리 사회는 극도로 혼란에 빠져 있습니다. 이 혼란의 근본 원인은 도덕의 타락과 인간성의 상실에 있습니다. 도덕성 내지 인간성의 회복이 매우 절실하게 요청되고 있습니다. 이 도덕성 내지 인간성 회복의 길은 '효' 사상을 터득하고 실천하는 데서 찾을 수 있습니다. 왜냐하면, '효'는 하늘의 섭리이며, 신이 인간에게 내려준 위대한 선물이기 때문입니다."

같은 말을 여러 번 한 사람처럼 박 회장의 말은 청산유수 같았다. 마치 녹음기를 틀어놓은 듯하여 도리어 설득력이 약하다는 느낌이 들기도 했으나, 박 회장의 어조에는 확신이 가득차 있었다. 나는 그의 단호한 어조에 대하여 약간 거부감을 느끼기도 했으나, 잠자코 듣기로 하였다. 무심 선생도 아무 말 없이 듣고만 있었다.

"효는 만고불변의 진리이며 인간의 도리입니다. 그것은 인간이 행해야 할 최소한의 의무입니다. 효는 창조의 질서에 순응하는 길이며 가정행복의 절대요건입니다. 효는 정치와 경제, 사회와 문화 등 모든 분야에 요구되는 철학이며, 인류평화의 기본입니다. 효는 인종이나 종교의 차이를 초월하여 동서양을 막론하고 누구나 공감하는 위대한 진리입니다. 그리고…."

"그 효사상에 관한 어떤 운동을 전개하자는 것이 박 회장을 중심으로 하는 여러 분의 뜻이라는 말씀이지요?"

박 회장의 말을 참을성 있게 듣고 있던 무심 선생이, 참을성이 부족한 나의 성격을 의식해서인지, 빨리 결론으로 접근할 것을 재촉하였다.

"예, 이제 결론을 말씀드리겠습니다. 인간으로 태어나서 인간의 가장 원초적이고 기본적인 '효'를 행하지 않는다면, 인간사회의 질서는 파괴될 수밖에 없고, 윤리와 도덕은 자연히 소멸될 수밖에 없습니다. 그러므로 우리는 배달겨레의 가장 아름답고 가치로운 우리의 전통사상인 '효'의 훌륭한 정신을 되살려서, 이를 전 세계에 널리 알리고, 삶에 대한 사고방식과 생활문화를 근본적으로 개조해야 합니다. 그렇게 함으로써 개개인의 정신적 자아혁명을 이룩하고, 붕괴된 인류사회의 윤리와 도덕을 회복하여 다른 무엇보다도 인간의 존엄성이 높이 평가되는 새로운 21세기를 창조해 나아가야 합니다."

박 회장의 구상이 너무나 방대해서 좀 황당하다고 나는 느꼈다. 이때 무심 선생이 이렇게 물었다.

"요컨대, '효'의 세계화 운동을 전개하자는 방대한 구상이군요. 그런데 그 거창한 운동을 전개해 나가는 구체적 방안에 대해서는 어떤 생각을 가지고 있습니까?"

이 물음에 대해서도 박 회장은 이미 준비가 되어 있었다. 그는 무심 선생 앞에 내놓았던 서류를 넘기더니,

"그것은 여기 있습니다."

하고 한 페이지를 가리켰다. 선생은 박 회장이 가리킨 부분을 대충 훑어보았다. 그리고 아무 말 하지 않고 그 서류를 나에게 건네주었다. 표지에 '효의 세계화 운동 추진 계획서'라는 큰 글씨가

보이는 그 서류의 '운동의 전개 계획'을 기록한 부분을 나도 대충 읽어보았다.

'운동의 전개 계획'은 국내와 국외로 크게 나누어져 있었다. 국내의 운동계획으로는 "유치원에서 중·고등학교까지의 모든 학생들을 참여시킨다" 또는 "각종 종교단체별 운동기구를 구성한다"는 등의 나열이 있었고, 국외의 운동계획으로는 "세계 7개 지역에 조직되어 있는 한인회를 활용한다" 또는 "세계 각국의 유명단체들과 연계하여 '효' 운동을 전개한다"는 따위의 막연한 생각이 나열되어 있었다.

내가 보기에는 황당한 계획이라는 생각이 들었지만, 그 생각을 솔직하게 말할 수는 없었다. 효사상(孝思想)이 인류를 파멸로부터 구할 수 있는 최고의 원리라는 믿음은 박 회장에게는 종교적 신앙인 듯하였고, 초면에 남의 종교에 대하여 왈가왈부하는 것은 부당하다고 생각되었기 때문이다. 내가 무슨 말을 할 의사가 별로 없음을 눈치챈 무심 선생은 자신이 입을 열었다.

"박 회장이 그 동안에 많은 연구를 한 것 같습니다. 그러나 나로서는 그 포부가 너무 방대해서 그 실현 가능성에 대해서 의문을 느낍니다."

"물론 어려운 일이라는 것은 저도 잘 알고 있습니다. 어려운 일이지만 이것은 누군가가 해야 할 일입니다. 그리고 이 일은 선생님 같으신 분이 앞장을 서서 이끌어주셔야 실효를 거둘 수 있습니다. 그래서 오늘 이렇게 선생님을 찾아뵈러 온 것이 아닙니까."

효사상의 세계화 운동 모임의 고문으로 추대하기 위하여 두 사람이 무심 선생 댁을 방문한 것이었다. 거듭 간곡하게 부탁했으나, 무심 선생은 끝내 응낙하지 않았다. 뒤에서 도와줄 일이 있으면 도와주겠으나, 이름을 내걸고 그 운동에 참여하고 싶지는 않다고 하며 끝까지 사양하였다.

2. '효'는 천지와 자연의 원리인가?

박 회장 일행이 돌아가고 단둘이 남았을 때, 나는 홀가분한 기분으로 선생에게 말을 걸었다.

"선생님, 우리나라에는 '효' 사상을 고취해야 한다고 역설하는 사람들이 많습니다. 여러 덕목(德目)들 가운데서 가장 귀중한 것이 바로 효(孝)라고 주장하는 사람들이 대단히 많습니다. 특히 노년층에 그런 분들이 많습니다만, 선생님께서는 이 점에 대해서 어떻게 생각하고 계십니까? 제가 아는 범위 내에서는 선생님께서 효도를 공식적으로 강조하신 적이 별로 없는 것 같습니다만."

"나도 물론 효도가 중요한 미덕이라는 것을 믿고 있지. 그러나 효를 현대윤리의 최고 기본 원리라고까지는 생각하지 않아요. 옛날 농경사회에서는 효자 또는 효녀임에 틀림이 없다면, 그것만으로도 훌륭한 사회인으로서 별로 손색이 없었지. 그러나 현대사회에서는 효성 하나만으로 훌륭한 시민의 자격을 갖추었다고 볼 수는 없지 않겠소? 하기야, 참된 효도는 훌륭한 시민이 되는 것이라고 강변한다면, 이야기는 달라지겠지. 그러나 그렇게 되면 우리는 말장난을 하고 있는 것에 불과할 것이며, 효를 특별히 내세우는 의미가 없어지고 말아요."

"아까 그분의 말 가운데 '효는 하늘의 섭리'라는 것이 있었는데, 그 말을 어떤 뜻으로 쓴 것일까요. '대자연의 법칙'과 같은 뜻으로 쓴 것은 아니겠지요?"

"글쎄, 나는 박 회장이라는 분의 종교적 배경은 몰라요. 기독교도라면 '하나님의 섭리'라고 말함직한데, '하늘의 섭리'라고 했으니 유교에서 말하는 하늘(天)의 뜻이라는 의미가 아닐까? 과학자가 말하는 '대자연의 법칙'과 같은 뜻으로 쓴 것 같지는 않아."

"생물의 세계에서 효사상의 근거를 찾기는 어려울 것 같습니다. 생물의 세계에서는 종족의 번식이 최대의 과제라 하여도 과언이 아닙니다. 동물의 세계는 생존을 위한 투쟁의 연속으로 전개됩니다만, 여기서 온갖 동물이 본능적으로 추구하는 것은 개체(個體)의 생존이라기보다는 종족(種族)의 생존입니다. 현재 생명을 누리고 있는 개체들은 머지 않아 소멸할 운명을 지고 있으며, 현재 생존하고 있는 개체들의 최고의 사명은 저희들이 소멸하기 이전에 종족을 최대한으로 번식하는 일입니다. 그러므로 동물의 세계의 어미와 아비들은 자신들의 희생을 무릅쓰고 새끼를 쳐서 기르는 일에 정성을 다합니다. 종족에 따라서는 생명을 걸고 짝짓기에 도전하는 경우도 있으며, 유충(幼蟲)이 부화하자마자 어미의 몸을 먹이로 삼고 크는 경우도 있습니다. 이 모든 현상은 본능을 따라서 일어나는 것입니다만, 그 본능의 원천이 조물주에게 있다고 한다면, 동물세계의 희생적 내리사랑을 '자연의 섭리'라고 해도 말이 될 것입니다."

여기까지는 내가 평소에 생각했던 바라 단숨에 말할 수 있었다. 그러나 그 다음을 어떻게 말해야 좋을지 몰라서 잠시 멈추었다. 이때 무심 선생이 이렇게 받았다.

"새끼 까마귀가 자라면 늙은 어미에게 먹이를 물어다 준다고 하여 '반포조'(反哺鳥)라는 말이 있기는 하지만, 일반적으로 말하자면 짐승의 세계에서는 새끼가 어미를 위해서 봉사하는 현상을 찾아보기 어렵지. 다만 인간의 세계에는 '효'라는 도덕관념이 있어서 자녀가 부모의 노후를 돌보는 전통을 세우기도 했지만, 근래에 그 전통이 흔들리고 있는 형편이어서, '효사상'을 다시 고취해야 한다는 목소리를 높이는 사람들을 우리나라에서 흔히 찾아볼 수 있어요. 그런데 그 효사상에 절대적 권위를 부여하자니까 '효는 하늘의 섭리'라는 말까지 나오게 된 것이 아니겠소? 그러니 여기서 우리는 '효'가 과연 '하늘의 섭리'냐 아니냐를 가지고 왈가왈부할 필요는 없다고 봐요. 그보다는 효사상의 핵심이 무엇인가를 정확하게 인식하고, 현대사회에서 효사상을 살리는 길이 무엇인가를 차분하게 생각하는 일이 더 중요하지 않을까?"

"저도 그렇게 생각합니다. 다른 동물의 세계에서는 오로지 종족의 번식을 지상(至上)의 목표로 삼는 본능이 지배하고 있는데, 인간의 세계에서만은 '효'라는 관념이 있어서 늙은 부모를 자식이 돌보는 문제가 논의의 대상이 되고 있습니다. 인간만이 '효'의 문제를 문제로서 의식하고 있다는 것은 주목할 만한 특이한 현상입니다. 많은 나라들 가운데서 특히 우리 한국이 이 문제를 중대한 문제로서 의식하고 있다는 사실도 흥미로운 현상이라고 생각됩니다."

"일반 동물의 세계에도 집단생활의 규범에 해당하는 것이 존재한다는 주장도 있기는 하지만, 엄밀한 의미의 법과 도덕을 가진 것은 인간뿐이라고 말할 수 있겠지. 각기 사회의 제반사정을 반영하고 여러 가지 도덕률이 생겼을 것이고, 그 여러 도덕률 가운데 '효'에 관한 도덕률도 생긴 것이 아니겠소? 특히 우리나라와 같이 농경사회를 배경으로 삼은 대가족제도의 역사가 오랜 나라에서는, 자연히 '효'에 관한 도덕률이 윤리체계 안에서 지배적 위치를 차지하게 되었을 것이오."

"농경사회에서는 가족제도를 중심으로 삼고 생활이 이루어지게 마련이고, 가족제도가 사회의 중추 구실을 하게 되면 자연히 '효'를 주덕(主德)으로 삼는 윤리체계가 형성되기 쉽다는 말씀에 저도 동감입니다. 그런데 이제 농경사회가 사라지고 산업사회 또는 정보사회의 시대가 도래했습니다. 이와 같은 사회의 변천을 따라서 효사상도 옛날의 모습과 위치를 그대로 유지하기가 어렵게 된 것이 오늘의 현실입니다. 요컨대, 농경사회가 산업사회로 바뀌면서, '효'를 주덕으로 삼는 대가족의 윤리체계가 무너지게 된 것입니다."

"우리나라의 경우는 대가족제도와 효의 윤리가 무너지면서 사회 전체가 부도덕과 무질서의 혼란에 빠지게 되고 말았소. 가족주의가 물러가고 개인주의 시대가 왔더라도 개인주의 나름의 윤리가 확립되었다면, 사회는 새로운 질서를 찾게 되고 개인들은 그 질서 속에서 크게 불편이 없는 삶을 누릴 수 있었겠지. 그런데 실제에 있어서는 가족주의 윤리를 대신할 만한 개인주의 윤리를 아직 수립하지 못하고 있는 것이 우리들의 현실이오. 결국 도덕 부재(道德不在)의 혼란 속에 살게 된 셈인데, 이 도덕 부재의 불행한 사태를 벗어나기 위해서는 '효'의 사상을 다시 살려야 한다는 주장이 일어나게 된 것이지."

"그런데 아까 그 박 회장의 주장은, 우리나라에서 효사상을 다시 일으켜세우자는 데 그치지 않고, '효'를 전세계의 질서와 전인류의 평화를 위한 근본 원리로 삼기 위한 운동을 전개하자는 것이 아니었습니까?"

"그 전에도 효사상을 고취한 사람들은 많았으나, 이분들은 '효사상의 세계화 운동'을 전개하자고 하는 점이 특이해서 나도 처음에는 좀 어리둥절했어. 그러나 이야기를 듣는 가운데 구름을 잡는 것 같은 그들의 구상에도 그분들 나름의 논리가 있다는 생각이 들었어요."

"효사상을 고취하는 사람들은 대부분 민족주의자들이고, 민족주의자들은 국위 선양에 대해서도 관심이 많습니다. 요즈음 '세계화'의 바람이 일고 있습니다만, 이 기회에 우리가 효사상의 종주국이 됨으로써 우리 국위도 선양하고 세계 역사에 크게 기여도 하자는 것이 박 회장과 그 주변사람들의 포부 같습니다. 그런데 문제는 한국이 효사상의 종주국이 되겠다는 발상을 뒷받침할 만한 무슨 근거가 과연 있느냐 하는 것입니다."

"글쎄, 나도 바로 그 점에 대해서 의문을 느끼고 있는데, 아마 그들은 매우 소박한 낙관을 가지고 있는 것이 아닐까? 즉, 그들은 '효'를 인간이 만들어낸 규범이라고 생각하지 않고 천지(天地)와 자연의 원리 또는 진리라고 믿기 때문에 그것은 인간이면 누구나 따르지 않을 수 없는 권위를 가졌다고 보는 것이지. 그런데 현대는 도(道)가 땅에 떨어진 세상이 되어서 효사상이 그 빛을 발하지 못하고 있는 실정이지만, 그것은 만고의 진리인 까닭에 반드시 제 자리를 찾게 되리라고 그들은 믿는 모양이오."

"논의(論議)가 다시 원점으로 돌아왔습니다. '효'가 천지와 자연의 원리라고 하는 그들의 주장, 그들의 주장이라기보다도 『효경』(孝經)에 보이는 그 주장은, 아까 선생님이 말씀하신 견해와는 사뭇 다릅니다. 제가 여쭈어보고 싶은 것은, 선생님과 같이 경험론적 견해를 취할 경우에, 현대의 상황에서 효사상을 어떻게 평가하고 어떻게 살려야 하느냐 하는 문제입니다."

"내 김 선생한테서 그 말이 나올 것이라고 예상했소. 골치 아픈 이야기는 잠시 접어두고, 우리 잠시 산책을 하는 것이 좋지 않을까?"

3. 효와 현대사회

나는 산책을 염두에 두고 가벼운 옷차림으로 집을 떠났었다. 내가 운동화 끈을 매는 것을 보고, 오늘은 산길을 걷자고 무심 선생이 제안하였다. 서울랜드 뒤쪽으로 뻗은 야산을 향하여 우리는 걷기 시작하였다. 화창한 날씨가 전신에 쾌적하게 다가왔다.

먼젓번에 그렇게 했듯이, 길을 걷는 동안 우리는 말을 많이 하지 않았다. 건강을 위한 운동으로서 걸을 때는 좀 빠른 속도로 걸어야 한다는 것이 무심 선생과 나의 일치된 의견이었고, 빨리 걷자면 자연히 말이 적을 수밖에 없었다. 산길에서 마주치는 다른 사람들도 대개 별로 말이 없이 열심히 걷고 있었다. 단풍의 절정이 좀 지나기는 했으나 아직도 멀고 가까운 경관이 제법 아름다운데, 그 경관에는 관심이 없는 듯 모두 부지런히 걷고 있었다.

부부로 보이는 남자와 여자가 앞서거니 뒤서거니 걷는 모습도 보였고, 아버지와 아들이 개까지 데리고 나선 일행도 있었다. 스승과 제자가 함께 온 것은 우리뿐이라는 생각을 하며 시야가 탁 트인 지점에 이르렀을 때, 스승이 걸음을 멈추었다. 걸음을 멈추고 먼곳을 바라보며 이렇게 말했다.

"항상 느끼는 바이지만 정말 아름다운 자연이야. 지구 전체 가운데서 이렇게 아름답고 이렇게 기후가 좋은 곳은 많지 않을걸. 이 아름다운 강산을 잘 지키고 가꾸어야 할 터인데."

"문제는 사람들에게 있습니다. 사람들이 잘만 하면 세계에서 가장 살기 좋은 나라를 만들 수 있는 자연이 주어졌는데, 우리는 작은 이익에 눈이 어두워서 큰 것을 잃어가고 있습니다. 지능의 발달에도 불구하고 인간은 참 어리석은 존재라는 생각을 자주 하게 됩니다."

"바로 그 지능에 문제가 있을 거야. 지능은 인간을 생물계의 지배자로 만든 강력한 무기인데, 이 무기를 바르게 사용하는 지혜가 부족한 것이지."

무심 선생은 다시 걷기 시작했다. 나도 따라서 걸었다. 나쁜 것은 잊어버리고 좋은 생각만 하자고 묵약(默約)이라도 한 것처럼 우리는 묵묵히 걸었다. 멀리서 산새 우는 소리가 들려왔다. 어릴 때 자주 듣던 그 산새소리. 그 산새의 이름이 무엇이더라? 두메산골 고향생각이 스쳐간다.

거의 한 시간 가까이 걸었을 때, 우리는 쉼터로서 적합한 지점에 와 있었다. 그 곳이 무심 선생으로서는 등산로의 반환점에 해당하는 곳이었다. 우리는 그곳 나무 밑 평평한 자리를 골라서 마주 앉았다. 잠시 침묵의 시간이 지나간 다음에, 나는 무심 선생 댁에서 중단했던 '효'에 관한 이야기를 다시 끄집어냈다.

"선생님, 아까 댁에서 '효'에 관한 이야기를 하다 중단했습니다만, 저는 그 문제에 대하여 선생님의 말씀을 더 듣고 싶습니다. 일부 논자들이 주장하듯이 '효'가 천지와 자연의 원리라면, 우리는 마땅히 그 만고의 진리를 다시 인식하고 다시 실천하도록 노력해야 할 것입니다. 그러나 경험론자들이 말하듯이 효사상의 근원이 가족제도라는 역사적 산물에 있다면, 가족제도의 배경이었던 농경사회가 무너져가고 있는 오늘날, 이 효사상을 한갓 과거의 것으로서 기록 속에만 남겨둘 것인지, 또는 새로운 모습의 효사상을 창출하여 현대의 윤리체계 속에 자리매김해야 할 것인지, 결론이 자명하다고 보기는 어렵습니다. 저는 오늘 이 이야기가 나온 김에 선생님 말씀을 더 듣고 싶습니다."

"종족의 번식이라는 생물학적 목적의 달성을 위해서는 새끼에 대한 본능적 사랑에 투철한 동물의 세계의 법칙만으로도 충분하겠지. 그러나 이성(理性)을 가진 인간으로서 사리(事理)에 맞는 삶을 갖고자 하는 또 하나의 목적을 위해서는 '효'의 실천은 매우 소중한 유산이라고 보는 편이 옳을 것이야."

"사리에 맞는 삶을 위해서 효사상의 실천이 필수적이라 함은 '효'가 천지와 자연의 원리라는 주장을 받아들이는 것과 결국 다를 바가 없지 않습니까? 효도(孝道)를 역설하는 사람들은 효는 인간의 도리이므로 반드시 행해야 한다고 주장합니다만, 그들이 말하는 '도리'(道理)와 선생님께서 말씀하신 '사리'는 어떻게 다른 지요?"

"효가 인간의 도리라고 주장하는 사람들은 '효' 그 자체를 절대적 규범으로 보고 있는 것이지. 그러나 내가 사리에 맞도록 살자면 '효'의 실천이 요구된다고 말한 것은, '효' 그 자체를 절대적 규범이라고 보기 때문이 아니라, 자식은 성장과정에서 부모로부터 이루 헤아릴 수 없을 정도의 사랑과 은혜를 받았으므로, 노후의 부모에게 효도를 다함이 마땅하다는 말이오."

"선생님 말씀은 자식이 부모에게 효도해야 하는 것은, 효가 하늘의 도리이기 때문이 아니라, 부모의 은혜가 막대하기 때문이라는 것이지요. 그리고 막대한 은혜에 보답해야 하는 까닭은, 그렇게 하는 것이 사리에 맞기 때문이라는 말씀으로 이해됩니다. 그런데 여기 따지기 좋아하는 사람이 있어서, 은혜에 보답함이 사리에 맞는다고 말씀하시는 근거와 사리에 맞도록 살아야 하는 까닭을 묻는다면, 어떻게 대답하실 수 있으십니까?"

"내가 '사리'(事理)라는 말을 쓰기는 했지만, 그 말이 서양철학에서 다져진 학술어는 아니지. 내가 은혜에 보답함이 사리에 맞는다고 말한 것은 그렇게 하는 것이 이성(理性)의 사고방식에 어긋남이 없다는 뜻이고, 사리에 맞도록 살아야 한다고 말한 것은 이성의 지시를 따라서 살아야 한다는 뜻이라고 보면 되겠지."
"그렇다면 이성의 지시를 따라서 이성의 사고방식에 어긋남이 없도록 살아야 할 까닭이 무엇이냐는 또 하나의 질문이 나올 수 있지 않겠습니까?"
"그러한 질문공세에는 끝이 없게 마련이지. 다만 우리는 논쟁을 위한 논쟁은 피해야 할 것이고, 논쟁을 위한 논쟁을 원하는 것이 아니라면, 이야기는 적당한 선에서 마무리를 지을 수 있다고 생각해요."
"적당한 선에서 짓는 마무리가 구체적으로 어떤 것이 되겠습니까?"
"양식(良識)이 있는 사람이라면 누구나 질서가 유지되고 사람들이 편안한 마음으로 살 수 있는 사회가 실현되기를 원하게 마련이지. 그런데 질서가 유지되고 편안한 마음으로 살 수 있는 사회를 실현하기 위해서는 되도록 많은 사람들이 이성의 지시를 따라서 이성의 사고방식에 어긋남이 없이 사는 것이 바람직할 것이오. 그리고 논쟁을 위한 논쟁을 하자는 것이 아니라면 질서가 유지되고 편안한 마음으로 살 수 있는 사회의 건설을 원하는 까닭이 무엇이냐는 물음을 제기하지는 않을 것이니, 그 선에서 마무리가 지어질 것이 아니겠소?"
무심 선생의 이론 전개는 고령자답지 않게 논리가 정연하였다. 선생의 그때까지의 말씀으로 "현대사회에서도 효의 윤리는 지켜져야 한다"는 결론을 이론적으로 뒷받침하기에 충분하다고 단정할 수 있을지 당장에서 단정하기는 어려웠다. 그러나 선생의 논의에는 상당한 설득력이 있다고 느껴졌을 뿐 아니라 그 이상 더 따지고 덤비는 것은 예절이 아닐 것 같아서, 화제의 초점을 약간 돌렸다.

"효도의 실천은 현대사회에서도 귀중한 미덕(美德)이라는 것이 이론적으로 인정된다 하더라도 그것만으로는 효도가 실천의 원리로서 작용하기는 어려울 것입니다. 효도가 이론적으로서 존중될 뿐 아니라 실천적 규범으로서 제 구실을 하기 위해서는, 현대에 적합한 효도의 구체적 처방이 제시되어야 할 것이며, 자녀들로 하여금 효도를 실천하도록 가르치는 윤리교육도 필요합니다. 기왕에 효도의 문제에 관한 선생님의 말씀을 듣게 된 이 기회에 실천의 방안에 관한 말씀도 듣고 싶습니다."

"현대에 적합한 효도의 구체적인 형태와 효도가 실천되도록 젊은 세대를 가르치는 문제에 대해서는 나도 실은 아직 차분하게 생각해 본 적이 없어요. 따라서 이 문제에 대하여 내가 할 수 있는 말의 준비는 있을 리가 없지. 기왕에 이야기가 나왔으니, 이제부터라도 이 문제에 대해서 우리가 함께 생각해 보는 시간을 갖도록 합시다."

"윤리문제 전반에 대하여 많은 연구를 하시고 글도 쓰신 선생님께서 우리나라에서 전통적으로 숭상해 온 효의 문제에 대해서는 매우 소극적인 태도를 취해 오셨습니다. 그럴 만한 이유가 따로 있습니까?"

"나는 우리나라에서 도덕성의 회복문제를 역설하는 사람들이 으레 효의 문제부터 들고 나오는 태도에 대하여 은연중 거부감을 느껴온 게 사실이오."

"거부감을 느끼게 되신 특별한 이유라도 있습니까?"

"내가 청소년 시절에도 효가 인간의 도리라는 말씀을 집안 어른들로부터 자주 들었어. 부모가 자식 사랑하는 마음의 절반만 가지고 부모를 대한대도 큰 효자가 될 것이라는 말씀도 여러 번 들었고. 그런 말씀을 들었을 때 마음을 가다듬게 하는 감동보다는 도리어 거부감 비슷한 것을 느꼈지. 효도라는 것은 자식의 위치에 놓인 젊은이들이 자진해서 실천해야 미덕이 되는 것이 아니냐는 생각도 들었고, 나름대로 효도하리라는 의사를 이미 가지고 있었는데 '효도하라' '효도하라'는 말씀을 거듭 들었을 때, 반발의 심리가 작용했던 모양이야. 그 당시의 내 정신연령이 낮았음에 연유한 거부감이었지만, 오늘의 젊은이들도 늙은이들이 효도를 강조하는 태도를 별로 좋아하지 않을 것 같은 생각이 들어. 그것 때문만은 물론 아니겠지만, 요즈음 젊은이들 편에서는 효도에 대해서 대체로 무관심한데, 늙은이들이 앞장서서 효도를 역설하는 세태에 대하여 별로 공감을 느끼지 못하는 것이 나의 심정이라고 말할 수 있겠지."

"선생님의 말씀에 대해서 저도 공감을 느낍니다. 그렇지만 젊은 세대가 앞장을 서서 효사상을 고취한다는 것은 기대하기 어렵지 않습니까? 그러니 옆 찔러 절 받는 꼴이 되더라도, 늙은 세대가 젊은 세대에게 효도를 가르칠 수밖에 달리 방도가 없다는 생각이 듭니다만. 젊은 세대에게 옳은 길을 가르치는 것이 기성 세대의 책무가 아니겠습니까?"

"그 점은 나도 동감이오. 그런데 효도의 경우 그것을 가르치는 구체적 방안이 무엇이냐는 것이지. 직설적 설교의 방법으로서는 실효를 거두기가 어렵다는 것이 내 생각이오만, 김 선생의 생각은 어떻소?"

"효도로써 섬겨야 할 부모가 돌아가시고 자신들이 벌써 할아버지나 할머니가 된 노년층에서 효의 문제를 논의하는 주역을 맡기는 어려울 것입니다. 어린이들이나 학생층과 같은 아주 젊은 사람들도 그 일을 감당하기는 어렵습니다. 그러므로 섬겨야 할 부모도 살아계시고 양육해야 할 자녀도 가지고 있는 중장년층에서 효도의 문제를 진지하게 생각하는 주역을 맡고 나서는 것이 바람직하다고 저는 생각합니다."

"효도 실천운동을 성급하게 전개하기에 앞서서, 현대사회에 적합한 효도에 대한 이론체계를 준비해야 하겠지. 그 이론체계를 준비하는 과정에서부터 전통윤리에 대한 향수가 지나친 노년층의 견해가 주도권을 차지하는 것보다는, 현대사회에 대한 이해가 깊은 젊은 학자들이 주역을 맡아야 할 것이오."

"새 시대의 효도는 옛날의 효도와 그 구체적 모습에 차이가 나야 한다는 것이 일반적인 생각입니다. 그러나 어떤 점이 어떻게 달라져야 하는지에 대해서 명확하고 설득력 있는 견해를 제시한 사람은 적습니다. 선생님께서는 현대사회의 효도는 옛날의 그것과 어떤 점이 어떻게 달라져야 한다고 생각하십니까?"

"효도를 포함한 모든 윤리규범은 원만한 사회생활을 위한 처방(處方)의 구실을 해야 마땅하다는 것이 나의 생각이오. 따라서 현대사회를 위한 효도는 현대의 화목한 가정생활과 원만한 사회생활을 위하여 자녀들이 부모에 대해서 취해야 할 태도를 밝혀줄 원리로서 적합해야 할 것이오. 옛날의 가부장적(家父長的) 가족제도 아래서는 부모의 뜻에 무조건 복종하는 것이 자식의 도리요 가족 내의 질서와 화목을 유지하는 길이었지만, 개인적 자아의식이 강한 현대에서는 부모와 자식의 관계를 명령자와 복종자의 수직적(垂直的) 관계로 보는 생각은 현실에 맞지 않을 것이오."

"전설에 따르면, 옛날의 효자 또는 효녀 가운데는 아버지나 어머니의 병환을 고치기 위하여 제 넓적다리의 고기를 도려 바쳤다는 사람들이 있습니다. 자식이 그렇게 하기를 부모가 명령하거나 원한 것은 물론 아닙니다. 아버지의 눈을 뜨게 하기 위하여 공양미 3백 석에 목숨을 바친 심청(沈淸)의 경우에도 아버지는 딸의 희생을 원하지는 않았습니다. 이러한 사례는 부모의 의사나 명령과는 관계가 없는 효행(孝行)입니다만, 어쨌든 불합리한 행동입니다. 불합리한 효행도 현대의 관점에서 본다면 받아들이기 어렵지 않겠습니까?"

"『효경』(孝經)에 따르면, 신체와 생명은 부모로부터 받은 것이니, 그것을 다치지 말고 잘 지키는 것이 효도의 시초라고 했지. 그러니 제 몸에 상처를 입히거나 제 목숨을 버리는 것은 불효막심한 짓이라 하겠는데, 그것을 도리어 효행으로서 찬양했으니 납득하기가 어려워요. 다만 부모를 절대적 존재로 높이 보는 견지에서는 절대적 존재인 부모를 위한 자해(自害) 행위는 특수한 경우이므로 특별한 평가를 받게 된다는 논리를 펼 수 있을지도 모르지. 그러나 현대인의 상식으로 말한다면, 늙은 몸 또는 늙은 생명을 위해서 젊은 몸 또는 젊은 생명을 제물로 바치는 것은 납득하기 어려운 무리(無理)라고 보아야 할 것이야."

"옛날에는 늙은 부모가 계신 자식은 집을 떠나서 멀리 여행을 가서도 안 되고, 고향에 부모를 두고 서울에 와서 관직에 종사하던 사람은 부모가 노쇠하게 되면 사직서를 내고 귀향하는 것이 자식된 도리라고 했습니다. 그러나 현대에는 이러한 효도의 방식도 따르기가 어렵다고 보아야 합니다. 부모가 돌아가시면 묘소 가까이 움막을 짓고 탈상 때까지 그곳에서 기거하라는 옛날의 효도법도 지금은 따르기가 어렵습니다. 이것저것 모두 제외하면, 옛날의 효도법 가운데서 오늘의 자녀들이 지켜야 할 것은 별로 남지 않을 것 같습니다."

"내 생각으로는 문제를 제기하는 방식을 달리해야 할 것 같아. 무슨 말이냐 하면, 오늘의 자녀들은 부모를 어떻게 모셔야 할 것이냐를 묻기에 앞서서, 오늘의 자녀와 부모의 관계, 며느리와 시

부모의 관계를 어떻게 정립해야 할 것이냐를 먼저 물어야 한다는 말이오."

"효의 문제를 자식이 부모에 대해서 일방적으로 수행해야 할 의무의 문제로 보지 않고, 부모와 자식이 함께 노력하고 함께 지켜야 할 상호(相互)의 문제로 보아야 한다는 전제에서 이 문제에 접근해야 한다는 말씀이십니까?"

"현대사회에서 부모와 자식의 바람직한 관계의 그림을 먼저 그려봐야 한다는 뜻이니까, '상호'의 문제로 보아야 한다는 뜻도 포함되겠지."

"그렇게 되면, 자식 노릇을 어떻게 해야 하느냐 하는 문제에 대한 대답은 부모가 부모 노릇을 어떻게 하느냐에 따라서 달라진다고 보아야 하지 않겠습니까? 따라서 효도는 절대적인 내용을 가진 규범이 아니라 상대적인 내용의 규범이라는 결론으로 가게 되겠구요. 극단으로 말하자면, 부모가 부모의 도리를 못할 경우에는 자식이 자식으로서 해야 할 도리도 부정적 영향을 받아야 마땅하다는 결론을 얻게 되지 않겠습니까?"

"옛날에는 인간으로서 이 세상에 태어났다는 사실 그 자체만으로도 부모의 은혜는 막대하다고 생각하는 경향이 있었지. 양육과정에서 부모가 충분한 보살핌을 베풀지 못했다 하더라도, 생명을 나에게 준 부모의 은혜의 막대함을 생각하여 지극한 효도로써 부모를 모셔야 한다는 논리가 성립했을 거야. 그러나 요즈음은 출생 그 자체를 무한한 축복으로 생각하는 관념이 약해졌을 뿐 아니라, 출생을 도리어 원망하는 젊은이들도 있으니, 문제가 복잡하지. 신체적 조건이나 두뇌를 나쁘게 타고나서 인생을 비관하고 세상을 원망하는 젊은이에게, 낳아주었다는 사실 하나만으로도 부모에게 효도할 이유는 충분하다고 설득하기는 쉬운 일이 아니란 말이오."

"출생 그 자체를 큰 축복이라고 보는 생명존중의 사상은 그래도 받아들여야 옳지 않겠습니까?"

"모든 출생이 축복이라는 주장을 자명한 진리로서 전제하기는 어렵지 않을까? 만약 고통이 악(惡)이라면, 즐거움보다도 고통을 더 많이 갖도록 태어났다고 예견되는 출생까지도 축복받은 것이라고 말하기는 어려울 것이오. 삶의 조건이 열악한 인도에서 출생을 늙음과 병 그리고 죽음과 함께 사고(四苦)라고 전제한 철학이 발생했다는 사실에 공감을 느끼는 사람들도 적지 않을 것이야."

출생 그 자체는 반드시 축복이라고 보기 어려우며, 경우에 따라서는 저주일 수도 있다는 함축이 담긴 무심 선생의 말에, 어떻게 대응해야 옳을지 갑자기 판단이 서지 않았다. 잠시 머뭇머뭇했더니, 무심 선생이 말을 이었다.

"설사 출생이 축복임에 틀림이 없다 하더라도, 그 은공을 언제나 반드시 부모에게로 돌려야 한다고 보기는 어렵지 않을까? 사생아의 경우가 대개 그렇듯이, 세상에는 부모의 소망과는 달리 그들의 실수로 태어나는 아이도 있는데, 이러한 출생도 역시 축복받은 것이라고 볼 수 있을지 의문의 여지가 있으며, 비록 그것이 감사하게 생각해야 할 축복이라 하더라도, 그 감사는 대자연 또는 조물주에게 드려야 옳을 것 같은 생각이 들어요."

"선생님 말씀은 세상에는 부모에게 크게 감사해야 할 축복된 출생도 있고, 그렇지 못한 출생도 있다는 말씀이신지요?"

"모든 출생에 축복의 요소가 있다 하더라도 그 축복의 정도에는 개인차가 있고, 출생된 자녀가 부모에 대하여 느낄 수 있는 감사에도 개인차가 있다는 뜻이지. 극단적인 예를 든다면, 임신

중에도 술과 담배를 무절제하게 즐기고 마약까지 복용한 어머니로부터 매우 허약한 체질로 태어난 아이와 태교에까지 신경을 쓰고 정성을 다한 결과로서 우량아로 태어난 아이가, 부모에 대해서 느끼는 감사의 정이 같기를 기대하는 것은 무리가 아닐까?"

"생후의 양육과정에서 부모로부터 받은 은혜의 정도는 개인차가 더욱 크겠지요. 선생님의 말씀 배후에는 자식으로부터 효도받기를 원한다면 부모가 우선 부모 노릇을 제대로 해야 한다는 뜻이 담겨 있는 것으로 느껴집니다. 대부분의 부모들은 자식에 대한 사랑이 극진하지만, 더러는 효도를 기대할 자격이 없는 부모가 생길 수도 있다는 뜻으로 이해해도 좋겠습니까?"

"옛날에도 부모가 부모 노릇을 제대로 해야 자식이 자식의 도리를 다할 의무가 생긴다고 주장한 사람이 있었던 것으로 알아요. 그러나 대부분의 유학자들은 비록 부모가 부모 노릇을 못하더라도 자식은 자식의 도리를 다해야 한다고 가르쳤지. 그러나 현대의 젊은이들의 견지에서 볼 때, 이토록 일방적인 효도의 의무는 납득하기 어렵지 않을까? 물론 오늘의 자녀 가운데 자식에 대한 도리를 못한 부모에 대해서도 효성을 다하는 사람이 있다면, 그것은 매우 갸륵한 미담이 되겠지만."

"그렇지만 선생님의 논리를 따르면, 자녀에 대한 도리를 다하지 못한 부모가 지극한 효도를 받는다는 것은 불합리한 일이 아니겠습니까? 불합리하더라도 미담(美談)이라고 볼 수 있습니까?"

"합리성(合理性)을 가치의 절대적 기준으로 삼는다면, '불합리한 미담'이라는 말이 이상하게 들리겠지. 그러나 합리적인 것이 언제나 가장 바람직하다고는 생각하지 않아요. 물론 '합리성'이라는 말을 어떻게 이해하느냐에 따라서 이야기는 달라지겠지만, 이 말을 상식적으로 이해할 때, 불합리하지만 아름다운 행위는 얼마든지 생각할 수 있어요. 흔히 '살신성인'(殺身成仁)이라고 칭송되는 행위는 대개 불합리하지만, 도덕적으로는 높이 평가되어도 이상할 것이 없다고 봐요. 원수를 은혜로 갚는 행위를 좋게 평가하는 경우도 마찬가지고."

"별다른 개인적 관계가 없는 남의 부모를 보살펴주는 것과 나에게 섭섭하게 한 잘못이 많은 부모의 노후를 보살펴주는 것을 비교한다면, 선생님께서는 어느 편을 더 큰 미담이라고 보시겠습니까?"

"글쎄, 나는 후자를 더 높이 평가하고 싶어요."

"그렇게 보시는 이유를 여쭈어 보아도 좋겠습니까?"

"논리적으로 내세울 만한 이유는 따로 없고, 다만 나는 '인연'(因緣)이라는 것의 중요성을 생각한다면 악덕한 부모에 대한 효도를 도덕적으로 정당화할 수 있다고 보아요. 나는 인연이라는 것을 매우 중요하다고 생각해 왔는데, 부모와 자식 사이의 인연은 인연 가운데서도 지극히 깊은 인연이 아니겠소?"

"인연을 그토록 중요하다고 보시는 특별한 이유가 있으십니까? 가령 불교의 교리에 대한 공감이라든가…."

"내가 학생시절에 들었던 강의 가운데 '네 운명을 사랑하라'(Amor fati)고 한 니체의 명언을 소개한 대목이 있었는데, 그때 나는 깊은 인상을 받았어요. 좋은 운명이든 좋지 않은 운명이든, 그것은 나의 운명이므로 이를 사랑하라는 가르침은 귀한 가르침이라고 생각된 것이지."

"내 운명을 사랑한다는 것은 곧 나 자신을 사랑한다는 것과 같은 뜻이라는 말씀이시지요. 그리고 모든 사랑은 나 자신에 대한 사랑에 근원을 두었다는 것이 선생님의 지론이시구요. 그런데 운명과 인연은 서로 다르지 않습니까?"

"물론 같은 것은 아니지. 다만 여러 가지 인연들이 서로 엉켜서 내 운명을 결정한다고 볼 수 있을 것이고, 따라서 운명을 사랑한다는 것은 그 안에 포함된 모든 인연들을 사랑한다는 뜻도 되겠지."

"알겠습니다. 좋은 삶을 영위하자면 나 자신에 대한 올바른 사랑이 전제되어야 하고, 나에 대한 올바른 사랑은 내 인연에 대한 사랑을 외면할 수 없다는 말씀이시지요. 그리고 부모와 자식 사이의 인연은 인연 중에서도 크고 깊은 인연이니, 비록 부모가 부모 노릇을 제대로 못하더라도 자식으로서는 그 부모를 효도로써 모시는 것이 아름답게 평가된다는 결론이 나오겠습니다."

"이야기를 하다 보니 부도덕한 부모의 경우를 너무 의식한 것 같아. 그러나 부도덕한 부모라는 것은 예외에 가까운 것이며, 대부분의 부모들은 자녀들을 극진히 위하는 것이 인간 사회의 현실이라고 보아야 하겠지. 자녀들을 위하는 마음은 요즈음 사람들이 옛날보다도 더 끔찍하다는 생각이 들 때가 있어요."

이야기에 몰두하는 사이에 시간이 꽤 흐르고 있었다. 그러나 아직 효도문제에 대한 구체적 결론에는 이르지 못했으니, 그대로 중단하고 일어서기도 어려운 상황이었다. 무심 선생께 다소 죄송하다는 생각이 들었으나, 나는 이야기의 마무리를 짓고자 하는 의도에서 말머리를 이렇게 돌렸다.

"아들이나 딸은 부모의 은혜를 기억하는 까닭에 대개 어느 정도 효심(孝心)을 가지고 있으나, 며느리의 경우는 사정이 크게 다릅니다. 혈연이 있는 것도 아니고 어려서 은혜를 입은 바도 없는 며느리의 경우는 시부모에 대해서 효도하기를 기대할 근거가 미약합니다. 요즈음 젊은 남자들은 결혼한 뒤에는 제 아내의 말을 잘 듣는 경향이 있으므로, 며느리의 불효는 곧 아들에게로 옮겨가기 쉽습니다. 이 문제에 대해서 선생님은 어떻게 생각하십니까?"

"부모와 자식의 관계도 큰 인연이지만, 남편과 아내의 관계도 매우 큰 인연이오. 따라서 시부모와 며느리의 관계도 큰 인연이고 장인 장모와 사위의 관계도 큰 인연이오. 인연을 귀중히 여겨야 한다는 원칙을 여기에서도 지켜야 하겠지."

"당위론(當爲論)으로서는 그렇지만, 보통사람의 경우는 인연을 존중히 여기는 마음은 효도의 원동력으로서는 너무 미약할 것 같습니다. 그보다는 며느리에 대한 시부모의 사랑이 더 중요하지 않겠습니까? 시부모가 아직 능력이 있을 때 먼저 며느리에게 잘 하면, 자연히 인과응보의 결과가 생기지 않겠습니까?"

"나도 전적으로 동감이오. 우리나라에서는 전통적으로 며느리에 대한 대접이 너무 소홀했었지. 남의 귀한 딸을 데려다가 시집살이를 호되게 시키는 악풍(惡風)은 많이 없어졌지만, 아직도 며느리의 고충은 만만치 않을걸."

"부모의 세대와 아들·며느리의 세대가 함께 사는 것과 따로따로 사는 것은 어느 편이 더 바람직하다고 보십니까?"

"그것은 일률적으로 말하기는 어려운 문제이지. 형편에 따라서 함께 사는 편이 적합한 가정도 있고 그 반대의 가정도 있을 터이니까."

"함께 사는 편이 더 적합한 가정이라면 어떤 경우를 말하시는 것입니까?"

"부모와 아들·며느리의 사이가 좋은 것이 그 첫째 조건일 것이고, 함께 살아도 직장생활 또는 일에 지장이 없는 것이 그 둘째 조건이요, 할아버지와 할머니의 친구가 될 수 있는 손자나 손녀가 있는 것이 그 셋째 조건이라고 볼 수 있겠지. 그리고 그 밖에도 또 여러 가지 경우를 생각할 수 있지 않을까."

"그 전에는 부모의 세대가 아들과 며느리를 데리고 살기를 원한 경우가 많았으나, 요즈음은 부모들도 따로 살기를 원하는 경우가 점점 늘어나는 추세라고 할 수 있습니다. 다만 너무 늙어서 따로 살 능력이 없어졌을 때 다시 합치기를 원하는 경우가 있다고 합니다만…."

"아들과 며느리가 이기적 태도로 나오니까 부모들도 따라서 이기주의로 대응하자는 태도라고 하겠지. 그러나 이기적 생활태도는, 장기적 안목으로 볼 때, 피차 모두가 어려움을 당하는 어리석은 자애(自愛)의 태도라고 보아야 하오. 요컨대, 나에게 힘이 있을 때는 따로 살고 나에게 힘이 없어서 따로 살 수 없게 되었을 때 자식의 신세를 지겠다는 생각은 부모답지 못한 생각이오. 서로 사랑하고 서로 도울 때 모두가 좋은 삶을 가질 수 있는 것이 사회적 존재로서의 인간의 현실이 아닐까."

"그러나 선생님, 언제나 그렇다고 단언하기는 어려울 것 같습니다. 제가 아는 사람들 가운데, 모든 재산을 일찌감치 아들과 딸에게 나누어주고, 노후의 대책이 없어서 고생하는 분들이 있습니다. 부모의 사랑에 대해서 자식들이 반드시 보답한다는 보장이 없다는 증거가 아니겠습니까?"

"나도 그런 경우를 많이 알고 있어. 인심이 각박한 세상에서는 자식을 사랑하는 길에도 절도가 있어야 한다는 이야기가 되겠지."

"그러니까 아들과 며느리가 부모의 노후를 외면할 경우에 대비하여 최소한의 돈이나 재산은 끝까지 쥐고 있어야 한다는 말씀이 되겠습니다. 서글픈 이야기지만, 우리의 현실이 그러니 다른 도리가 없다고 저도 생각합니다."

"젊었을 때 부지런히 일하고 알뜰하게 저축하여 노후에 유료 양로원에 갈 수 있을 정도의 돈은 끝까지 움켜쥐고 있어야 할 세상이 된 것이지."

"그러나 그것도 결코 쉬운 일이 아닌 사람도 많을 것입니다. 직장에서 물러난 뒤에도 긴 세월을 살아야 하는 고령자가 늘어가는 시대에 노후를 불안 없이 맞이하는 문제는 아주 심각한 문제입니다."

"노인의 씨가 따로 없으니 이 문제는 우리 모두의 문제요. 이제는 국가가 노인복지 문제에 대하여 성의 있는 대책을 세워야 할 것이고, 오늘의 젊은이들은 자신들이 지금 부모들에게 하는 효도 또는 불효를 장차 그들의 아들과 딸 또는 며느리가 본받게 될 것이라는 사실을 명심해야 하겠지."

말을 마치면서 무심 선생은 자리에서 일어섰다. 나도 따라서 일어섰다. 숲속에는 벌써 어둑어둑한 기운이 포위망을 치며 다가오고 있었다. 우리는 먼곳에서 들려오는 산새소리를 뒤로 하고 하산(下山) 길을 서둘렀다.

제 3 장
자녀교육의 문제

1. 강 여사와 윤 여사

 웬일인지 기분이 울적하였다. 세상이 너무 어수선해서 그런 것인지, 간밤에 잠이 부족했기 때문인지, 책을 읽어도 곧 싫증이 났다. 무심 선생이나 찾아갈까 하는 생각이 떠올랐다. 내 일이 손에 잡히지 않을 때, 나의 기분 전환을 위하여 누구를 찾아간다는 것은 이기적인 행위에 지나지 않는다는 생각이 들어서 망설이다가, 결국 집을 나섰다. 댁에 안 계실지도 모르니 전화로 미리 연락을 할 것을 잘못했다는 생각이 택시 안에서 들었다. 그러나 선생이 부재중이면 서울랜드 뒷산에 올라서 기분을 전환하는 길도 있었다.
 선생은 댁에 계셨다. 이런저런 이야기를 나누었지만, 그 날은 화제가 달려서 대담이 자주 끊겼다. 차라리 산책이라도 하는 편이 좋지 않겠느냐고 나는 제안하였다. 그러나 찾아오겠다고 약속한 사람이 있어서 집을 떠날 수가 없다며, 선생은 잡담이라도 계속하자고 하였다.

약속을 하고 찾아온 손님은 두 사람의 여성이었다. 여성의 나이를 짐작하기가 매우 어려운 세상이기는 하나, 두 사람 모두 40대로 보였다. 한 사람은 눈에 뜨일 정도의 미인이었고, 또 한 사람은 그저 수수한 용모의 중년이었다. 내가 머무적거리고 앉아 있을 상황이 아닌 듯하기에 일어서려 했더니, 무심 선생이 이렇게 말하며 나에게 그대로 앉아 있으라는 손짓을 하였다.
　"이분들은 자녀의 교육 문제로 이야기를 나누기 위하여 오신 분들이오. 오신다는 손님을 못 오게 하기가 미안해서 오시라곤 했지만, 내가 자녀교육 문제에 대한 전문가는 아니지 않소? 그러니 김 선생이 마침 잘 온 셈이오."
　"저야 더구나 뭘 압니까?" 이렇게 사양을 하는 척하면서 나는 들었던 궁둥이를 다시 내려놓았다. 모처럼 빼어난 미인과 함께 이야기를 나눌 수 있는 그 자리를 얼른 떠나고 싶지 않은 심리가 작용했을 것이다. 외모가 아름다우면 마음도 아름답고 또 말도 슬기로울 것이라는 근거 없는 기대를 나는 죽을 때까지 버리지 못할 것이다.
　두 여인이 도착하기 전에 무심 선생은 그 두 사람에 대하여 아무런 말도 하지 않았고, 도착한 뒤에도 따로 소개 같은 것은 없었다. 그들 사이에 오고간 말을 통하여, 무심 선생과 두 여인의 만남도 그것이 처음이었음을 알게 되었고, 그 전에는 저자와 독자로서 알던 사이라는 것을 눈치로 짐작하게 되었다. 그날 두 사람으로 하여금 무심 선생을 찾아오게 만든 것은 그보다 얼마 전에 발표된 청소년의 윤리 문제에 관한 선생의 글이었다는 것도 자연스럽게 밝혀졌다. 두 여인은 그 전부터 서로 아는 사이였던 것으로 보였으며, 미인은 동행인(同行人)을 '강 여사'라 부르고, '강 여사'는 미인을 '윤 여사'라고 불렀다.

주인인 무심 선생께서 좌담을 이끌어가야 할 상황이었으나, 선생은 본래 입에 물이 오르기 전에는 말수가 적은 편이다. 특히 여자들 앞에서는 수줍음을 타는 내향적인 성격이어서, 그날의 무심 선생은 입이 무거웠다. 두 여인도 나라는 누군지 모르는 사람의 동석을 의식해서인지 말을 자제하는 눈치였다. 좌석에서 어색한 분위기를 몰아내야 하겠다고 느꼈는지, 무심 선생은 뒤늦게 나를 두 여인에게 소개하였다. 내 이름과 내 직업을 알리고 철학자들 사이에서는 널리 알려진 사람이라고 추켜세우기까지 하였다. 입을 다물고 있는 나를 대화에 끌어들이기 위해서 그렇게 말했을 것이다.

자녀의 교육 문제에 관해서 무심 선생의 말씀을 듣기 위하여 찾아온 손님이라고 했으나, 대화는 실마리를 찾지 못한 채 겉돌고 있었다. 누군가가 자녀교육의 문제를 끄집어내야 할 상황인데, 문제가 크고 막연하기 때문인지 아무도 그렇게 하지 않았다. 그렇다고 내가 주제넘게 나설 처지는 더욱 아니었기에 나도 침묵을 지켰다. 드디어 무심 선생이 이렇게 말문을 열었다.

"두 분은 자녀를 몇이나 두셨습니까?"

"저는 아들 하나와 딸 하나를 두었습니다. 아들은 중학교에 다니고, 딸은 초등학교에 다닙니다."

윤 여사가 이렇게 대답하자, 곧 이어서 강 여사는,

"저는 딸 둘에 아들이 하납니다. 큰 딸아이는 고등학생이고 작은 딸아이는 중학생입니다. 막내가 아들인데 아직 유치원에 다닙니다"라고 하였다.

"나는 딸만 셋 가졌는데, 외손자가 넷이고 외손녀는 셋입니다."

자기 집 사정도 밝히는 것이 예의에 합당하다고 생각했는지 무심 선생은 자진해서 이렇게 말했다. 이에 대해서 강 여사가 무해 무득한 발언을 하였다.

"따님들은 선생님 같은 아버님을 두셨으니, 자녀들 교육 문제에 대하여 지도를 받을 기회가 많아서 좋으시겠습니다."

"그렇지도 않습니다. 딸들이 가끔 친정을 찾아오지만 저희들 자녀의 교육 문제를 화제로 삼는 경우는 별로 없습니다."

"그것은 자녀교육이 순조로워서 별다른 문제가 없기 때문이겠지요."

"그런 것은 아닌 것 같습니다. 저희 어머니에게는 고충을 더러 호소하기도 하는 모양입니다. 아마 나에게 가부장적(家父長的) 일면이 있어서 경원(敬遠)하는 것이겠지요."

"그러시다면 저희들은 상의를 드리기가 더욱 어렵겠습니다. 선생님께서는 매우 개방적이라는 소문을 듣고 이렇게 찾아뵈었는데…."

내가 한마디 거들어야 할 때라는 생각이 들었다. 그 생각에 밀려서 불쑥 대화에 끼어들었다.

"선생님에게는 서로 다른 두 측면이 있습니다. 접근을 어렵게 하는 근엄한 측면과 농담과 유머를 좋아하시는 개방적 측면이 있습니다. 내가 보기에 오늘의 선생님은 마음의 문을 활짝 열어놓은 상태 같습니다. 주저 마시고 말씀을 나누시지요."

말을 해놓고 보니 주제넘은 짓 같은 생각이 들기도 했으나, 이미 말은 내 입을 떠나 있었다. 이때에 윤 여사가 이러한 말로 대화에 참여했다.

"저희 두 사람은 전부터 무심 선생님을 한번 뵙고 싶었습니다. 뵙게 되면 귀한 말씀도 듣고 싶었는데, 저희 같은 가정주부에게 우선 절실한 것이 자녀교육의 문제가 아닐까 생각되어, 전화로

'자녀교육' 운운했던 것입니다. 아이들의 교육 문제는 매우 중요한 문제인 데도 불구하고, 저희들은 아무런 이론도 모르고 그저 남이 하는 대로 따라가는 꼴이거든요."

윤 여사의 말을 받아서 이번에는 강 여사가 한마디 하였다.

"선생님이 쓰신 글 가운데, 나라가 잘 되려면 교육이 잘 되어야 하고, 교육이 잘 되려면 철학이 있는 교육을 해야 한다는 말씀이 있었던 것으로 기억합니다. 그런데 저 같은 사람은 '철학'이라는 말만 들어도 기가 죽거든요. 대학 다닐 때 '철학개론' 과목을 한 학기 들었으나, 어려웠다는 것밖에는 기억에 남은 것이 없습니다. 그래서 그런지 철학자 앞에만 가면 주눅이 듭니다."

말은 그렇게 했지만, 강 여사는 별로 주눅이 드는 것 같지 않았다. 나는 대화를 핵심의 문제로 접근시킴으로써 자녀교육에 관한 무심 선생의 견해를 듣고 싶었다. 그래서 대화의 물꼬를 잡을 요량으로 이렇게 말머리를 돌렸다.

"그러면 이제부터 자녀교육에 대한 선생님의 말씀을 듣기로 하지요. 저도 사실은 교육 문제에는 문외한입니다만, 상식으로 생각할 때, 자녀교육의 문제로 접근하는 두 가닥 길이 있다고 생각됩니다. 하나는 우리가 일상에서 부딪치는 구체적 문제로부터 접근하는 길이고, 또 하나는 일반적 원칙부터 생각해 보는 길입니다. 어떤 길이 더 좋을지요?"

나의 이 물음에 대해서 먼저 반응을 보인 것은 윤 여사였다.

"제 생각에는 일반적 원칙부터 생각해 보는 편이 좋을 것 같습니다. 저희들 가정에서 경험하고 있는 문제는 어떤 특수한 문제라기보다는 일반 가정에서 공통으로 경험하는 문제이고, 또 기본적 원칙의 문제를 이야기해야 철학적인 말씀을 들을 가능성이 많을 것 같습니다. 강 여사 생각은 어때요?"

"저야 뭐 어느 편이라도 상관없습니다. 다만 저는 너무 어려운 이야기는 잘 모릅니다."

강 여사는 이렇게 말하면서 녹차가 남은 잔을 들었다.

2. 자녀교육의 기본 원칙

교실에서 강의할 때 이외에는 무심 선생은 먼저 문제를 제기하는 일이 적은 분이다. 묻는 말에만 대답을 하는 소극적 태도를 취할 때가 많다. 그러나 이 날은 기분이 특별히 좋았던지 자기가 먼저 물음을 던졌다.

"아리스토텔레스가 일찍이 지적했듯이, 모든 행위에는 어떤 목적이 있습니다. 교육에도 목적이 있게 마련인데, 자녀교육의 목적은 어떻게 세우는 것이 마땅할지, 이 문제부터 생각해 보는 것이 어떨까요? 교육의 목적이 분명해져야 그 방법의 문제를 제대로 논할 수 있게 될 터이니까요. 두 분은 자녀를 학교 또는 학원에 보내는 목적을 무엇이라고 생각해 오셨습니까?"

두 여인은 얼른 대답하는 대신 서로 마주보았다. 이에 무심 선생께서 다시 말을 이었다.

"정답(正答)을 내놓으려고 하지 마시고 그저 사실대로만 말씀하십시오. 우선 윤 여사부터 말씀하시지요."

"저는 자녀교육의 목적을 생각하거나 의식한 적이 별로 없습니다. 별다른 생각 없이 밥을 먹고 차를 마시고 하는 것과 비슷한 사정이지요."

"강 여사는 자녀들을 학교나 학원에 보내는 목적에 대해서 생각해 본 적이 있습니까?"

"저도 별로 생각하지 않고 세상의 물결을 따라갔을 뿐입니다.

다만, 훌륭한 사람으로 키우고 싶다거나 좋은 대학에 넣고 싶다는 따위의 목적의식이 무의식 중에 작용한 것이 아닐까요."

"자녀교육의 목적을 의식적으로 생각하는 사람은 적을 것입니다. 대개는 무의식 중에 어떤 목적을 마음에 간직하고 교육을 시키겠지요. 무의식 중에 마음 속에 간직한 교육의 목적도 사람에 따라서 개인차가 있겠습니다만, 대개 몇 가지로 압축할 수 있을 것입니다. 이러한 사실을 염두에 두고, 이제부터 교육의 목적을 어떻게 정하는 것이 옳은 일인지에 대하여 함께 차근차근 생각해 보기로 합시다. 우리나라 사람들이 자녀교육의 목적으로서 의식적으로든 무의식적으로든 염두에 두고 있는 것에 어떠한 것들이 있을까요? 김 선생이 대충 정리해 주시지요."

"글쎄올시다. '훌륭한 사람으로 기른다'와 '좋은 대학에 입학시킨다'는 아까 나왔고, 그 밖에 또 어떤 것이 있을까요. '좋은 직장을 얻을 수 있게 한다'도 있을 것이고, '부모가 못 이룬 꿈을 이루게 한다'도 있겠지요. 그 밖에도 또 사람들이 추구하는 교육의 목적이 있겠습니다만, 제 생각으로는 이것들을 크게 세 가지 부류로 나눌 수 있을 것 같습니다."

"세 가지 부류라는 것은 무엇무엇을 말하는 거지요?" 무심 선생이 호기심 섞인 어조로 물었다.

"첫째는 피교육자인 자녀들 자신이 되고자 원하는 사람을 만든다는 목적입니다. 둘째는 부모의 소망이 달성되도록 키우고자 하는 목적이고, 셋째는 국가나 사회가 요구하는 인재를 만들고자 하는 목적입니다. 이 세 가지의 소망이 결국 일치할 경우에는 아무런 문제도 없을 것입니다. 본인인 자녀와 부모가 원하는 바가 일치하고 그것이 또 국가와 사회가 요구하는 인물이라면, 그러한 사람을 길러내는 것이 교육의 목표가 되어야 마땅할 것입니다.

그러나 저 세 가지의 소망이 서로 다를 경우에는 취사선택이 불가피하게 될 것입니다. 그런데 대부분의 경우는 소망이 일치하지 않는 것이 우리의 현실입니다."

이때 강 여사가 입을 열었다.

"옛날 가부장적 가족주의 시대에는 부모가 자녀교육의 목적을 정하는 것이 당연시되었을 것이고, 전제국가(專制國家)의 경우에는 통치자가 국민교육의 목적을 정했을 것이라고 생각됩니다. 그러나 민주주의 시대인 현대에는 피교육자 자신들의 의사를 존중해야 하지 않을까요?"

"피교육자인 자녀들이 어느 정도 나이가 든 다음에는 모르지만, 아이들이 너무 어려서 삶의 목표를 제대로 정하지 못할 경우에는 어떻게 하지?"

윤 여사의 말이었다. 윤 여사의 이 말을 강 여사가 다시 받았다.

"그야 부모가 자녀를 대신해서 그들의 목표를 정해 줄 수밖에 없지 뭐. 부모는 자기들 자녀의 소질이나 성격을 누구보다도 잘 알고 있을 터이니까, 자녀의 대리인 노릇을 하기에 가장 적합한 사람이 아니겠어요?"

"그러나 부모가 자녀를 위해서 정해 준 목적에 대하여 자녀가 후일에 불만을 갖는 경우는 흔히 있어요. 특히 요즈음처럼 사회적 변화가 심하고 세대(世代) 간의 가치관 차이가 많은 시대에는 부모가 자녀의 진로(進路)를 결정하기가 어렵다고 생각돼요."

윤 여사의 반론에는 날카로운 점이 있다고 느끼면서, 이에 대하여 강 여사가 어떤 반응을 보일까 하고 다음 말을 기다리고 있었을 때, 무심 선생이 중재에 나섰다.

"교육은 '삶의 목적' 또는 '직업'에 대한 관념이 생기기 이전의 유아기부터 시작해야 하므로, 어떤 교육을 시킬 것인가 하는 것을 처음에 정하는 것은 부모의 몫이 될 수밖에 없습니다. 바꾸어 말하면, 교육을 통하여 형성하고자 하는 자녀의 사람됨의 밑그림은 부모가 대리로 그릴 수밖에 없습니다. 다만, 그 밑그림의 형태가 지나치게 구체적이어서는 안 될 것입니다. 예를 들어서 말하자면, 의사나 판검사 같은 직업을 갖게 한다거나 또는 성직자로 키우겠다는 식의 목적 설정은 지나치게 구체적인 밑그림이 될 것입니다. 자녀가 자란 뒤에 자기들 스스로 삶의 목적을 구체적으로 결정할 수 있는 여지를 남겨두어야 한다는 뜻입니다. 가령 건강하고 명랑한 성격을 갖도록 교육을 하거나, 인정이 풍부하면서도 합리적 사고에 능한 성격의 소유자로 키우고자 하는 정도의 목적 설정은 무방할 것입니다. 자녀가 자란 뒤에 자신이 건강하고 명랑한 성격을 가진 사람임을 알거나, 인정이 많고 합리적 사고에도 강한 성격의 소유자임을 알았을 때, 그들은 조금도 불평을 느끼지 않을 것입니다. 왜냐하면, 그들은 그러한 성격을 살려서 훌륭한 의사가 될 수도 있고 훌륭한 법관도 될 수 있으며, 또 그 밖의 다른 직업에서도 크게 성장할 수 있기 때문입니다."

"그렇다면 선생님 말씀은 흔히 말하는 인성교육(人性敎育)에 목적을 두어야 한다는 뜻으로 이해해도 좋을까요?" 하고 윤 여사가 물었다. 이 물음에 대한 무심 선생의 대답은 다음과 같았다.

"인성교육에 목적을 둔다고 말하기보다는 역점을 둔다고 말해야 더 정확하겠지요. 어린이가 자라서 어떠한 삶의 설계를 할 경우에도 공통적으로 필요한 것은 우선 인성교육입니다. 인성이 바르게 형성되면, 그가 자라서 어떠한 길로 나가더라도 크게 도움이 될 것입니다. 그러므로 우선 건전한 인성교육부터 시키는 것이 중요하지요. 그러나 인성교육이 어린이에게 필요한 교육의 전부는 아닙니다."

"인성교육 말고 또 어떤 교육이 필요합니까?" 하고 이번에는 강 여사가 물었다.

"예를 들면, 더하고 빼는 산수의 능력을 길러주는 것도 필요할 것이고, 몸을 튼튼하게 하도록 목욕을 자주 시키거나 적당한 운동을 시키는 교육도 필요하겠지요. 또 바른 말을 쓰도록 가르치는 언어교육도 모든 어린이들의 장래를 위해서 크게 도움이 되겠지요."

"인성교육은 어떠한 원칙을 따라서 실시해야 할는지요?" 하고 이번에는 윤 여사가 물었다. 얼굴만 예쁜 것이 아니라, 질문도 적절하게 던지는 여자라는 생각을 하면서 나는 그의 얼굴을 훔쳐 보았다. 무심 선생이 그의 물음에 즉각 대답하지 않고 생각에 잠기자, 윤 여사는 다시 이렇게 물었다.

"이를테면 유교 사상을 원칙으로 삼는다거나, 기독교 사상을 원칙으로 삼는다거나, 인성교육에도 어떤 원칙이 있어야 하지 않겠습니까? 그리고 아까 김 선생님이 말씀하신 '국가와 사회가 요구하는 인물'로 키운다는 것도 하나의 원칙이 될 수 있겠고요."

잠시 뜸을 들인 다음에 무심 선생이 입을 열었다.

"윤 여사가 제기한 문제는 매우 중요한 문제입니다. 중요한 문제일수록 대개 해답을 찾기가 어렵지요. 어떤 기성 종교의 기본 사상에 의존함으로써 이 문제를 해결하고자 하는 견해에 나는 전적으로는 찬동하지 않습니다. '국가와 사회가 요구하는 인물'의 원칙에도 문제가 있다고 생각합니다."

여기까지 말하고 무심 선생은 잠시 숨을 돌렸다. 그 분의 견해가 무엇인지 궁금하다는 생각을 하면서 나는 선생의 다음 말을 기다렸다.

"나는 교육이라는 것은 우선 피교육자를 위한 것이어야 하고, 또 전체로서의 사회도 위하는 것이어야 한다고 봅니다. 어린 피교육자는 장차 다가올 사회환경에 적응해 가며 행복하게 살아야 할 사람입니다. 세상을 살아가는 과정에서 누구나 많은 문제와 부딪치게 마련이고, 그 문제들을 슬기롭게 해결해야 행복으로 접근하게 됩니다. 그러므로 삶의 과정에서 봉착하는 문제들을 슬기롭게 해결할 수 있는 능력을 길러주는 일이 자녀들의 교육을 맡은 부모들의 첫째 임무가 아닐 수 없습니다. 그러나 사회환경에 수동적으로 적응하는 것만으로는 부족합니다. 개인들이 속해 있는 집단 전체가 무너진다면 그 집단에 속해 있는 모든 개인들은 적응해야 할 환경 그 자체를 상실하는 동시에 불행하게 됩니다. 그러므로 각자가 속해 있는 집단이 질서를 유지해 가며 번영을 누리도록 할 능력을 갖추는 일도 중요합니다. 바꾸어 말하면, 사회환경에 수동적으로 적응할 수 있는 능력뿐 아니라, 자신이 속해 있는 집단을 건실한 공동체로 건설할 임무를 능히 분담할 수 있는 능력도 아울러 길러줄 때, 비로소 교육자로서의 책임을 다 했다고 볼 수 있습니다."

무심 선생의 주장은 논리가 정연했으나 보통 가정주부가 알아듣기에는 다소 어려운 점이 있지 않을까 하는 노파심이 생겼다. 그리하여 나도 좀 거들어야 하겠다는 주제넘은 생각에서 말참견을 하게 되었다.

"선생님의 말씀을 요약한다면, 자녀들이 장차 만나게 될 사회환경에 슬기롭게 적응할 수 있는 능력을 길러줄 뿐 아니라, 그들이 장차 그 안에서 살게 마련인 사회 또는 집단을 더욱 건실한 공동체로 가꾸어 나가는 과업의 일익을 담당할 수 있는 능력까지도 길러주는 것을 자녀교육의 목적으로 삼아야 한다는 뜻으로 이해할 수 있지 않겠습니까?"

"내 말이 바로 그 말이오."

"그러시다면 사회환경 또는 자연환경에 슬기롭게 적응할 수 있는 능력과 사회환경 또는 자연환경을 더욱 살기 좋은 고장으로 건설하는 능력은 어떠한 관계를 가졌다고 보아야 하겠습니까?"

"글쎄, 그 문제도 생각해 보아야 하겠네. 나는 환경에 적응하는 능력을 생각했을 때는 소시민(小市民)의 경우를 염두에 두었고, 환경을 개선하는 능력을 생각했을 때는 지도층의 인사(人士) 또는 지사(志士)를 염두에 두었는데, 소시민과 지도층 인사의 경계선이 분명하다고 보기는 어렵지 않을까 하는 의문이 생기는군."

"김구 선생이나 안중근 의사 같은 분은 전형적인 지사의 경우라 할 수 있고, 법(法)을 지켜 가면서 가족 먹여 살리고 그날그날을 즐겁게 사는 일에 골몰한 이 씨나 김 씨 등은 전형적 소시민의 경우라 하겠습니다. 그리고 그 두 부류 사이에 여러 단계의 중간자(中間者)가 있다고 보아야 할 것 같습니다. 그렇다면 대부분의 사람들은 소시민의 속성과 지사의 속성을 다소간 아울러 가졌다고 말할 수 있겠지요."

"그런데 이제 생각해 보니, 환경에 슬기롭게 적응할 수 있는 능력을 소시민의 속성이라고 일률적으로 말하기는 어려울 것 같아. 사회환경에 슬기롭게 적응하는 길에도 여러 가지가 있을 수 있지. 자기 개인과 가정을 잘 지키도록 적응하는 것도 슬기로운 적응이 될 수 있겠지만, 김구 선생이나 안창호 선생 같은 지사들의 경우는 더욱 슬기롭게 당시의 환경에 적응했다고 볼 수 있을 것이오."

"선생님 말씀을 듣고 저는 지금 '수신 제가 치국 평천하'(修身齊家 治國 平天下)라는 유가의 가르침을 연상했습니다. 유가의 가르침 가운데는 수신과 제가의 능력이 없는 사람은 치국과 평천하의 자격이 없다는 뜻이 포함되어 있는 것으로 보입니다. 만약 그렇다면, 환경을 개선하여 더욱 건전한 공동체를 건설하는 데 기여할 능력을 가진 사람은 주어진 환경에 수동적으로 적응할 수 있는 능력도 가졌다고 볼 수 있지 않겠습니까?"

"글쎄요, 그런 경우가 많겠지만 반드시 그렇다고 말하기는 어렵지 않을까? 자기 집 가정살림에 대해서는 무능하지만 국가나 사회에 크게 기여하는 사람도 더러는 있겠지요."

무심 선생과 나의 대화를 묵묵히 듣고만 있던 두 여인 가운데서 먼저 입을 연 것은 윤 여사였다.

"선생님, 흔히 말하는 '사회 지도층' 또는 '지사'라고 보기 어려운 사람들 가운데도 국가와 사회에 크게 기여하는 인물이 더러 있습니다. 예를 든다면, 북이나 장고와 같은 전통악기를 만드는 기능 보유자의 경우입니다. 이제는 수요가 적어서 가난을 면하기 어려운 전통적 기능을 보유한 사람이 그 기능의 명맥을 유지하기 위하여 자기의 자녀에게 그 기능을 전수하도록 가르치는 것은 잘하는 일입니까, 또는 잘못하는 일이라고 보아야 합니까?"

"그런 특수한 경우도 있군요" 하며, 무심 선생이 윤 여사의 질문에 딱 부러진 대답을 즉각적으로 하지 않고 머리를 굴리는 듯했을 때, 강 여사가 한마디 했다.

"그런 경우에는 그 특수 기능을 전수받은 사람이 경제적으로 잘 살 수 있도록 국가가 제도적 배려를 해야 하는 것이 아닙니까?"

"물론 제도적 배려가 바람직하지요. 그러나 현실적으로는 그러한 배려가 없는 경우도 있고, 있다 하더라도 미미한 경우가 있겠지요. 그와 같은 제도적 배려가 신통치 않을 경우에 자녀에게 자기가 보유한 전통 기능을 전수한다면, 그는 자녀에게 가난까지 물려주는 결과를 부르겠지요. 만약에 자녀가 가난을 각오하고 그 기능의 전수를 원한다면 모르겠으나, 그렇지 않을 경우에는 자녀에게 못할 짓을 하는 셈이 되겠지요." 이렇게 선생이 대답했을 때,

"설령 경제생활을 보장하는 제도가 있다 하더라도, 자녀가 부모의 기능 전수를 원하지 않을 경우에는 그것을 배우도록 강요해서는 안 되는 것이 아닙니까?" 하고 윤여사가 물었다.

"물론 그렇습니다. 특수한 기능을 전수하는 것뿐 아니라, 어떠한 전문적 지식이나 기술도 본인이 배우기를 원하지 않을 경우에는, 설득은 할 수 있으나, 강요는 하지 말아야 하겠지요."

모르는 사이에 대화가 옆길로 흐르고 있었다. 우리는 자녀교육은 인성교육(人性敎育)에 주안점을 두어야 한다는 무심 선생의 말씀 끝에, 인성교육은 어떠한 원칙에 입각해야 하느냐 하는 물음으로 넘어갔던 것이다. 그런데 무심 선생은 어떤 종교사상에 입각해야 한다거나 국가 또는 사회의 집단적 목적에 부응해야 한다고 주장하지 않고, 자녀가 장차 만나게 될 사회적 환경에 바르게 적응할 수 있는 능력을 길러준다는 원칙에 입각해야 한다고 말했던 것이다. 사회적 환경에 바르게 적응한다 함은 단순히 주어진 환경에 수동적으로 적응하는 것뿐 아니라 주어진 환경을 능동적으로 개조하는 일까지 포함한다고 본 데서, 문제가 좁은 뒷골목으로 빠지게 된 것이었다. 나는 대화를 본래의 큰 줄기로 다시 돌려야 하겠다는 생각을 하게 되었다.

인성교육의 바탕을 어떤 종교적 믿음이나 형이상학적 학설에 둘 것이냐, 또는 경험적 현실에 둘 것이냐 하는 문제는 좀더 심도 있게 따지고 넘어가야 할 문제였다. 그러나 나는 그 자리에서 그 문제를 다시 제기하지 않기로 하였다. 그 자리에 동석했던 두 여인 가운데 어떤 기성 종교의 독실한 신자가 있을 가능성이 높다고 생각되었고, 그럴 경우에 인성교육의 바탕을 경험적 현실에 두어야 한다고 주장하는 무심 선생 앞에서 그 문제를 제기하는 것은 적절하지 않다고 믿었기 때문이다. 그래서 나는 다음과 같은 발언으로 대화의 방향을 돌리고자 하였다.

"지금까지 우리가 이야기한 것은 어린 시기의 자녀교육 문제였습니다. 이제부터는 자녀들의 진학(進學) 문제에 대한 선생님의 말씀을 듣고 싶습니다. 우리나라의 부모들은 자녀들의 대학 진학 문제로 고민하는 경우가 많습니다만⋯."

이때 "그 말씀 듣기 전에 한 가지만 여쭈어보고 싶은 것이 있습니다" 하고 강 여사가 끼어들었다.

"요즈음 어린이들에게 일찍부터 영어를 가르쳐야 한다는 의견이 유행처럼 번져가고 있는데, 과연 그렇게 해야 옳은지, 아까부터 그 문제에 대한 선생님의 말씀을 듣고 싶었습니다."

"세계가 점점 좁아져 가고 있는 국제화 시대에 외국어에 능통하게 된다는 것은 미래사회에 적응하기 위한 능력 가운데 하나라고 보아야 하겠지요. 그리고 말이라는 것은 나이가 들면 배우기가 어려우니, 외국어 교육은 조기에 시작하는 것이 유리하겠지요. 다만 여기서 우리가 경계해야 할 것은 문화 사대주의(文化事大主義)에 빠지는 일입니다. 외국어 공부에만 열을 올리고 우리나라 말에 대한 교육을 소홀히 생각하는 사람들이 의외로 많습니다. 먼저 힘써야 할 일은 우리말을 바르고 아름답게 쓸 수 있는 능력을 기르는 일입니다. 우리말은 뒷전으로 돌리고 남의 나라 말 배우기에만 열을 올리는 것은 주객이 뒤바뀐 어리석음이라 할 것입니다."

이 대답에 만족했는지 안 했는지는 모르겠으나, 강 여사는 더 묻지 않았다. 나는 다시 자녀의 진학 문제를 제기했다.

"한국의 부모들은 대부분이 자녀를 대학에 보내야 한다고 생각합니다. 향학열이 매우 높은 거지요. 선생님께서도 대학 공부는 꼭 필요하다고 생각하십니까?"

"반드시 필요하다고 단정할 수는 없겠지만, 가능하다면 교육은 많이 받는 편이 좋지 않을까요? 대학교육이 돈과 시간의 낭비로 그치는 경우도 적지 않으나, 자녀가 대학교육 받기를 희망한다면 그 소망을 들어주는 것이 좋겠지요. 다만 지금까지의 대학교육 가운데는 학생에게 필요한 능력을 길러주고자 하는 목적에 적합하지 않은 것이 많다는 비판의 소리에 대해서는 마땅히 귀를 기울이고 개선책을 강구해야 하겠지."

"옛날의 대학은 두뇌가 명석한 소수에게 엘리트 교육을 베푸는 곳이었습니다. 그러나 지금은 보통 정도의 두뇌를 가진 사람들은 누구나 가는 곳이 대학입니다. 그런데 대학에서 가르치는 교과 내용은 옛날 엘리트 교육의 그것을 그대로 답습하고 있습니다. 여기서 자연히 대학교육의 내용에 대한 불만과 비판의 소리가 나오게 된 것으로 압니다. 지금 선생님께서도 대학교육의 개선책을 강구해야 한다고 말씀하셨는데, 도대체 어떻게 개선해야 할지에 대해서는 의견이 구구합니다. 선생님께서는 무엇부터 고쳐야 한다고 보십니까?"

"지금까지는 서울대학교를 표준으로 삼고 대부분의 대학들이 같은 교과목을 따라서 가르쳤지요. 그러나 앞으로는 대학마다 특색을 달리하는 교육을 베풀어야 한다고 생각해요. 이를테면 대학 교육의 다원화(多元化)가 이루어져서, 피교육자가 각자의 소질과 취향에 맞는 대학을 선택하도록 해야지요. 그렇게 되면 모든 대학과 대학생들이 자기 대학에 대하여 긍지와 애착을 느낄 수 있게 될 것이구요.”

“저도 전적으로 동감입니다. 그러나 그렇게 할 수 있는 자율성(自律性)을 정부가 허용하겠습니까?”

“이제까지는 대학의 자율성을 허용하지 않았지요. 우리나라의 정부 시책이 대체로 관료주의적이었지만, 특히 문교 정책의 관료주의는 더욱 심했어요. 그러나 앞으로는 달라질 겁니다. 여론과 언론은 물론이요, 정책 입안자 가운데도 달라져야 한다는 것을 아는 사람들이 늘어가고 있으니까요.”

무심 선생의 낙관주의가 또 고개를 든다고 생각했으나, 나는 더 이상 추궁하기를 자제하였다. 이때 강 여사가 이렇게 말했다.

“대학이 다원화하고 특색을 달리하는 여러 대학들이 생기게 되면, 수험생들은 어떤 학교의 어떤 학과를 지망해야 할지 몰라서 더욱 헤매게 되지 않을까요?”

“일시적으로 그런 현상이 생길 염려도 있지만, 크게 걱정할 필요는 없다고 생각합니다. 다만 고등학교 교사들이 여러 대학들의 특색에 대한 정보에 능통하고 학생들의 개성도 잘 파악해서 진학 지도를 바르게 할 책임이 무거워지겠지요. 물론 부모들도 교사들과 책임을 나누어야 할 것입니다. 그러나 부모의 임무는 정보를 제공하고 조언하는 선에서 멈추어야 할 것이며, 지나친 간섭은 말아야 하겠지요.”

3. 인성교육

자녀교육 문제에 대한 문답(問答)이란 밑도 끝도 없이 흘러가기 십상이다. 그 날은 두 사람의 주부도 참석한 자리여서 이야기는 더욱 산만하게 퍼져갈 기세였다. 그러나 내 욕심 같아서는 인성교육(人性敎育)에 초점을 맞추고 손에 잡히는 것이 있는 대화를 함으로써 끝마무리를 짓고 싶었다. 그래서 이렇게 화제를 돌려보았다.

"선생님께서는 아까 자녀교육의 역점은 인성교육에 두어야 한다고 말씀하셨습니다. 인성교육이 중요하다는 의견에 반대하는 사람은 거의 없을 것입니다. 그러나 인성교육을 제대로 베푸는 가정이나 학교는 많지 않습니다. 인성교육에 대한 말은 무성하나 실천은 빈약한 까닭은 무엇입니까?"

"인성교육이 중요하다는 의견에 동의하는 사람들 가운데도 그것이 얼마나 절실하게 요구되고 있는지에 대해서 깊이 이해하는 사람은 많지 않은 것이 그 첫째 이유가 아닐까요. 그리고 둘째로는 인성교육의 구체적 방안에 대해서 깊은 지식을 가진 부모와 교사가 적다는 사실도 인성교육이 부진한 이유의 하나로서 지적할 수 있겠지요. 더욱 근본적인 걸림돌은 인성교육의 핵심을 가치관교육으로 보지 않고 도덕교육으로 보는 그릇된 인식이라고 나는 생각해요."

이때 '선생님!' 하고 윤 여사가 발언의 기회를 포착했다.

"선생님, 가치관교육과 도덕교육은 어떻게 다릅니까?"

무심 선생은 이 질문을 예상하지 못한 듯, 잠시 머뭇거렸다. "그건 말이지요" 하고 말을 시작했으나, 그 다음이 얼른 뒤따르지 않았다. 그러나 곧 침착한 어조로 돌아가서 이렇게 말했다.

"좋은 질문입니다. 사실은 '가치관교육'과 '도덕교육'은 전적으로 다른 개념이 아니라, '가치관교육' 안에 '도덕교육'이 포함된다고 보아야 합니다. 바꾸어 말하면, 도덕교육은 가치관교육의 한 부분이라고 볼 수 있습니다."

"그렇다면 인성교육의 핵심을 가치관교육으로 보나 도덕교육으로 보나 크게 다를 것이 없지 않겠습니까. 그 점에 대한 이해의 부족이 인성교육의 근본적 걸림돌이 된다는 말씀이 저에게는 이해하기가 좀 어렵습니다."

이것은 결코 만만치 않은 질문이었다. 보통 가정주부가 던질 수 있는 질문의 수준이 아니다. 나는 윤 여사의 이력에 대하여 적지 않은 호기심을 느꼈다.

"이해하기가 어려웠다면 그것은 내 표현이 서툴렀기 때문일 겁니다. 사실은 '가치'라는 말과 '도덕'이라는 말의 의미가 분명하지 않으며, 사람에 따라서 그 말들의 뜻을 다소 다르게 사용하는 경우가 많습니다. '도덕'이라는 말을 아주 넓은 의미로 사용할 경우에는 '가치관교육'과 '도덕교육'의 차이는 별로 없게 됩니다. 그러나 '도덕'을 좁은 의미로 이해할 경우에는 그 차이가 크게 벌어집니다. 그런데 한국사람들은 '도덕'이라는 말을 좁은 의미로 사용하는 경우가 많지요. 아까 내가 한 말의 뜻은, 한국에서는 인성교육을 좁은 의미의 도덕교육과 같은 것으로 보는 경향이 있는 까닭에 인성교육이 제대로 되기 어렵다는 뜻이었습니다."

"도덕을 넓은 의미로 이해하는 경우와 좁은 의미로 이해하는 경우를 구체적으로 알기 쉽게 설명해 주셨으면 합니다."

이것도 역시 만만치 않은 질문이다. 똑똑한 질문을 연달아 던지는 윤 여사의 총명함에 나는 속으로 감탄하면서도 무심 선생이 대답을 못하고 궁지로 몰리기를 바라지는 않았다. 이를테면 두 사람의 문답이 수준 높은 대화가 되기를 바라는 심정이었다. 무심 선생도 긴장한 듯한 기색이었다. 식은 지 오래된 녹차로 목을 축인 다음에, 이렇게 조용히 말했다.
 "윤 여사는 아까부터 좋은 질문을 하고 계십니다. 좋은 질문이 대답하기는 어려울 경우가 많습니다. 우리 예를 들어 가며 이 좋은 질문에 대답해 보기로 합시다. 우리나라에서는 전통적으로 어릴 때부터 예절을 가르쳐 왔습니다. 아침 저녁으로 어른에게 인사를 드리도록 가르치고, 어른 앞에서는 몸가짐을 얌전하게 하라고 가르쳤습니다. 이것은 좁은 의미의 '도덕'을 가르치는 예로 볼 수 있습니다. 그러나 '가치관교육'의 예로 보기에는 적합하지 않습니다. 미성년자에게 술과 담배를 금하고 극장 출입을 금하는 것도 도덕교육의 예로서는 적합하나 가치관교육의 예로서는 적합하지 않습니다."
 윤 여사는 좁은 의미의 '도덕교육'과 넓은 의미의 '도덕교육'이 어떻게 다르냐고 물었는데, 무심 선생은 도덕교육과 가치관교육의 차이를 말하고 있었다. 동문서답이라고 보기는 어렵지만, 대답의 초점이 약간 빗나갔다는 느낌이 들었다. 무심 선생도 이제는 많이 늙었구나 생각하고 있었을 때, 선생의 말이 다시 계속되었다.
 "이번에는 '도덕교육'의 예도 될 수 있고 '가치관교육'의 예도 될 수 있는 경우를 생각해 봅시다. 요즈음 폭력이 난무하는 만화를 탐독하는 어린이들이 많습니다. 이런 아이들에게 그런 만화보다는 세계 명작동화를 읽는 편이 낫다고 권고하면서 만화보다도 동화를 읽으라고 말하는 까닭을 설득력 있게 설명한다면, 그것은 도덕교육도 되고 가치관교육도 될 것입니다. 이제 결론을 말씀드리면, 가치관교육이기도 한 도덕교육을 실시하는 부모나 교사는 넓은 의미의 '도덕 교육'을 실시하고 있는 것이며, 가치관 교육이라고는 말하기 어려운 도덕교육을 실시하는 부모나 교사는 좁은 의미의 '도덕 교육'을 실시하는 것이라고 말할 수 있을 것입니다."

무심 선생의 논리 전개는 아직도 여전히 정연하구나 하는 생각을 하며 나는 그저 듣고만 있었다. 이때 다시 윤 여사가 입을 열었다.

"좁은 의미의 '도덕교육'과 '가치관교육'의 근본적 차이점이 무엇인지 저에게는 아직도 알쏭달쏭합니다."

"아까 말한 폭력만화와 명작동화의 예를 가지고 다시 생각해 보도록 합시다. 만화책을 사서 읽은 데도 돈과 시간이 필요하고 동화책을 사서 읽는 데도 돈과 시간을 들여야 합니다. 폭력만화는 그것을 보는 사람에게 순간적인 즐거움을 주는 이점은 있으나 그 밖에는 별로 도움을 주지 않습니다. 이에 비해서 명작동화는 읽는 순간의 흥미는 만화를 따라가지 못하나, 읽은 다음에 많은 것을 느끼게 하는 장점이 있습니다. 읽는 순간의 즐거움만을 고려한다면 폭력만화를 읽고 싶겠지만, 장차 훌륭한 사람으로 성장하기 위해서는 명작동화를 읽는 편이 바람직합니다. 삶이라는 것은 장거리 경주와도 같은 것이어서 길게 내다보며 살아야 한다는 점을 생각할 때, 폭력만화보다는 명작동화를 읽는 편이 바람직합니다. 이러한 논리를 전개해 가며 만화보다는 동화를 읽으라고 가르치는 것은 좁은 의미의 도덕교육이기보다는 가치관교육에 속합니다. 그러나 폭력만화를 읽는 것은 좋지 않다며 무조건 말린다면, 그것은 좁은 의미의 도덕교육이 될 수는 있으나 가치관교육이라고 보기는 어렵습니다."

여기까지 말하고 무심 선생은 잠시 윤 여사의 표정을 살폈다.

그리고 다 식어빠진 녹차로 목을 축인 다음에 다시 말을 이어 갔다.

"사람들이 하는 대부분의 행위에는 긍정적 측면과 부정적 측면이 아울러 있습니다. 예컨대, 음주행위는 긴장 해소에 도움이 되기도 하고 좌석의 분위기를 흥겹게 하는 효과도 있습니다. 그러나 술이 지나치면 건강을 해치기도 하고 타인에게 피해를 주는 실수를 부르기도 합니다. 흡연의 경우에도 좋은 점이 전혀 없는 것은 아닙니다. 같은 분량의 음주라 하더라도 누가 어떤 상황에서 마시느냐에 따라서 긍정적 측면이 크기도 하고 부정적 측면이 크기도 합니다. 음주나 흡연을 일률적으로 좋지 않은 행위로 규정 짓고 금지하는 것은 좁은 의미의 도덕교육이 될 수는 있으나, 가치관교육으로 보기는 어렵습니다. 음주나 흡연의 긍정적 측면과 부정적 측면을 종합적으로 고려하여 그 가부를 결정할 수 있는 사고력과 의지력을 길러주는 것은 가치관교육의 예가 될 수 있겠지요."

무심 선생은 사모님에게 녹차를 한 잔 더 달라고 부탁하였다. 그리고 다시 말을 계속했다.

"이 세상에는 하면 좋은 행위가 수없이 많습니다. 시를 읽는 것도 좋은 일이고, 그림을 그리는 것도 좋은 일이며, 조용한 오솔길을 따라서 산책을 즐기는 것도 좋은 일입니다. 그러나 좋은 일이라고 해서 모두 실행할 수는 없습니다. 동시에 두 가지 이상의 일을 한꺼번에 한다는 것은 대체로 어렵습니다. 따라서, 할 수 있는 좋은 행위 여럿 가운데서 하나만을 선택하고 다른 것은 단념하거나 뒤로 미루어야 할 경우가 많습니다. 이때 선택을 현명하게 하기 위해서는 어떤 행위를 하는 것이 가장 큰 가치를 실현하는 길인가를 가늠할 줄 알아야 합니다. 이 가치를 가늠할 수 있는 능력을 길러주는 것이 가치관교육의 요체라고 말할 수 있겠지요."

이때에 끓인 물주전자를 들고 사모님이 들어왔다. 녹차를 준비하는 동안 잠시 대화가 중단되었으나, 곧 무심 선생은 다시 입을 열었다.

"바둑을 두는 사람은 항상 반상(盤上) 최대의 곳을 노리게 마련이고, 그곳이 어느 점인지 정확하게 계산하는 기사(棋士)는 고수로서 평가되지요. 인생살이에 있어서도 각자 자신이 처해 있는 상황에서 항상 최대의 가치가 실현되도록 행위를 선택한다면, 그는 인생살이의 고수(高手)로서 평가되어야 마땅할 것입니다. 그 최선의 선택으로 접근하기 위해서는 더 중요한 것과 덜 중요한 것을 제대로 분별할 수 있는 판단력과 그 판단을 실천에 옮길 수 있는 의지력을 길러야 합니다. 이 판단력과 의지력을 길러주는 것이 바로 가치관교육의 기본에 해당한다고 말할 수 있습니다."

"이제 겨우 선생님의 말씀을 어렴풋이 이해할 수 있을 것 같습니다" 하며, 윤 여사가 다음 발언의 기회를 잡았다.

"선생님의 말씀을 들으면서, 좁은 의미의 도덕교육은 단순한 명령이나 지시 또는 권고 등을 통하여 실시할 수 있으나, 가치관교육의 경우에는 지성(知性)에 호소하는 이론적 설득이 중요할 것 같습니다. 그렇다면, 좁은 의미의 도덕교육은 말귀를 알아들을 수 있을 정도의 어린이 때부터 실시할 수 있지만, 가치관교육은 그보다도 지능이 더 발달한 뒤에나 시작할 수 있겠습니다. 인성교육은 가급적 일찍부터 시작해야 한다는 심리학자들의 학설이 있다고 들었습니다만, 가치관교육에 중점을 둔 인성교육은 일찍 시작하기가 어렵지 않겠습니까?"

이것도 역시 가정부인으로서는 제기하기 어려운 좋은 질문이라는 생각을 하면서 나는 그의 빼어난 이목구비를 슬쩍 훔쳐보았다.

"매우 좋은 질문입니다. 다만 내 말의 뜻은 좁은 의미의 도덕교육을 배제하고 가치관교육만을 힘써야 한다는 주장이 아니었습니다. 나이가 아주 어린 아이들에게는 단순한 명령과 지시에 의존하는 도덕교육을 실시해야 하지요. 그리고 나이가 많아지고 지능이 발달하기를 기다린 다음에 점차 논리를 따라서 지성에 호소하는 가치관교육으로 중심을 옮겨야 하겠지요. 여기서 분명히 밝혀두어야 할 것은 도덕교육과 가치관교육이 모순관계에 있는 것이 아니라 상호보완 관계에 있다는 사실입니다."

"인성교육을 효과적으로 실시하기 위해서는 두 가지 교육의 방법을 모두 활용해야 한다는 말씀이시지요."

"그렇습니다. 어린이들도 5세쯤 되면 말귀를 제법 잘 알아듣습니다. 그러므로 아주 어릴 때부터 초보적 가치관교육을 시작할 수 있다고 봐야지요. 그리고 나이가 상당히 들은 다음에도 권위주의적 도덕교육을 병행해야 할 경우가 많습니다. 머리로는 어느 길이 옳다는 것을 알면서도 의지력이 약해서 그 길을 외면하는 젊은이들이 많습니다. 그런 경우에는 권위주의적 압력을 다소 가함으로써 옳은 길을 실천하도록 유도할 필요가 있습니다. 성인(成人)에게도 좁은 의미의 도덕교육이 필요할 경우가 흔히 있는 것이 우리의 현실입니다."

시계를 보니 시간이 상당히 흐르고 있었다. 이런 종류의 대화에 끝이라는 것이 있을 리 없지만, 그래도 어느 정도는 마무리를 짓는 것이 좋을 듯하였다. 나는 마치 사회(司會)의 책임을 지기라도 한 사람 같은 착각에서, 이렇게 이야기의 마무리를 촉구했다.

"재미있고 유익한 대화로 시간 가는 줄도 몰랐습니다. 마침 인성교육의 방법 문제까지 언급하게 되었으니, 이제 이 방법에 관한 선생님 말씀을 더 듣고 딱딱한 이야기의 마무리를 짓기로 하시지요. 선생님께서 산책 떠나실 시간도 되었을 것 같고…."

"인성교육의 방법에 대하여 내가 더 할 말이 뭐가 있겠소? 교육의 방법 문제는 역시 교육심리학 또는 교육사회학을 전공한 사람이라야 할 말이 많겠지."

"도덕교육과 가치관교육의 방법에 대해서 아까 선생님께서 하신 말씀은, 좁은 의미의 도덕교육에서 사용하는 언어와 가치관교육에서 사용하는 언어가 서로 다르다는 말씀이었습니다. 도덕교육에서는 명령과 지시의 언어가 주로 사용되고, 가치관교육에서는 논리와 설득의 언어가 주로 사용된다고 말씀하셨습니다. 그런데 선생님의 지론(持論) 가운데, 도덕교육 내지 인성교육은 말로 하는 교육만으로는 큰 성과를 거두기가 어렵다는 것이 있었다고 기억합니다. 언어를 사용하는 방법 이외에 또 어떤 방법을 사용해야 하는지, 그 말씀을 듣고 싶습니다."

"인간생활에서 말의 힘은 엄청난 것이지. 교육도 주로 말의 힘에 의존하는 것이 우리들의 현실이고, 특히 지식교육은 전통적으로 말의 힘에 의존한 것이 사실이지요. 근래에는 영상(影像)도 많이 사용하지만 그것도 말의 힘을 돕기 위한 것이지. 도덕교육 내지 인성교육의 경우에도 말의 힘을 과소평가해서는 안 되지만, 실천교육은 이론교육과 달라서 말의 힘만으로는 곧 한계에 부딪친다는 점을 강조해 왔었지요.

같은 말도 그 말을 누가 하느냐에 따라서 피교육자에게 미치는 영향이 다르다는 것은 우리 모두가 잘 아는 상식이지요. 거짓말을 일삼고 치사한 행동을 밥먹듯이 하는 사람이 성현과 군자 같은 말을 아무리 한다 해도 교육적 효과는 나지 않겠지요. 그래서, 인성교육은 말보다도 행동으로 해야 한다는 말이 나오게 된 것이겠지."

"그런데 선생님!" 하고 강 여사가 모처럼 입을 열었다.

"훌륭한 부모 밑에서 좋은 가정교육을 받은 자녀들이 대체로 바르게 자라는 경향이 있는 것은 사실이지만, 같은 부모 밑에서 자란 자녀들 가운데서 칭찬이 자자한 사람도 나오고 형편없는 사람도 나오는 경우가 있습니다. 왜 이런 경우가 생기는지요?"

"사람의 인품을 결정하는 요인이 여러 가지이기 때문이겠지요. 같은 부모를 가진 두 아들의 기질(氣質)이 크게 다를 수도 있고, 기질이 다르면 같은 환경 속에서도 다른 인품으로 자라는 경우가 많지요. 비록 같은 부모 밑에서 비슷한 교육을 받는다 하더라도 가정 밖에서의 생활이 서로 다른 까닭에 성격이 다르게 형성될 수도 있을 것입니다. 어린이들은 가정 밖에서 온갖 사회환경과 만나게 됩니다만, 사회환경이 성격 또는 인품 형성에 미치는 영향도 대단히 큽니다."

"자연환경도 성격 형성에 영향을 미친다고 들었습니다. 태교(胎敎)라는 것도 일종의 환경정화라고 볼 수 있지 않을까요?" 강 여사의 두번째 질문이었다.

"그렇습니다. 기후와 풍토도 성격 형성에 영향을 미치고 먹는 음식도 영향을 미친다고 하니, 말로 하는 인성교육 이외에도 우리가 신경을 써야 할 일들이 한두 가지가 아니지요."

이때 윤 여사도 한마디 거들었다.

"맹자(孟子) 어머니가 세 번 이사한 이야기도 생각나고, 한석봉(韓石峰) 어머니가 캄캄한 곳에서 떡을 썰어보인 일화도 생각이 납니다."

이때 내 머리를 스쳐간 것이 있었다. 만화책과 비디오 그리고 텔레비전 등이 청소년의 심성 형성에 미치는 영향에 대하여 한마디 하고 넘어가야 하겠다는 생각이 떠오른 것이다.

"요즈음 어린이들은 동화보다도 만화책을 더 좋아하고, 만화책보다도 만화 비디오를 더 좋아합니다. 이것들이 자녀교육에 미치는 부정적 영향이 적지 않을 것 같습니다. 이에 대해서 어떻게 대처해야 할는지요?"

"비교육적 문화환경을 원천적으로 봉쇄하자면 저질의 만화책이나 저질의 비디오가 나돌지 않아야 하는데, 장사꾼들은 돈벌이만 된다면 못할 짓이 없으니 그것이 문제요. 저질 만화책이나 저질 비디오를 만들어서 파는 사람들도 그것을 자기네 자녀가 보기를 원하지는 않겠지. 내 자식이 보아서 안 될 물건이라면 남의 자식도 보아서는 안 된다는 것쯤은 평범한 논리인데, 우리나라에서는 그 정도의 논리조차 통하지 않으니 한심한 노릇이오."

"불량 도서나 불량 비디오의 유통을 막을 제도적 장치를 만들 수는 없을까요?" 하고 강 여사가 물었다.

"정부 산하에 출판윤리위원회니 공연윤리위원회니 하는 따위의 기구가 있기는 한 모양인데, 그것도 '출판의 자유'니 '공연의 자유'니 하는 것을 앞세우는 거센 반발에 부딪쳐서 제 구실을 못하는 모양입니다. 결국은 국민의 의식수준이 문제지요."

"설령 비교육적인 만화나 비디오를 놀이삼아 좀 본다 하더라도 그런 것에 빠져들지만 않으면, 크게 걱정할 것은 없지 않겠습니까?" 이것은 윤 여사의 발언이었다.

"물론 크게 시간을 빼앗길 정도가 아니라면 큰 문제는 없겠지요. 그러나 어린이들에게는 자제력이 일반적으로 부족하니 문제가 되는 것이지요. 그러길래 더 유익한 책이나 더 유익한 취미를 선택하도록 하는 가치관교육이 매우 중요하다고 봅니다."

"불량 만화와 불량 비디오라는 것에 성(性)에 관한 것과 폭력에 관한 것 두 부류가 있습니다. 그 가운데서 어느 쪽의 해독이 더 클까요?" 하고 이번에는 강 여사가 물었다.

"나는 폭력 쪽의 해독이 더 크다고 봅니다. 성(性)에 관한 호기심은 매우 자연스러운 것이고 어느 시기가 지나면 저절로 해소되게 마련이지요. 그러나 폭력은 다릅니다. 폭력이 난무하면 사회는 크게 흔들립니다. 성과 폭력이 결합하는 경우도 적지 않은 것이 우리 사회의 현실 아닙니까?"

무심 선생 얼굴에 피로한 기색이 보였다. 이제 그만 쉬시도록 해야 할 것 같아서, 나는 이렇게 끝마무리를 재촉하였다.

"선생님, 오늘은 자녀교육에 관한 심포지움을 연상케 하는 대화로 장시간을 보냈습니다. 이제 같은 문제에 대한 선생님의 전체적인 말씀 듣고 저는 일어서야 하겠습니다."

"벌써 많은 말을 했는데 새삼스럽게 무슨 말을 이제 더 하겠소? 글쎄, 굳이 한마디 더 한다면, 한국 부모들의 자녀 교육열에 대한 평소의 느낌을 말할 수 있을까? 대부분의 한국사람들은 자녀교육을 위해서라면 아무것도 아까운 것이 없을 정도로 교육열이 높은데, 이것은 크게 자랑할 만한 일이라고 생각해요. 다만 그 교육열이 성취하고자 하는 목표에 대해서 나는 의문을 느껴요.

가난했던 시절에 자신들이 이루지 못한 꿈을 자녀들을 통하여 성취하고자 하는 부모들이 있는데, 그보다는 자녀들 자신의 꿈을 실현하도록 도와주어야 하겠지요. 그리고 또 하나 고쳐야 할 것이 있어요. 자녀들이 성장한 뒤에 사회에 진출했을 때 남을 물리치고 승리자가 될 수 있는 경쟁력을 길러주고자 하는 목표보다는, 남과 더불어 모두가 함께 잘살 수 있는 삶의 지혜를 길러주고자 하는 목표로 교육의 방향을 바꾸어야 해요. 이러한 방향 전환은 부모들만의 힘으로 가능한 것은 아니지. 교육 행정가를 포함한 모든 관계자들의 철학이 달라져야 합니다."

두 여인은 장시간에 걸친 좋은 말씀에 감사하다는 말을 끝으로 일어섰다. 나도 따라서 일어섰다.

제 4 장
누가 여성의 적인가?

1. 대화의 어려움

　강 여사와 윤 여사는 집이 서울 강남이라고 하였다. 자동차를 갖지 않은 나는 택시로 돌아갈 생각이었으나, 그럴 필요가 없다며 강 여사가 자기의 차로 함께 가자고 하였다. 내 차에 여자를 태우는 것보다는 모양이 좋지 않았으나, 그런 일로 고집을 피울 까닭은 없었다. 운전석 옆자리에 윤 여사가 앉고, 나는 뒷좌석을 널찍하게 차지하였다.
　시선을 똑바로 하면 옆자리에 앉은 윤 여사의 뒷모습이 내 시야를 가득 채울 수밖에 없는 상황이었다. 은은한 향기를 풍기는 여자의 뒷모습이 싫을 까닭이 없을 터인데, 시선을 보낼 곳이 마땅치 않았다. 그저 보이니까 보는 것에 불과하지만, 거울에 비친 내 꼴을 관찰한 강 여사의 눈에는 내가 의도적으로 윤 여사의 뒷모습을 감상하고 있는 것으로 오해될 소지가 있다고 생각된 것이다. 자격지심이라는 것일까?
　20대 청년이라면 모르겠지만, 머리털이 희끗희끗한 나이에 우연히 만난 미녀의 뒷모습을 뚫어지게 바라본다면, 설령 그것이 오해라 하더라도, 말도 안 되는 추태가 아닐 수 없다. 언젠가, 안 박사가 한 말이 생각났다. "70세를 바라보는 요즈음도 젊은 여성의 쭉 뻗은 다리로 시선이 간다"고 고백한 다음, "이거야말로 최후의 발악 그것"이라며 껄껄 웃던 그 모습.

사당동 네거리에서 내리겠다 했더니, 조금만 돌면 된다며 집 근처까지 태워다 주었다. 뜻하지 않은 곳에서 처음 만난 사람에게 신세를 지고 다시는 소식을 모르는 얇은 인연. 살다 보면 흔히 있는 일이다. 고맙다는 말도 큰소리로 못하고, 사라져가는 자동차의 뒷모습을 물끄러미 지켜보았다.

단 한 번의 만남으로 끝날 것으로 알았던 그 인연의 끈이 다시 이어졌다. 어느 여성단체가 주최한 '세미나'라는 이름의 모임에서 주제발표를 맡게 되었을 때, 참석자들 가운데 윤 여사와 강 여사가 있었던 것이다. 모임이 끝났을 때 두 사람이 나에게 다가와서 인사를 했고, 나는 전날에 자동차 태워준 호의에 언급하며 그들을 근방의 다방으로 초대했다. 발표자로서 받은 원고료를 핑계로 저녁식사까지 사겠다고 제안했으나, 가정주부의 임무를 내세운 강 여사의 사양으로 차만 마시기로 하였다.

차를 함께 마시는 것만으로 다방에 들어간 시간이 보상되는 것은 아니다. 차를 사겠다고 숙녀들과 마주 앉았으면 심심치 않은 대화로 즐거움을 나누어야 제격이다. 그러나 나는 보통 때도 말이 적은 편인데, 그날 따라 별로 할 말이 없었다. 이야기가 일단 궤도에 오르면 그 뒤를 이어가는 것은 별로 어렵지 않을 것 같았으나, 자연스러운 대화의 실마리를 찾는 일이 쉽지 않았다. 여성들 모임에서 한 내 발표에 대한 의견을 내 입으로 묻기도 쑥스러웠고, 무심 선생을 그 뒤에 또 만났느냐고 묻는 것도 어색한 일이었다. 나의 그러한 심중을 들여다보기라도 한 듯이, 윤 여사가 화두를 이렇게 시작했다.

"아까 선생님 말씀 잘 들었습니다. 그런데 여성회원들의 발언에 무례한 점이 있었다고 생각하지 않습니까?"

"별로 그렇게 느끼지는 않았습니다. 다만 여권(女權) 신장에 대한 그분들의 의견이 좀 과격하다는 인상은 받았습니다만."

"여권운동의 선봉장으로 자처하는 여자들 가운데 좀 당돌한 사람들이 더러 있습니다. 작년 모임 때도 남자교수 한 분을 발표자로 모셨는데, 여권을 옹호하는 강도(强度)가 약하다고 하며 공격적인 질문을 한 회원들이 있었습니다."

"참 그랬었지. 작년에 비하면 금년은 훨씬 온순한 편이었어" 하고 강 여사가 응수했다.

나는 남녀의 동등을 원칙적으로 믿어 왔고, 그날 모임에서도 내 딴에는 여성의 편을 드는 자세로 시종 일관하였다. 아첨이라도 하듯, 나는 여성의 지위 향상을 위해서 무엇보다도 여성들의 실력 향상을 최우선의 과제로 삼아야 한다고 역설하기도 하였다. 그러나 여권 운동가들 가운데는 제일 급한 일은 '실력 향상'이 아니라 여성을 우대(優待)하는 일이라며 나를 반박한 사람이 있었다. 그리고 이 반박을 통쾌하게 생각하는 분위기가 우세했었다.

이 공격에 대하여 나는 애써 해명을 하였다. 예를 들어서, 여성에게 장관의 자리를 서둘러서 내주는 것보다는 장관의 직책을 훌륭하게 수행할 수 있는 능력을 먼저 길러야 한다고 답변했던 것이다. 장관 또는 전국구 국회의원 자리를 여성에게 배정했을 때, 그 자리를 차지한 사람이 그 직책을 만족스럽게 수행하지 못한다면, 길게 볼 때 여성 전체의 위상(位相)에 보탬이 되지 않는다는 말도 하였다.

그런데 이러한 말들이 여성의 능력을 과소평가하는 것이라며, 또 불평이 쏟아졌다. 내 머리 속에는 과거에 장관 자리, 또는 국회의원 자리를 정책적 배려 덕분에 맡은 여성들이 크게 한 일이 없다는 기억이 있어서 그런 말을 한 것이다. 말을 하면 할수록 점점 더 꼬일 것 같아서, 더 이상은 말하지 않고 단에서 내려오고 말았다.

강 여사와 윤 여사의 생각은 어떠한지 궁금했지만, 내 의견에 동조하는 대답을 기대한다는 인상을 줄 것이 뻔해서 그것은 묻지 않았다. 그 대신 나는 이렇게 말했다.

"아까 질의 응답 시간에 내가 꼭 했어야 할 말 하나를 나는 잊고 말하지 않았습니다. 한국 여성들에게 실력 향상의 기회를 주지 않은 책임은 한국의 남성들이 져야 하는데, 그 말을 빠뜨렸습니다."

"여성에게 실력 향상의 기회를 주기 위해서는 장관이나 전국구 국회의원 같은 큰 직책을 많은 여성들에게 맡길 필요가 있지 않습니까? 그런데 아까 선생님께서는…" 하고 강 여사가 내 말의 모순을 지적하였다.

"요컨대, 내 설명이 부족했던 것입니다. 내가 하고 싶었던 말은, 장관이나 국회의원 같은 감당하기 어려운 자리를 맡기기에 앞서서, 더 쉬운 일이나 직책부터 맡김으로써 우선 기본 실력을 길러주었어야 한다는 것이었지요. 가정경제가 넉넉하지 못한 부모가 자녀의 진학문제에 부딪쳤을 때부터 남녀의 차별을 없애야 하고, 직장에서 인사권을 가진 사람들이 여성직원에게도 계장과 과장, 그리고 부장의 자리를 공정하게 주어서 경험을 통한 실력 양성의 기회를 먼저 마련해야 한다는 것이 내 생각입니다. 하위

직이나 중간직 간부의 경험이 별로 없는 사람에게, 여성의 표(票)를 계산한 정책적 배려에서, 장관이나 국회의원 또는 그 밖의 큰 자리를 상징적으로 배정하는 것은 잘못이라는 것이지요. 그러한 뜻을 충분히 전달하지 못한 것은 내 표현력의 부족 때문이었습니다."

"상대방이 한 말의 뜻을 충분히 음미하지도 않고 성급한 속단으로 반론을 편 저희들 측의 책임이 더 크다고 봐야 하겠지요. 남의 말을 선의로 해석하고 새겨서 들어야 대화가 제대로 될 터인데, 우리나라 사람들은 남의 말의 꼬리를 물고 늘어져서 흠집내기에만 열을 올리니 문제입니다." 이것은 윤 여사의 발언이었다. 나를 위로하자는 뜻이 담긴 호의적인 발언임이 분명했다. 그러나 그 발언이 마음에 든다는 것을 고백이라도 하듯이 맞장구를 칠 상황은 아니었다. 그러기에 말머리를 약간 돌려서 나는 이렇게 말하였다.

"마음 속에 있는 생각을 정확하게 표현하기도 어려운 일이고, 남의 말의 뜻을 정확하게 읽기도 어렵습니다. 특히 의견의 차이가 크거나, 이해관계의 대립 또는 상반된 선입견을 가진 사람들이 대화를 통하여 의견의 일치를 본다는 것은 대체로 생각보다 어렵습니다. 언어라는 것은 의사소통을 위한 매우 유력한 도구임에 틀림이 없습니다. 그러나 그것은 매우 불완전한 도구에 불과하며, 때로는 말이 도리어 오해의 원인이 되기도 합니다."

"그렇지만 의견의 차이가 있을 때 그 차이를 좁히기 위해서는 역시 대화를 나누어야 하지 않겠습니까? 옛날에는 아랫사람이 윗사람과 의견을 달리했을 경우에 맞서지 않고 무조건 순종하는 것이 옳다고 가르치기도 했지만, 지금은 대화의 길을 택해야 하는 것이 아닙니까?" 강 여사가 이렇게 말했을 때, 내가 미처 반응을 보이기 전에 윤 여사가 말을 받았다.

"그야 물론 대화를 해야지. 그것도 어디까지나 평등한 처지에서 대화를 나누어야 하겠지. 그런데 선생님 말씀은 비록 대화를 나눈다 하더라도 반드시 이견(異見)이 좁혀진다는 보장은 없다는 거지. 결국 한국사람들이 대화를 할 줄 몰라서 그런 것이 아니겠습니까?" 하며, 윤 여사는 나를 쳐다보았다.

"네 그렇습니다. 한국사람들은 감정이 앞서는 경향이 있어서 대화가 제대로 잘 안 될 경우가 많습니다. 그러나 정도의 차이는 있겠지만, 서양사람들의 경우에도 감정 때문에 대화가 실패로 돌아가는 경우가 흔히 있습니다. 하나의 예를 들어볼까요.

1972년에 하와이 대학에서 있었던 일입니다. 그 당시 미국에서 커뮤니케이션 이론의 제 일인자로 소문이 난 교수가 멀리 비행기로 날아와서 공개강연을 하게 되었습니다. 그때 나도 마침 그 곳에 체류중이어서 강연장에 참석했습니다. 강사는 원고도 보지 않고 자신만만한 어조로 자신의 학설을 소개했습니다. 이야기의 열기가 고조에 달했을 때, 청중 가운데서 한 젊은이가 손을 번쩍 들며 질문을 해도 좋으냐고 물었습니다. 좀 성급한 태도였지만, 강사는 개의치 않고 그 청년에게 발언의 기회를 주었습니다. 그런데 그의 발언이 단순한 질문이기보다는 비판을 겸한 반론에 가까운 것이었습니다. 저명한 교수의 권위가 도전을 받은 꼴이 된 것이지요. 강사는 한참 듣다가 그만 화가 났습니다. 화를 참지 못해서 아차 실수를 했습니다. '자네가 뭘 안다고 그래? 알지도 못하거든 잠자코 있어!' 이렇게 큰소리로 호통을 친 것입니다.

결정적 실수는 '잠자코 있어!'라는 말에 있었습니다. 그는 영어로 'shut up!'이라는 말을 쓴 것인데, 이 말은 '아가리 닥치고 있어!'로 번역을 한대도 오역이라고 보기는 어려울 정도의 심한 말이었습니다. 청중 가운데는 그 말을 모욕적이라고 들은 사람들이 적지 않았던 모양입니다. 그들은 흥분했고 벌집을 쑤신 것처럼 여기저기서 떠들고 일어났습니다. 강연을 더 계속하기가 어려운 상태가 되었고, 강사는 강사대로 화가 나서 퇴장을 하고 말았습니다. 대화(對話)의 권위자가 대화에 실패한 것이지요. 매우 역설적인 광경이었습니다."

나는 이 이야기를 다른 기회에 이미 한 적이 있었으므로, 마치 연습을 충분히 한 연극배우처럼 나의 대사는 술술 풀려나왔다. 두 여인은 흥미 가득한 표정으로 귀를 기울였고, 나는 그들과 친숙한 사이가 된 것 같은 느낌을 가졌다. 그러나 헤어질 때 악수를 청할 정도의 숫기는 나에게 없었다. 연락처를 묻기에, 손 대신 명함을 한 장씩 주고 헤어졌다. 강 여사가 자기 차에 편승하라는 호의를 보였지만, 근방에 들를 곳이 있다는 핑계로 이번은 사양했다.

2. 왜 남성이 우위를 차지했는가?

어느 날 무심 선생으로부터 전화가 걸려왔다. 다음 일요일 오후에 강 여사와 윤 여사가 오기로 했다며, 나도 그 자리에 합석했으면 좋겠다는 말씀을 하였다. 여성 내방객과 장시간 대화를 나누는 것이 사모님에게 신경 쓰이는 일이어서 중화용(中和用)으로 나를 부르신 것인지 또는 그 밖의 어떤 배려에서 그렇게 한 것인지, 그것은 나에게 별로 상관이 없었다. 어쨌든 그 자리가 나에게도 별로 싫지 않은 오후가 될 것 같아서, 기꺼이 선생의 뜻을 따르기로 하였다.

의도적으로 약간 시간의 여유를 두고 집을 떠났다. 무심 선생 댁에 도착했을 때 두 여인은 아직 와 있지 않았다. 사모님까지 셋이서 이런저런 한담으로 시간을 보내다가, 얼마 전에 여성단체 모임에서 강 여사와 윤 여사를 만났다는 이야기도 하였다. 그때에 마침 초인종이 울렸고, "두 여자 호랑이가 오는가 보다" 하며 선생이 농담을 했다. '호랑이도 제 말을 하면 나타난다'는 속담을 염두에 두고 한 말일 것이다. '암 호랑이'라는 말이 더 정확한 우리말이 아니냐고 나도 한 마디 농담을 할까 했다. 그러나 두 여인이 사모님의 안내를 받고 이미 모습을 나타냈기에, 그 농담은 입 밖에 내지 않았다.

의례적인 인사말이 오가고 잠시 침묵의 차례가 왔을 때, 무심 선생께서 지난날 있었다는 여성단체 모임에 대해서 물었다. 집주인으로서 침묵을 깨기 위하여 그저 지나가는 말로 물었을 것이다. 그러나 그 지나가는 말이 계기가 되어, 그 날의 대화는 자연히 여권(女權) 문제를 중심으로 삼는 방향으로 흘렀다. 그날의 화제를 그렇게 몰고간 결정적 구실을 한 것은 무심 선생의 다음과 같은 발언이었다.

"그러니까 그 여성단체가 주최한 세미나의 주제 발표자로서 이 김 선생을 초빙했다는 말이지요. 주최측에서도 사람을 잘못 선택했고, 그 청탁을 사양하지 않고 수락한 김 선생도 주제넘은 처신을 했군."

무심 선생이 가끔 농담을 섞어서 말하는 취미를 가졌다는 사실을 익히 알고 있는 나는 '또 시작이구나' 하고 태연했지만, 두 여자 손님은 이 예기치 않은 발언에 약간 당황하는 기색이었다. 그들은 서로 마주보았고 다음에는 무심 선생과 나를 번갈아 쳐다보았다. 그리고 강 여사가 무슨 말을 하려고 머뭇머뭇하자, 무심 선생이 다시 말을 계속했다.

"이 김 선생은 본래 전형적인 유교 가문에 태어나서 유교적 도덕교육을 받은 사람입니다. 그러니까 여성문제에 대해서는 몹시 보수적이게 마련이고, 근본부터가 남성우월론자지요. 그런 사람에게 여권운동을 위한 모임에서 발표할 기회를 주다니, 그게 말이나 됩니까?"

여기까지 말하고 무심 선생은 그만 웃는 얼굴표정을 짓고 말았다. 입에서 나온 말과 얼굴표정이 일치하지 않은 것이다. 결국 서투른 연기 때문에 선생이 농담을 하고 있다는 사실이 탄로나게 되었고, 잔뜩 긴장하며 내가 화를 내지나 않을까 걱정했던 두 여인도 크게 웃고 말았다. 나도 웃는 얼굴이 되어 이렇게 물었다.

"선생님께서도 유교적 가문에 태어나서 유교적 교육을 받으신 것으로 알고 있습니다. 선생님께서도 역시 철저한 남성우월론자이십니까?"

"나야 물론 예외지. 나도 유교적 가정에서 유교적 도덕교육을 받은 것은 사실이나, 그 교육을 신앙으로 받아들이지는 않았어요. 유교교육의 영향을 크게 받은 것을 부인할 수는 없지만, 유교의 여성관까지 받아들일 정도로 고루하지는 않다고 장담할 수 있어요."

어디까지가 농담이고 어디서부터가 진담인지 그 한계선이 모호하기는 했으나, 무심 선생의 여성관이 나이에 비해서 진보적이라는 것은 세상이 아는 사실이다. 그러나 말로만 진보적인지 실천까지 진보적인지는 나도 모르는 구석이 있다. 또 진보적이니 보수적이니 하는 것은 상대적인 개념이어서, 무심 선생이 여성문제에 대해서 어느 정도 진보적인지도 궁금한 구석으로 남아 있었다. 그 궁금증은 나보다도 두 여성 방문객의 경우가 더 심했을 것이다. 성격이 활달한 강 여사가 대화의 물꼬를 잡으려는 듯 이렇게 말했다.

"아주 잘됐습니다. 요전날 김 선생님의 남녀동권론을 들었으니 오늘은 무심 선생님의 페미니즘을 듣고, 그 다음에 더 많은 말씀 나누는 것이 어떨까 합니다. 윤 여사도 내 생각에 물론 찬성이겠지?"

윤 여사는 약간 미소를 지으며 고개를 끄덕였다. 나는 상황이 돌아가는 것을 묵묵히 지켜보기로 하였다. 곧 강 여사의 발언이 이어졌다.

"저는 '남녀동등'이라는 말을 들을 때마다 늘 공허하다는 느낌을 갖습니다. 무엇이 동등하다는 것인지 참 막연합니다. 남자와 여자는 신체적 조건도 다르고 체력에도 차이가 있습니다. 그리고 사회에서 받는 대우에도 차이가 있고 가정에서 받는 대접에도 차이가 있습니다. 그런데 사람들은 이구동성으로 '남녀는 동등하다'라고 말합니다. 선생님, '남녀동등'이라는 말의 참뜻은 무엇입니까?"

"아주 좋은 점을 지적해 주셨습니다. 솔직히 고백하면, 나도 '남녀동등'이라는 말을 막연하게 사용해 왔을 뿐이고 그 말의 뜻을 깊이 분석해 본 적이 없습니다. 지금이라도 우리 함께 차근차근 생각해 봅시다. 내가 보기에는, '남녀동등'이라는 말이 나오게 된 것은 남녀가 불평등한 현실이 그 근원인 것 같습니다. 인간사회에 심한 불평등 현상이 있는 까닭에 '만인은 평등하다'는 주장이 나오게 되었듯이, 여성이 남성에 비하여 이유 없는 푸대접을 받는 현실의 모순을 그대로 방치해서는 안 된다는 시각을 가진 사람들이 '남녀동등'을 주장한 것이라고 생각됩니다. 짧게 말해서, 남녀 사이에 아무런 차이도 없다는 뜻으로 '남녀동등'을 말하는 것이 아니라 같은 인간이라는 점에서 여성에게도 남성과 동등한 대우를 해야 마땅하다는 뜻에서 '남녀동등'을 주장하는 것이지요."

"그런데 여성은 남성만 못한 존재라는 관념, 즉 남존여비(男尊女卑)의 관념이 생기게 된 까닭은 무엇일까요? 여성을 남성보다도 열등한 존재로 보는 사상은 기독교 성경에도 있고, 유교의 경전에도 있으며, 고대 그리스의 철학자들의 언행에도 있었다는 말을 들은 것 같습니다. 그렇다면 남존여비의 관념이 생긴 것은 동서양에 공통된 현상이고 그 역사도 오래라는 말이 됩니다. 도대체 어떠한 연유에서 남존여비의 관념이 그토록 널리, 그리고 오랫동안 받아들여지게 된 것일까요?" 하고 강 여사가 다시 파고들었다.

"글쎄요, 고고인류학에 대한 공부를 못한 나로서는 그 질문에 대해서도 자신 있는 대답을 할 수가 없습니다. 그 문제라면 나보다는 김 선생이 대답하는 것이 더 나을 것 같은데, 김 선생 생각은 어떻소?"

내가 그런 문제에 대해서 자기보다도 더 유식하다고 믿어서 한 말 같지는 않았다. 그저 나를 대화에 참여하도록 유도하기 위한 배려에서 무심 선생이 그러한 말을 했을 것이다. 나로서는 자신 있게 대답할 수 있는 문제가 아니므로 침묵을 지키고 싶은 대목이었으나, 모든 대답을 무심 선생에게 책임지우는 것도 도리가 아닐 것 같았다. 그래서 고고인류학적 지식도 없는 주제에, 나의 상식에 입각한 추측을 말하기로 하였다.

"남녀 불평등의 기원에 대해서 나는 무심 선생님 정도의 아는 바도 가지고 있지 않습니다. 다만 선생님께서 주신 발언의 기회이므로, 무식한 대로 제 의견을 말씀드리겠습니다. 이것은 제 추측에 불과합니다만, 남성에 비하여 여성이 불리한 대우를 받게 된 근본 사유는 체력에 있어서 여성이 남성보다 열세하다는 사실에 있다고 저는 생각합니다. 강자가 약자를 지배하는 것이 생물계의 기본 원칙이겠는데, 원시시대로 올라갈수록 체력의 우열이 생존경쟁에서의 강자와 약자를 나누는 결정적 구실을 했을 것입니다. 외적과 맞서 싸울 때나 사냥감을 찾아서 산과 들을 달릴 때나 집단을 위해서 크게 이바지하는 것은 힘이 센 남자들이었을 것이고, 집단을 위해서 공(功)이 클수록 발언권이 생겼을 것입니다. 뿐만 아니라, 집단 내부에서 벌어졌을 것으로 추측되는 지배권 싸움에서도 원시사회에서는 힘이 센 남자들이 유리했을 것입니다.

수렵시대에서 농경시대로 넘어간 뒤에도 경제활동의 주역을 담당한 것은 역시 남성이었을 것입니다. 한자의 사내남(男)자가 밭(田)에서 힘(力)쓰는 사람을 나타내는 모양으로 된 것만 보아도, 농경시대에 논밭일을 주로 한 사람들이 남성임을 짐작하게 합니다. 여성은 근력(筋力)에서 남성보다 열세했을 뿐 아니라, 산아와 육아의 부담을 안아야 했고, 매월 겪게 마련인 경도(經度)라는 생리현상도 힘든 육체노동에 종사하기에는 불리한 조건이었을 것입니다. 이런저런 불리한 조건들이 겹쳐서 고대사회는 남성우위의 구조를 갖게 되었고, 이러한 구조는 현대에까지 그 여파가 계속되고 있는 것으로 보입니다."

"원시적인 사회에서 물리적 힘이 강한 남성들이 지배세력을 이루었다는 선생님의 말씀 잘 들었습니다. 그런데 물리적 힘이 세상을 지배한 시대가 현대까지 계속한 것은 아니고, 왕족(王族)과 같은 귀한 혈통을 가진 사람들과 학식에서 앞선 문신(文臣)들이 나라를 지배한 시대도 있었고, 현대에서는 물리적인 힘이 강한 사람들보다도 머리가 좋거나 정신력이 강한 사람들이 지배층을 형성하는 경향이 있습니다. 그렇지만 아직도 남성이 사회적 우위를 차지하는 현상은 옛날과 크게 다를 바가 없습니다. 여성은 체력에 있어서뿐 아니라 지력(知力)과 정신력에서도 남성에게 뒤진다는 통계나 학설은 별로 없는 것으로 압니다. 현대사회는 두뇌가 지배한다고 말해도 크게 잘못은 아닐 것입니다. 두뇌가 지배하는 현대사회에서까지 여전히 남성이 여성을 압도하는 까닭은 무엇일까요?"

이것은 지금까지 말이 적었던 윤 여사의 발언이었다. 그것은 의당 따라나올 법한 질문이었다. 그러나 나는 이 물음에 대답할 준비를 미리 해두지 않았다. 생각할 시간을 벌 요량으로 질문의 화살을 일단 무심 선생에게로 돌렸다.

"선생님, 역사상에 여러 왕국이 생긴 과정은 여러 가지 경우가 있겠지만, 대부분은 무력으로써 나라를 세우고 그 무력을 장악한 인물이 국왕의 자리를 얻은 것이 아니겠습니까? 가까운 예로서 우리나라의 경우는 어떻습니까?"

옛날에 왕국을 처음 세운 사람들이 사용한 것이 물리적인 힘의 하나인 무력이었다면, 왕족의 혈통이라는 것도 결국 물리적인 힘의 산물이 되므로 왕권(王權)이 출현한 뒤에도 지배자와 피지배자를 나누는 역할을 한 것은 역시 남성의 속성이라고 볼 수 있는 물리적 힘이었다는 결론을 얻게 될 것이다. 이러한 결론을 유도하기 위하여, 나는 옛날에 왕권이 탄생하게 된 사정을 무심 선생에게 물었던 것이다. 이와 같은 내 의도를 읽은 무심 선생은 다음과 같은 말로 나를 도와주었다.

"국사학자들 주장에 따르면, 고구려의 건국에 즈음하여 결정적 구실을 한 것은 무력이었어요. 고구려는 압록강과 동가강(冬佳江) 유역을 중심으로 형성되었던 부족들이 연맹을 이루고 이웃의 다른 족속뿐 아니라 한족(漢族)과도 싸워가며 성장한 나라지요. 건국과정에 전투가 많았던 까닭에, 고구려의 지배층은 일찍부터 강력한 군사조직을 가지고 있었고, 힘이 강하고 무술이 뛰어난 사람을 높이 평가했다 합니다. 고구려의 시조 동명왕(東明王)도 매우 용맹스러운 명궁(名弓)으로 명성이 높았지요."

"백제와 신라의 경우는 어떻습니까?" 하고 윤 여사가 다시 물었다. 식어빠진 녹차를 한 모금 마시고 무심 선생이 다시 말을 이었다.

"백제의 시조는 온조왕(溫祚王)으로 알려져 있지만, 그가 과연 백제왕국을 확실하게 건설했는지는 분명치 않은 것 같아요. 백제를 국가다운 국가로 만든 것은 13대왕인 근초고왕(近肖古王)이라는 설이 유력한데, 근초고왕은 위대한 정복 군주로 알려졌지요. 그는 마한(馬韓)을 멸망시켜 그 영토를 차지했으며, 고구려의 평양성까지 쳐들어가서 고국원왕(故國元王)을 전사케 한 무인이었어요.

신라의 경우도 비슷하다고 볼 수 있지요. 신라의 시조는 박혁거세(朴赫居世)로 알려져 있지만 전설적 요소가 많은 인물이고, 신라를 왕국다운 왕국으로 만든 것은 17대왕인 내물왕(奈勿王) 이후라는 설이 있어요. 박혁거세는 무인(武人)이라기보다는 어진 인물로 전해지고 있으나, 내물왕은 정복자의 기질이 강한 무인이었을 것입니다. 어쨌든, 사로(斯盧)라는 작은 부족국가가 신라라는 왕국으로 비약하는 과정에는 여러 차례의 전쟁과 정복이 있었던 것으로 알려져 있지요. 그리고 또, 궁예(弓裔)를 무찌르고 견훤(甄萱)을 타도하여 고려의 태조로 등극한 왕건(王建)과, 위화도(威化島)에서 회군하여 우왕(禑王)과 최영(崔瑩)을 축출하고 조선왕국을 세운 이성계(李成桂)가 모두 무장이라는 것은 누구나

다 아는 사실 아닙니까?"

　잘은 모르지만 다른 나라의 경우도 사정은 대체로 비슷할 것입니다. 무력이라는 물리적인 힘에 의존하지 않고 덕(德)의 힘으로 왕국을 창건한 경우는 별로 없을 것입니다. 그리고 무력과 무력의 대결로 승패를 결정하는 마당에서는 아무래도 여성보다 남성이 유리하지요. 결국 정치권력은 남성의 손으로 넘어가게 되었고, 정치권력은 삶의 모든 분야에서 막대한 영향을 가지게 되므로, 나라 전체가 남성위주의 사회가 되었다고 볼 수 있겠지요. 그런 관점에서 볼 때, 남성의 우세한 체력이 여러 분야에서 '남성우위' 현상을 가져오게 된 원동력이라고 한 김 선생의 주장에 큰 무리가 없다고 보아야 하겠지요. 물론 이것은 과거사에 대한 이야기이고, 앞으로도 계속 그렇게 될 것이라는 뜻은 아닙니다."

　"남성의 우세한 체력이 '남성우위'의 원동력이라면, 앞으로도 여성에 대한 남성의 지배는 계속되지 않겠습니까? 신체적 구조로 보아서 남녀의 체력이 동등하게 될 날은 앞으로도 좀처럼 오지 않을 것이니까요."

　이것은 강 여사의 반론성 질문이었다. 이 질문의 방해를 받고 무심 선생의 발언은 논리의 끈을 잃은 듯하였다. 비록 왕국을 창건한 것은 물리적인 체력의 연장으로서의 무력이었지만, 일단 왕국이 성립한 다음에는 무장(武將)들이 문신(文臣)들의 지배를 받은 시기가 오래 지속되기도 한 사실(史實)에 대한 설명이 그 다음에 있었어야 한다고 나는 생각했던 것이다. 그러나 무심 선생은 강 여사의 질문에 우선 대답하는 친절을 보였다.

　"물리적 체력에서 남성이 여성을 압도하는 현상은 앞으로 오래 계속될 것으로 예측됩니다. 포유류와 조류의 모든 종족에 있어서 수컷들이 암컷들에 비하여 월등한 체력을 가졌다는 사실이 그러한 예측을 하게 합니다. 그러니까 모든 여자들이 일치단결하여 무술을 연마하지 않는 한, 물리적인 힘의 대결에서 남자들을 제압하기는 매우 어려울 것 같군요. 그러나 여자분들이 비관할 필요는 없습니다. 왜냐하면, 생존경쟁 또는 사회경쟁에서 물리적 체력이 승패를 좌우하는 시대는 이제 서서히 막을 내리려 하고 있으니까요. 앞으로는 뚝심보다도 지력(知力)과 섬세한 손놀림이 더 요긴한 시대가 올 가능성이 높습니다."

무심 선생의 말씀이 여기까지 왔을 때, "그런데 선생님!"하고 이번에는 윤 여사가 발언의 기회를 잡았다.

"그런데 선생님, 물리적 뚝심보다도 지력이 더 요긴한 시대는 이미 옛날에 왔다고 볼 수 있지 않습니까? 아까 선생님께서 말씀하신 대로, 동서의 영웅들이 처음으로 왕국을 창건했을 때는 자신의 무술과 용맹의 힘에 의존했지만, 그 왕권을 계승하여 수성(守成)의 업적을 남긴 군주 가운데는 무술의 달인이 아닌 인물도 많지 않았습니까. 무력보다도 지략과 인품의 힘으로 나라를 다스린 명군(名君)의 예로서는 조선조의 세종(世宗)과 정조(正祖) 같은 분을 생각할 수 있겠지요. 사실은 왕국을 창건한 시조들도 단순한 무술의 달인이기보다는 여러 무장들을 잘 거느린 지략에서 뛰어난 사람이 많지 않을까요? 그러니까 단순한 뚝심이나 무술보다도 지략의 힘이 세상을 지배하게 된 뒤로도 오랜 세월이 흘렀다고 볼 수 있습니다. 그러나 남성우위의 역사는 여전히 지속했습니다. 여성은 체력에서뿐 아니라 지력에서도 남성을 따르지 못하기 때문일까요?"

윤 여사가 외모만 수려할 뿐 아니라 아는 것도 많고 논리의 전개에도 일가견이 있다는 사실에 나는 다시 한번 깊은 인상을 받았다. 그러나 강 여사가 있는 자리에서 그런 내색을 해서는 안 된다고 나 자신에게 타일렀다. 그리고 무심 선생의 대답이 어떻게 나올지 궁금하다는 표정만을 애써 지었다. 그러한 표정 자체가 윤 여사를 높이 평가하는 의미를 가졌다는 사실은 미처 생각하지 못했다. 아마 강 여사도 그 정도로 눈치가 빠른 사람은 아닐 것이다. 무심 선생에게는 내 마음을 들켰대도 별로 문제가 될 것 같지 않았다. 쓸데 없는 잡념으로 머리를 굴리고 있었을 때, 무심 선생이 침착한 어조로 말하였다.

"아주 좋은 점을 지적하셨습니다. 실은 내 말이 너무 단순화한 것이어서 허점 투성이였는데, 바로 그 점을 정확하게 지적하셨습니다. 내가 무력(武力)을 단순히 물리적인 뚝심과 같은 수준의 힘인 것처럼 말한 것은 지나치게 단순화한 발언이었습니다. 단순한 뚝심만으로는 무술의 달인이 될 수 없고 싸움에서 이길 수도 없지요. 맹수도 머리를 잘 써야 사냥에 성공할 수 있고, 사람도 머리가 좋아야 무술의 달인이 될 수 있습니다. 아까 내가 한 말은 아주 옛날에는 물리적인 힘이 인간사회를 지배한 시대가 있었고 그 다음에 지능이 높은 사람들이 세상을 지배한 시대가 온 것처럼 들릴 수 있었는데, 사실은 그렇게 단순한 것이 아니지요. 동명왕이나 이성계가 단순히 물리적인 힘만 강한 사람이라고 보기는 어렵습니다. 어느 시대에서나 우세한 힘을 가진 사람들이 세상을 지배했음에는 다를 바가 없으며, 그 힘 가운데는 물리적인 것과 정신적인 것이 결합되어 있었다고 보아야 하겠지요. 다만 그 두 가지 종류의 힘의 비율은 시대에 따라서 차이가 있었고, 일반적으로 말하면 후세(後世)로 올수록 정신적인 힘의 비중이 높아지는 추세를 보였다고 말할 수 있겠지요.

그리고 윤 여사 말씀 가운데, 무술의 힘보다도 지략의 힘이 세상을 지배하게 된 뒤로도 오랜 세월이 흘렀으나, 남성우위의 역사는 여전히 지속했다는 내용이 있었습니다. 그것도 사실과 어긋나는 말은 아닙니다. 그러나 이 대목에서 우리가 간과해서는 안 될 두 가지 사항이 있습니다. 첫째로 유념해야 할 것은, 물리적 체력 또는 무술의 힘보다도 지략의 힘이 세상을 지배하게 된 지가 오래되었다고 하지만, 그것은 문헌적 사료가 남아 있는 유사(有史) 이후의 일이라고 보아야 할 것이며, 원시인들이 원시적인 생활을 했던 선사시대(先史時代)까지 고려한다면, 인간의 지력(知力)이 체력(體力)보다도 더 큰 역할을 한 인류의 역사는 그 기간이 비교적 짧다고 보아야 한다는 사실입니다.

둘째로 염두에 두어야 할 것은, 남성우위의 역사가 여전히 지속되고 있다 하지만, 남성들의 독선과 횡포가 옛날에 비하면 괄목할 정도로 크게 개선되었다는 사실입니다. 민주주의가 가장 빨리 실현되었다는 아테네에서도 여성의 인권은 전적으로 무시당했습니다. 여자는 참정권을 인정받지 못했음은 물론이요 학문을 배울 자격조차 없는 존재로 격하되었습니다. 플라톤이나 아리스토텔레스 같은 위대한 철학자들까지도 여성은 남성의 부속물 정도로 평가했습니다. 먼 나라, 먼 옛날은 고사하고, 내가 어렸던 70여 년 전의 한국과 오늘의 한국을 비교하더라도, 여성의 사회적 지위는 놀라울 정도로 향상했습니다."

여기까지 말하고 무심 선생은 안방을 향하여, "여기 녹차 좀 새로 끓여 주시오" 하였다. 이 말이 떨어지기가 무섭게, "녹차는 제가 끓이지요" 하며 윤 여사가 일어서서 주방으로 향했다. 강 여사도 따라서 일어섰다.

3. 누가 누구의 적인가?

 말잔치는 그 정도로 끝내고 산책이나 했으면 좋겠다는 생각이 들었다. 무심 선생의 얼굴에도 약간 피로의 기색이 보였다. 그러나 여성문제에 대한 이야기가 일단락을 지었다고 보기는 어려운 시점이어서, 남성측에서 먼저 대화는 그만 하자고 제언하기는 어려운 상황이었다. 애연가라면 이럴 때 담배를 피우겠지 하는 생각이 스쳐갔다.
 새로 끓여 온 녹차가 식기를 기다리는 동안 잠시 침묵이 흘렀다. 그러나 오래지 않아 윤 여사가 다시 말문을 열었다.
 "여성의 사회적 지위가 옛날에 비하여 크게 신장된 것은 사실입니다. 그러나 여성의 처지에서 볼 때 현재 상태에 만족할 수는 없습니다. 특히 한국은 남녀의 차별이 아직도 심한 나라입니다. 진정한 남녀평등을 위해서 뭔가 적극적인 움직임을 보여야 한다는 것이 문제의식을 가진 여성들의 일반적인 정서이고 생각입니다. 저도 막연히 그렇게 느끼고 생각합니다만, 구체적으로 어떠한 노력을 해야 옳을지는 판단이 서지 않습니다. 이 점에 대해서 두 분 선생님의 말씀을 듣고 싶습니다."
 "이번에는 김 선생의 의견을 들어보기로 합시다" 하고 무심 선생이 짐을 나에게로 슬쩍 떠넘겼다. 나는 말을 순발력 있게 척척 쏟아내는 그런 재간을 갖지 못했다. 갑자기 무슨 말을 해야 할지 몰라서 한참 꾸물대다가 겨우 입을 열었다.
 "아까 선생님께서 하신 말씀 가운데서 가장 핵심적인 것은 인간사회는 동서고금을 통틀어서 힘의 논리가 지배해 왔다는 명제라고 생각됩니다. 일반 동물의 세계가 그렇듯이, 인간의 세계도 힘이 강한 자가 약한 자를 지배한다는 말씀에 저도 동감합니다.

그러므로, 남녀의 평등이 실현되기 위해서는 남성과 여성 사이의 힘의 균형이 전제되어야 한다는 논리가 성립합니다. 힘에 있어서 여성들이 밀리는 한, 남성의 우위 현상은 사라지지 않을 것입니다. 그러니까 남녀평등의 실현을 위해서 요구되는 기본 과제는, 우선 여성들의 힘을 키우는 일이라고 하겠습니다. 옛날에는 육체에서 나오는 물리적인 힘이 가장 큰 비중을 차지했으므로, 힘의 대결에서 여성이 남성을 당하기가 어려웠지만, 이제는 정신에서 나오는 힘이 오히려 더 큰 비중을 차지하는 시대가 도래했으므로, 남녀간의 힘의 균형을 얻기가 쉬워졌다고 봅니다.”

여기까지 말하고, 다음 말을 생각하기 위하여 잠시 숨을 돌리려 했을때, 윤 여사가 이렇게 주석을 달았다.

“그런데 선생님, 남성과 여성의 관계를 오로지 대결(對決)의 관계로만 파악하는 것은 너무나 삭막한 인간관이 아닐까요? 대결하는 측면도 있지만, 화합하는 측면도 있다는 사실에도 주목할 필요가 있다고 생각합니다.”

“물론 그렇습니다. 남성과 여성의 사이만이 그런 것이 아니라, 모든 인간 대 인간의 관계에 대립과 친화(親和)의 양면이 있다고 보아야 하겠지요. 다만, 전체로 볼 때는 대립의 측면이 바탕이고, 친화의 측면은 무늬에 비유할 수 있는 것이 아닐까 합니다. 그리고 ‘남녀 평등’이니 ‘여권 신장’이니 하는 것은 그 문제제기 자체가 남녀의 관계를 대립의 시각에서 바라본 것이니만큼, 여기서는 복잡을 피하기 위하여 친화의 측면은 잠시 괄호 안에 넣어두자는 것이지요.”

“‘힘’이라는 말을 선생님은 매우 넓은 의미로 쓰고 계십니다. 넓은 의미로 쓸 때는 사람의 매력도 일종의 ‘힘’이라고 보아야 하겠지요. 남의 사랑을 받기 위해서는 매력이 있어야 한다는 뜻에서, 타인의 사랑을 얻음으로써 나의 힘을 키우기 위해서도 우선 나 자신의 힘부터 키워야 한다는 생각이 듭니다. 어쨌든, 남녀의 평등이 실현되기 위해서 여성의 힘을 우선 길러야 한다는 선생님의 말씀으로 되돌아왔습니다. 그런데 여성들의 힘을 키우기 위하여 무엇을 어떻게 해야 할지, 그것이 막연합니다."

"글쎄요, 나도 구체적으로 생각해 보지 않았습니다만, 여러 각도에서 차근차근 접근해야 할 문제 같습니다. 우선 여성들 각자가 타고난 소질을 연마함으로써 자신의 실력을 양성하는 길을 생각해야 할 것이고, 다음에는 남성들의 힘을 빌림으로써 여성 진영 전체의 힘을 키우는 길을 생각해야 하겠지요. 이 후자의 길이 아까 윤 여사가 말씀하신 '화합'의 측면과 연결되는 문제라 하겠습니다."

"여성들 각자가 소질을 연마하여 실력을 양성하는 일도 중요하지만, 여성들의 힘을 묶어서 조직화하는 것이 더 중요하지 않을까요?"

이것은 한동안 침묵을 지켰던 강 여사의 발언이었다.

"여권 운동가들이 역설하는 것이 바로 그 점이 아닌가 합니다. 물론 그러한 전략이 필요할 경우가 많겠지요. 그러나 여성의 단결을 지나치게 강조하여 여성 전체와 남성 전체의 집단적 대결의 국면을 크게 부각시키는 것은 현명한 전략이 아니라고 나는 생각합니다. 이 점은 매우 예민한 대목이어서 여권 운동가들의 맹렬한 반대 의견을 초래할 가능성이 있습니다. 그러나 여성의 단결 강조가 남성 전체의 대항 의식을 자극하는 것은 현명한 전략이 아닙니다."

"왜 그럴까요? 여성들의 단결된 힘이 아니고는 여권 신장의 성과를 거두기가 어렵다고 저는 생각합니다."

"첫째로, 아직은 모든 여성이 모든 남성을 상대로 하여 크게 뭉친다는 것이 현실적으로 어렵습니다. 알기 쉬운 예로서 국회의원 선거를 생각해 보십시오. '여권 신장'을 공약(公約) 제1호로 앞세우고 여러 여성 후보자들이 나섰지만, 당선자는 소수에 불과했습니다. 만약 여성 유권자들이 일치단결해서 여성 후보자에게 투표했다면, 대부분의 후보자들이 당선됐을 것입니다. 여성 후보자의 실력에 대한 믿음이 부족했던 것입니다. 그래서 나는 여성들 개개인의 실력 향상을 먼저 서둘러야 한다고 보는 것입니다.

둘째로, 성(性)의 대결을 부각시키고 여성들이 활발하게 뭉치는 움직임을 보인다면, 남성들에게도 방어(防禦)의 심리가 발동할 가능성이 큽니다. 만약에 여성 전체와 남성 전체가 두 진영으로 나누어져서 한판 승부를 벌인다면, 아마 여성편이 불리할 것입니다. 그래서 아까 나는 여성들이 남성들의 힘을 빌림으로써 여성 진영의 힘을 키우는 길도 생각해야 한다고 말했던 것입니다. 여권 운동을 정말 성공적으로 전개하기 위해서는, 합리적인 생각을 가진 남성들을 되도록 여러 사람 여성의 편으로 끌어들여야 한다고 나는 생각합니다.

그리고 이것은 여담입니다만, 여성들과 남성들이 대결하고 싸워서 여성들이 '남녀 평등'이라는 목표를 쟁취하는 것보다는, 남성들 측의 적극적인 협조를 얻어가며 평화롭고 따뜻한 과정을 통하여 남녀의 평등이 실현되는 것이 바람직하다고 생각합니다. 그러나 이것은 현실을 모르는 이상론에 불과한 것이겠지요. 사실 한국의 남성들은 내가 보기에도 대체로 여성 문제에 대하여 보수적입니다. 그들이 자진해서 남성 우위의 우리 문화를 바로잡아 줄 때까지 느긋하게 기다리라고 말하기는 어렵습니다."

"그래도 김 선생님 같은 분은 솔선해서 여성편에 서 주시겠지요?"

"글쎄올시다. 나는 본래 치마를 두른 사람 앞에 나가면 깜빡 죽어 나자빠지는 열광적 여성 숭배자는 못 됩니다. 그러나 모든 문제를 공정한 시선으로 바라보려는 노력은 합니다. 한국 여성을 애정의 시선으로 바라보기 때문에 도리어 한국 여성에 대한 불만도 많습니다. 한국 남성에게 못된 사람이 많다면, 한국 여성에게는 생각이 부족한 사람이 많다고 하겠습니다. 남자들 가운데도 현대의 민주시민으로서 실력의 함량 미달(含量 未達)을 느끼게 하는 사람이 많습니다만, 여자의 경우는 우리 현실을 넓게 내다보고 깊게 뚫어보는 능력이 더욱 부족하다는 인상을 받습니다."

"무엇을 근거로 그런 말씀을 하십니까? 그 말씀 자체가 남성 우월주의의 선입견에 근거한 것이 아닐까요?" 하고, 강 여사가 약간 뾰로통한 어조로 항의하였다.

"물론 그런 시각에서 저 자신을 반성할 필요도 있겠지요. 하지만 여성에 대한 기대가 큰 것만큼 (저는 특히 아름다운 여성을 보면 큰 기대를 거는 버릇이 있습니다) 실망을 느낄 때도 많습니다. 한국 여성들의 사치와 낭비 그리고 허영을 볼 때 저는 정말 실망합니다. 혼수는 적어도 이 정도는 해야 한다며 핏대를 올리는 것이 주로 여성이라는 인상을 저는 받고 있습니다. (물론 신부의 허영심에 영합하기 위하여 신혼여행은 유럽이나 하와이로 가자고 먼저 기세를 올리는 신랑들도 있는 것으로 압니다만.) 그래서 나는 여성들의 인간적 실력부터 길러야 한다고 늘 주장하고 있습니다."

"선생님, 모든 여성이 그렇지는 않아요. 어쨌든, 남성에 비해서 여성의 실력이 떨어진다는 것은 부인하기 어렵다는 것 인정합니다. 그러나 실력 양성의 기회를 대부분 남성들이 차지하고 있지 않습니까? 선생님이 말씀하시는 '실력'이 인생을 살아가는 지혜로서의 실력을 주로 의미하는 것 같습니다만, 우리나라에서 높은 자리는 거의 모두 남성들이 차지하고 여성들은 집에서 밥짓고 빨래하며 애들 돌보는 일에만 매달려 있으니, 실력 양성의 기회를 박탈당하고 있습니다. 여성들이 실력을 양성할 수 있는 기회를 우선 주어야 하는데, 기회를 주고, 안 주고가 주로 남성들의 손에 달려 있습니다."

"윤 여사의 말씀에 대체로 동감입니다. 다만 덧붙여야 할 말이 있습니다. 첫째로, 어떤 자리가 실력 양성의 기회가 되느냐 안 되느냐를 결정하는 것은 그 자리의 높이나 크기가 아니라 그 자리에 앉는 사람 자신입니다. 비록 낮고 작은 자리라 하더라도, 그 자리에 앉은 사람이 책임감과 노력으로 그 책무를 완수하면, 실력 양성의 좋은 기회가 될 것입니다. 반대로 높고 큰 자리라 하더라도, 오직 수동적 자세로 일관하여 그 직책을 감당하지 못한다면, 실력 향상에 별로 도움이 되지 않습니다. 초등학교의 교사의 자리를 가지고 크게 실력을 키우는 사람도 있고, 장관이나 국회의원 자리를 차지하고도 아무런 실력도 기르지 못하는 사람이 있습니다. 처음부터 감당하기 어려운 큰 자리를 맡으면, 설령 사명감이 강하다 하더라도, 그 자리를 실력 양성의 기회로서 살리지 못합니다. 그러므로 낮은 자리에서부터 열심히 일을 하여 차차 높은 자리를 감당할 수 있는 실력을 양성해야 하는데, 여성들은 일반적으로 직업의식이 약한 까닭에 직장을 실력 양성의 기회로서 살리는 면에서 남성보다 못한 경우가 많습니다. 밑에서부터 실력을 쌓아 올라가는 사회 경쟁에서 여성이 남성을 못 따라가는 경우가 많다는 뜻입니다.

우리나라의 장관, 총장, 교장, 국회의원 등 이른바 '높은 자리'

는 대부분 남성들이 차지하고 있습니다. 이 점에 대해서는 여성의 실력을 과소평가하는 남성들의 편견이 책임을 져야 할 부분도 있습니다. 그러나 그러한 자리를 맡았다가 별로 실적을 올리지 못한 여성 선배들에게도 책임의 일단이 있습니다. 공직의 중요한 자리는 실력 양성을 위한 실습장으로 쓸 수 없는 곳이므로, 여성들에게 사회적 진출의 기회가 적은 결과를 가져옵니다."

"어떤 높은 직책을 맡고 그것을 감당하지 못한 사람들은 남성에게도 많습니다. 중책의 자리를 제대로 감당하지 못한 여성 선배들의 경우만을 강조해서 말씀하시는 김 선생님에게도 여성에 대한 편견이 있는 것이 아닐까요?"

"윤 여사와 같은 시각에서 나도 가끔 반성해 보기도 합니다. 그러나 대체로 말해서, 어떤 큰 자리를 맡고서 그 중책을 제대로 수행 못한 사례의 비율이 더 높은 것은 여성측이라는 생각은 여전합니다. 여성들의 경우는 바닥에서부터 경험을 쌓고 단계적으로 그 자리에 오른 것이 아니라, 정책적 배려로 벼락감투식으로 그 자리를 얻은 사례가 많습니다. 그래서 내가 하고 싶은 말의 핵심은, 여성들에게도 하급의 자리에서부터 출발하여 점차 실력을 쌓으며 올라갈 수 있는 기회를 주는 일이 앞서야 한다는 것입니다."

"그 기회를 얻기가 매우 어려운 것이 한국의 여성입니다. 대학을 졸업하고 직장을 얻으려는 젊은이들의 사회경쟁에서 여성은 불리한 대접을 받습니다. 출발에서부터 길이 막히는 것이지요" 하고 이번에는 강 여사가 한마디 하였다.

"그 점에 대해서는 인사권을 쥐고 있는 남성들의 책임이 크다고 보아야 하겠지요. 그러나 여성들의 처지에서 솔직하게 반성해야 할 측면도 없지 않습니다. 내가 언젠가 신입사원을 채용한 어떤 회사 간부에게 여성 취업 지망자를 기피하는 까닭을 물었을 때, 직장인으로서의 사명감과 일에 몰두하는 자세가 여성에게 부족하다는 대답을 들었습니다. 고등학교 교장 선생님들에게도 남자 교사를 선호하는 경향이 있기에 그 까닭을 물었더니, 전체적으로 볼 때 남자 교사가 많은 편이 학교 일을 해나가기에 유리하다고 대답했습니다. 물론 이 대목에서도 남성측에서 여성의 특수한 사정을 대국적 견지에서 고려해야 할 점이 많습니다. 예컨대, 여자 교사는 숙직을 맡기 어렵다든가, 여자 교사는 산아와 육아로 인하여 일을 쉬어야 할 경우가 많다는 따위의 사정이, 여성 직장인을 위해서 불리한 조건이 되지 않도록, 대국적 견지에서 남성이 이해하고 협조해야 하겠지요. 어쨌든, 남성은 여성의 처지에서 여성문제를 생각하고, 여성은 남성의 처지에서 자신들의 문제를 생각해 보기도 하는 태도의 새로운 지평이 열려야 한다고 생각합니다."

여기까지 말했을 때, 나는 오늘 본래 무심 선생의 말씀을 주로 듣기로 했던 대화의 출발점을 상기했다. 무심 선생과 두 여인의 대화를 들으면서 느긋한 시간을 가지려 했던 것인데, 나도 모르는 사이에 너무 많은 말을 했다고 뉘우쳤다. 이제 말의 바통을 무심 선생께 넘겨야 하겠다는 생각에서 나는 말머리를 이렇게 돌렸다.

"오늘도 선생님의 말씀을 주로 들어야 했는데, 제가 주제넘게 너무 많은 말을 했습니다. 이제부터는 선생님의 말씀을 들어야 하겠습니다."

"아니오. 나는 오늘도 말은 하는 편보다는 듣는 편이 얻는 것도 많고 즐거움도 크다는 것을 느꼈어요. 김 선생이야 본래 말하는 것이 직업이지만, 윤 여사와 강 여사는 가정주부답지 않은 대단한 논객(論客)임을 알게 되어, 지금 속으로 감탄하고 있어요.
 여권문제에 관해서는 나도 대체로 김 선생과 같은 생각을 가지고 있어서 더 하고 싶은 말이 별로 없어요. 굳이 한마디 한다면, 남녀의 평등이 실현되기 위해서는 우선 여성부터 남녀의 차별을 말아야 한다는 말을 강조하고 싶어요. 첫째로 남아선호 사상부터 청산해야 합니다. 남자들은 아들이든 딸이든 상관이 없다고 하는데, 시어머니와 어머니들이 꼭 손자라야 하고 아들이라야 한다고 야단을 떨고 있으니, 남녀의 평등이 실현될 리 없지요."
 무심 선생의 이 말에 대해서는 윤 여사도 강 여사도 별로 할 말이 없는 모양이었다. 시계를 들여다보며, 너무 많은 시간을 빼앗아서 죄송하다는 인사를 하고 두 여인은 일어설 차비를 하였다. 무심 선생은 나보고 함께 산책을 하자고 하였다. 내가 기다리던 말이다.

제 5 장
성(性)과 도덕

1. 식욕과 성욕

 어느 날 아침결에 강 여사로부터 전화가 걸려 왔다. 윤 여사와 둘이서 무심 선생과 나를 점심식사에 초대하고 싶다는 뜻을 전하기 위한 전화였다. 무심 선생께서는 이미 초대에 응하기로 뜻을 밝혔다며, 나의 편리한 시간을 물었다. 나는 무심 선생의 뜻에 따르겠다고 일단 말해 놓고, 나에게 선약이 있는 날만은 피해 주기를 부탁했다. 다음에 다시 연락을 주겠다며 그는 전화를 끊었다.
 주말이 아닌 어느 날 점심때, 네 사람은 서울대학교의 호암회관에서 모였다. 무심 선생이 사는 과천에서도 가깝고 분위기도 조용하다고 하여 그곳으로 정한 것이다. 마침 작은 방 하나를 예약해 놓아서, 숙녀들이 좋아하는 '분위기 있는' 오찬을 즐길 수 있었다. 오찬을 나누는 것도 즐거웠지만, 오찬이 끝난 뒤에 나눈 대화는 더욱 기억에 남을 만한 내용을 담고 있었다. 이런저런 이야기를 나눈 가운데 강 여사가 성도덕(性道德)의 문제에 대해 언급하게 되어, 대화는 자연히 열기를 띠게 되었다.

우리나라에서는 성(性)의 문제는 입 밖에 내지 않는 것이 품위를 지키는 길이라는 생각이 우세하였고, 서로 점잔을 빼야 할 처지에 있는 남자와 여자가 자리를 같이했을 때 성의 문제를 언급하는 것은 금기로 되어 왔다. 성행위를 추행(醜行)이라는 말로 평가하고 성기(性器)를 치부(恥部)라고 부르는 말의 쓰임과도 맥을 같이한다. 특히 숙녀들은 성문제에 언급하지 않는 것을 미덕으로 삼아 왔다.

성에 대한 언급을 금기시하더라도 성도덕만은 활발하게 논의해야 한다는 주장이 가능할 수도 있다. 그러나 성을 부정적으로 생각하는 견지를 고집하는 한, 성도덕에 대한 담론은 현실을 외면한 헛소리에 불과한 것이 되기 쉽다. 그런저런 이유로 나는 성도덕 문제에 대해서는 대체로 침묵을 지켰고, 또 그 문제를 곰곰이 생각해 볼 기회도 적었다. 그런데 그날 강 여사가 성도덕 문제를 화제로 등장시켰던 까닭에, 그 동안 단편적으로 듣고 말한 생각들을 정리할 수 있는 기회를 얻은 결과가 되었다.

강 여사가 성도덕 문제를 거론하게 된 것은 사춘기를 바라보는 자녀들이 고민하는 성문제에 대하여 부모가 어떤 태도를 취해야 하느냐 하는 현실적 문제에 대처할 수 있는 지혜를 얻고자 하는 동기에서였다. 인생을 살아온 경험도 많고 철학자로서도 널리 알려진 무심 선생을 모신 자리는 자녀의 성교육 문제를 기탄없이 상의할 절호의 기회라고 보았던 것이다.

"저희집에는 위로 딸아이가 둘 있습니다. 큰 아이는 고등학생이고 작은 아이는 중학교에 다닙니다. 그런데 요즈음 신문 보도나 텔레비전 교양프로에도 자주 나타나듯이, 사춘기를 앞둔 자녀를 가진 부모로서 불안을 느낄 때가 많습니다. 요즈음 젊은이들이 성문제에 대해서 가지고 있는 생각이 우리나라의 전통윤리의 규범과 너무나 차이가 많아서, 부모와 자식 사이에서도 대화의 어려움을 느낍니다. 그렇다 하여, 너희들 일은 너희들이 알아서 하라고 방임할 수도 없고요…."

강 여사는 여기까지 말하고 잠시 멈추었다. 이때 윤 여사가 강 여사의 말을 보충하려는 듯, 다음과 같이 말하였다.

"제가 보기에도 사춘기 청소년들이 성문제로 고민하는 경우가 많은 것 같습니다. 이런 경우에 부모들도 그 고민을 나누고 적절한 조언도 주어야 한다고 생각합니다. 그렇지만 저 같은 경우는 성문제에 대한 확고한 신념의 체계랄까 이론이랄까 그런 것이 없습니다. 그러니 엉거주춤한 자세로 별반 먹혀들어가지도 않는 간섭을 하는 꼴이 되곤 합니다. 이런 기회에 철학하는 선생님들의 가르침을 받으면, 어미 노릇 하는 데 큰 도움이 되겠습니다."

성도덕의 문제는 내가 평소에 많이 생각한 문제가 아니어서 갑자기 할 말도 없었지만, 무심 선생을 앞질러서 반응을 보일 계제가 아니어서, 무심 선생의 입만 바라보았다. 무심 선생도 갑자기 제기된 문제에 대답할 준비가 없었던지, 잠시 생각할 시간을 가졌다. 그리고 이렇게 입을 열었다.

"내가 40대나 50대에 청소년기의 자식들을 가졌을 때만 해도 성도덕 문제로 부모가 고민하는 일은 적었지요. 나도 그 문제와 직접 부딪쳐서 구체적으로 생각하지 않을 수 없는 궁지에 몰린 적은 없어요. 그러므로 두 분이 제기한 문제에 즉석에서 대답할 준비가 되어 있지 못합니다. 어쨌든 이제는 아무도 외면해서는 안 될 중요한 문제이므로 우리가 다함께 생각해 보기로 합시다. 아니, 그보다도 김 선생의 의견을 먼저 들어보는 것이 좋지 않을까요?"

"아닙니다. 저도 당장 실용성이 있는 어떤 처방이나 구체적 충고의 준비가 없습니다. 텔레비전 좌담에 출연한 분들이 말하는 '자녀와 자주 대화를 하라' 또는 '자녀에게 순결이 소중함을 가르쳐라' 하는 수준의 충고를 강 여사와 윤 여사가 듣자는 것으로는 보이지 않습니다. 더 근본적인 물음을 염두에 두고 있는 듯이 보입니다. 이제 이야기가 나온 김에, 도대체 성(sex)이라는 것을 어떻게 이해해야 할 것이냐 하는 문제부터 생각해 보는 것이 어떨까요? 옛날부터 성을 고귀한 것으로 보는 생각과 추악한 것으로 보는 생각이 혼재(混在)해 온 것으로 보입니다. 이 점에 대한 선생님의 말씀을 먼저 듣고 싶습니다."

신중을 기하는 듯, 무심 선생은 얼른 입을 열지 않았다. 이때 윤 여사가 이렇게 물었다.

"섹스를 추악한 것으로 보는 생각은 '추행'(醜行)이니 '치부'(恥部)니 하는 말에도 잘 나타나 있어서 우리에게 익숙합니다만, 그것을 고귀한 것으로 보는 생각이란 저에게는 좀 생소합니다. 우리나라에도 그런 생각이 있습니까?"

이것은 내가 별로 아는 것도 없이 가볍게 한 말에 대한 의미있는 질문이었다. 대답할 책임은 나에게 있었기에, 우물쭈물하다가 겨우 이러한 말로 빠져나가기를 꾀하였다.

"예를 들면, 미개사회에는 도처에 생식기 숭배 현상이 있었던 것으로 압니다. 내가 어렸을 때 살았던 산마을 어귀에 남근 모양을 한 돌이 서 있었고 뒷산에는 여체(女體)를 연상케 하는 고목이 있었는데, 그것은 동리 사람들의 숭배의 대상이었습니다. 그리고 남자의 몸이 닿지 않은 순결한 여성을 '성처녀'(聖處女)라고 불렀다는 말을 어딘선가 읽은 기억이 있습니다. 뿐만 아니라, 현재도 자신의 성기나 사랑하는 사람의 성기를 매우 귀중한 것으로 여기는 심리가 일반적으로 있는 것이 아닐까요? 음문(陰門)을 옥문(玉門)이라고 높여서 말하는 언어 현상 배후에도 그러한 심리가 깔려 있을 것입니다."

나는 여기서 내 입이 너무 가벼웠지 않았나 하는 생각이 스쳐 갔다. '남근'이니 '생식기'니 하는 따위의 말을 숙녀들 앞에서 사용한 것도 그렇고, "자신의 성기와 사랑하는 사람의 성기를 귀중하게 생각하는 심리" 운운은 더욱 경솔했다고 뉘우쳤다. 만약 농담 좋아하는 무심 선생이 "그것은 바로 김 선생의 심리를 두고 하는 말 같이 들리오"라고 되받는다면, 나는 꼼짝없이 당할 수밖에 없었을 것이다. 그러나 무심 선생은 나를 어색하게 만들 그런 말은 하지 않았다. 그 대신 다음과 같은 말로 내 말을 받았다.

"성을 고귀한 것으로 보는 생각과 추악한 것으로 보는 생각은 서로 깊이 연관되어 있을지도 몰라요. 고귀한 것이 그 본래의 자리를 지키지 않으면, 그것은 도리어 추악한 것으로 변하기 쉬운 것이 아니겠소? 예술 창작 가운데 가장 아름다운 것으로서 사랑의 이야기 또는 사랑의 영상을 생각할 수도 있겠는데, 그 이야기나 영상이 어떤 규범을 벗어나게 되면, 그것은 예술이 아니라 외설이 되고 말지요. 요컨대, 성이 예술의 소재도 되고 외설의 소재도 된다는 사실은, 그것이 매우 아름다운 것이기도 하고 또 매우 추접한 것이기도 하다는 증거가 아닐까 하는 생각이 드오만."

남녀의 관계 또는 성을 그린 이야기나 그림이 종이 한 장의 차이로 예술도 되고 외설도 된다는 무심 선생의 말씀에 나는 깊은 흥미를 느꼈다. 그러나 이야기를 그쪽으로 몰고가면 대화가 본궤도를 잃을 것 같은 생각이 들어서, 나는 이렇게 말했다.

"성욕, 성기, 성행위 등을 싸잡아서 '성'이라는 말로 부를 때, 그 성을 아름답고 고귀한 것 또는 더럽고 나쁜 것으로 보는 것은 사람의 마음이 하는 짓이고, 성 그 자체는 본래 자연현상으로서 주어져 있는 이를테면 중성적(中性的)인 것이라고 보는 것이 객관적 파악이라고 생각합니다. 문제의 핵심으로 접근하는 방법의 하나로서 성욕과 식욕을 비교해 보면 다소 도움이 될 것 같습니다.

식욕도 성욕이 그렇듯이 자연적으로 주어진 심리현상입니다. 식욕을 금하면 그 개체(個體)가 사망하고 성욕을 금하면 그 종족이 멸망합니다. 그런 점에서 식욕과 성욕은 생존을 지탱하는 기본적 욕망입니다. 그러나 식욕에 관해서는 성욕의 경우와 같은 금기(禁忌)가 별로 없습니다. '성도덕'이니 '성교육'이라는 말은 있지만 '식도덕'이니 '식교육'이라는 말은 없다는 사실이 성욕과 식욕을 바라보는 시각에 상당한 차이가 있음을 말해 줍니다. 식욕과 성욕은 자연이 인간에게 부여한 기본적 욕구라는 공통점을 가지고 있으나, 사람들은 식욕 충족에 대해서는 비교적 관대한 태도를 취함에 비하여, 성욕 충족에 대해서는 매우 까다로운 제한을 가합니다. 왜 이러한 차이점이 생기게 되었는지를 생각해 보는 것은 성도덕 내지 성교육의 문제를 생각하는 데 도움이 될 것으로 믿습니다."

여기까지 말했을 때, 윤 여사가 의문을 제기했다. 식도덕(食道德)이니 식교육(食敎育)이니 하는 말은 없지만, 식생활에 대해서도 도덕적 규범이 전혀 없다고 보기는 어렵지 않느냐는 반론성 의문을 제기한 것이다. 윤 여사가 또 핵심을 찌르는 발언을 했다고 인정하면서, 나는 말을 더 조심스럽게 해야 하겠다고 느꼈다. 그리고 이렇게 내 말을 수정하였다.

"내 표현이 부족해서, 마치 식욕과 성욕의 차이점을 강조한 것처럼 되었습니다. 그러나 내가 말하고 싶었던 것은, 식욕과 성욕이 크게는 같은 성격을 가진 자연적 심리라는 점을 밝히고, 그 다음에 식욕과 성욕을 충족시키기 위해서 하는 행위가 받는 사회적 제약에는 큰 차이가 있다는 점에 주목을 하자는 것이었습니다. 어느 나라에나 식탁의 예절이 있고, 우리나라의 전통사회에서는 걸어가면서 음식을 먹는 따위의 행동은 용납되지 않았습니다. 그러나 식사의 예법을 어겼을 경우에는 어른들의 꾸중을 듣거나 남의 눈살 찌푸림을 당하는 것으로 그칩니다. 성문제로 사회의 규범을 어겼을 때 사회로부터 받는 규탄이나 처벌에 비하면 매우 경미한 질책에 불과한 것이지요. 그래서 내가 강조하고 싶었던 것은, 성생활에 대한 규범은 엄중하고 식생활에 대한 그것은 경미하다는 사실을 분석적으로 규명할 필요가 있다는 점이었습니다."

내가 여기까지 말했을 때, 한동안 말이 없었던 무심 선생이 입을 열었다. 성욕과 식욕의 비교를 통하여 성도덕 또는 성교육의 문제로 접근하려 한 내 의도가 제대로 잘 풀리지 않는 것을 안타깝게 여기고, 나를 도와주겠다는 뜻에서였다고 생각된다.

"성욕과 식욕을 같은 차원의 심리현상으로 본 사람들 가운데는 영국의 철학자 러셀(B. Russell)도 포함되어 있지요. 널리 알려진 바와 같이 러셀은 성개방론자(性開放論者)였고, 그는 성욕과 식욕을 근본이 서로 다른 두 가지 차원의 것으로 볼 까닭이 없다고 주장한 적이 있습니다. 식욕을 억지로 참을 필요가 없듯이, 성욕도 자유롭게 충족시키는 것이 옳다는 주장을 한 것입니다. 러셀은 혼전의 성관계나 시험결혼까지도 허용해야 한다는 극단론까지 발표하여 큰 물의를 일으키고 비난의 대상이 되기도 했지요."

무심 선생의 이 말을 듣고 두 여인은 좀 놀라는 듯한 표현을 지었다. 이어서 강 여사가 이렇게 물었다.

"저는 러셀이라는 사람이 매우 저명한 철학자라는 사실밖에 모릅니다만, 그런 대철학자가 성도덕 무용론을 주장했다는 말씀이십니까?"

"물론 그런 것은 아닙니다. 러셀도 성생활의 무조건 방종을 옹호하지는 않았습니다. 특히 그는 성의 개방이 가정의 파괴를 가져와서는 안 된다는 점을 역설했습니다. 그는 또 혼외정사가 사생아를 낳게 하는 결과를 가져와서는 안 된다는 점도 강조했습니다. 성폭력이나 성희롱 따위가 허용될 수 없음은 더 말할 필요도 없습니다."

"혼외정사를 허용하면서 가정의 파괴는 막아야 한다는 것은 자기모순이 아닙니까?"

"러셀로서는 모순이 아니라고 생각한 것 같습니다. 혼외정사를 끔찍한 추행 또는 범죄행위라고 보는 종래의 사고방식만 버리게 되면, 혼외정사가 가정의 파괴를 가져올 까닭이 없다고 본 것이지요."

"전 뭐가 뭔지 전혀 모르겠습니다. 그런데 선생님께서는 그 러셀이라는 사람의 성개방론(性開放論)에 찬동하십니까?"

"물론, 그런 것은 아닙니다. 러셀이 그러한 주장을 하게 된 배경에는 유럽사회의 성문화(性文化)가 이미 개방의 방향으로 많이 기울고 있었다는 사실이 깔려 있었어요. 그가 『결혼과 도덕』(*Marriage and Morals*)이라는 책을 통하여 대담한 성개방론을 피력했을 때 그의 나라인 영국에서는 크게 문제가 되지 않았습니다. 그러나 그가 객원교수로서 머물러 있던 미국에서는 큰 물의가 일어났답니다. 그가 가르치던 뉴욕주립대학에서 추방되어 영국으로 돌아간 것으로 압니다. 그 책이 출판된 1929년 당시만 해도 미국의 성문화는 아직 보수적이었던 것이지요.

내 말의 요점은 어떤 성문화를 허용할 수 있느냐 없느냐 하는 문제는 그것을 문제삼는 사회의 일반적 정서와 불가분의 관계를 가졌다는 사실을 밝히고자 함에 있습니다. 예를 하나 들어볼까요? 50년 전만 해도 한국사람들은 남녀가 대로상에서 팔을 끼거나 손을 잡는 것은 해괴망측한 짓이라고 느꼈지요. 부부가 걸어갈 때도 서로 좀 떨어져야 했을 정도로 남녀간의 금기(禁忌)가 많았지 않습니까? 조선조 시대의 엄격했던 내외법은 현대인으로서는 도저히 이해할 수 없을 정도였지요. 그러나 요즈음은 우리나라에서도 배꼽티를 걸치고 대로를 활보하는 아가씨를 보고도 그러려니 하고, 공원 벤치에서 남녀가 사랑을 속삭여도 지나는 사람들은 못 본 척합니다."

여기까지 말한 무심 선생은 다음 말을 찾아내기 위해서인듯 잠시 멈추었다. 대학에서 강의했을 때 자주 보았던 그 모습. 이 틈을 타서 내가 질문 하나를 던졌다.

"선생님, 선생님 말씀은, 성문제에 대한 규범은 절대 불변의 것이 아니라, 엄격한 규범이 요구되는 사회도 있고, 비교적 성의 자유가 허용되는 사회도 있다는 그런 뜻 같습니다. 그리고 성윤리가 엄격한 사회에서는 사람들의 정서가 애정의 자유로운 표현을 용납하지 않으나, 그와 반대의 사회에서는 그 반대의 정서가 지배적이라는 말씀도 하셨습니다. 그런데 여기서 저는 의문 하나를 느낍니다. 우리나라에도 성도덕이 엄격했던 시대가 있었고 그 반대의 경우도 있었던 것으로 압니다. 이와 같이 성도덕이 엄격한 나라는 항상 엄격하고 그것이 개방적인 나라는 항상 개방적인 것이 아니라, 저쪽에서 이쪽으로 변화하기도 하고, 또 이쪽에서 저쪽으로 변화하기도 합니다. 그런데 이 변화의 원인은 무엇입니까?"

"글쎄요, 역사적 현실의 변화를 인과율적으로 따져서 밝히는 것은 일반적으로 어려운 일이지요. 성도덕의 변천과정도 그 원인은 다양하지 않을까? 우리나라의 경우로 말하면, 고조선시대에는 간음한 자를 극형에 처하라는 조목(條目)이 있었을 정도로 성도덕이 엄격했으나, 통일신라시대에는 왕실의 기강이 문란해졌음을 계기로 성도덕이 자유 쪽으로 좀 기울었지. 그리고 중국에서 들어온 유교가 국교(國敎)의 자리를 차지하게 된 조선시대에는 우리나라의 성도덕이 그 영향으로 매우 엄격하게 되었지요. 그러나 해방을 계기로 서양의 성문화(性文化)가 들어오면서, 우리나라의 성도덕은 다시 자유와 개방의 방향으로 급선회했어요. 그러니 성도덕 변천의 원인을 일률적으로 말하기는 어렵지 않을까."

"러셀의 성개방론에 찬동하시느냐는 강 여사의 질문에 대답하시는 도중에 제가 끼어들어서, 대화가 옆길로 샜습니다. 선생님은 러셀의 성개방론에 전적으로 찬동하지는 않는다 하셨고, 그 이유로서 러셀의 영국과 우리나라는 성문화의 배경이 다르고 따라서 남녀간의 수작에 대하여 사람들이 느끼는 정서도 다르다는 사실을 언급하셨습니다. 그리고 지금 우리나라의 성문화가 근래 서구문화의 영향을 받고 자유와 개방의 방향으로 급선회했다는 사실까지 언급하셨습니다. 그러나 선생님이 러셀의 성개방론에 유보없이 찬동하지 않으시는 까닭은 아직 분명하게 말씀하지 않으셨습니다."

"참 그랬었군. 러셀은 성욕과 식욕의 공통성을 강조하고, 식욕을 채우듯이 성욕도 자유롭게 충족시켜야 한다는 논리를 전개했지만, 이 문제는 단순한 형식논리의 문제가 아니라고 나는 생각해요. 성문제에 대해서 사람들이 느끼는 정서를 무시할 수 없다는 점을 고려에 넣어야 한다고 봅니다. 알기 쉽게 말해서, 혼외정사에 대하여 사람들이 심한 혐오감을 느끼는 사회에서는 혼외 정사를 정당화하기가 어려워요. 한국에도 성개방의 물결이 밀려왔지만, 성문제에 대한 일반적 정서는 다분히 보수적이지요. 적어도 타인에 대해서는 엄격한 성도덕을 요구하는 심정이 강하게 남아 있어요. 이 심정을 무시해서는 안 된다는 것이 내가 러셀에 대해서 찬동을 보류하는 첫째 이유라고 말할 수 있어요."

"그 밖에 다른 이유가 또 있습니까?" 하고 이번에는 강 여사가 물었다.

"식욕의 경우에도 무절제하게 미식(美食)에 탐닉하는 것은 좋지 않습니다. 성의 향락에는 식도락의 경우보다도 더 큰 폐단이 따르기 쉽다는 사실을 염두에 두어야 할 것입니다. 특히 청소년의 경우에는 향락이 지나치면 향락보다도 더욱 소중한 것을 잃을 염려가 있습니다. 성의 향락 그 자체가 나쁘다고는 생각하지 않으나, 그것이 삶의 과정 전체에 미치는 영향을 고려해서 절제가 필요하다는 것이 나의 지론(持論)입니다. 사실은 러셀도 무절제한 성생활을 권장하지는 않았습니다. 다만 그가 성문제와 관련하여 절제(節制)를 별로 강조하지 않은 것 같아서 이 말을 추가하는 것입니다."

2. 성문제에 관한 자녀와의 대화

그 날의 대화는 성문제로 고민하는 자녀들에 대해서 부모가 어떻게 대처해야 하느냐 하는 현실적인 문제에서 출발한 것이었다. 그런데 이야기가 좀 추상적인 방향으로 흘러서, 문제를 제기한 두 여인에 대해서 그것이 무슨 도움이 될 수 있을까 하는 생각이 들었다. 철학자라는 사람들은 동문 서답을 좋아한다는 인상을 주어서는 안 되겠다는 느낌이 들기에, 나는 대화의 가닥을 잡을 요량으로 이렇게 말머리를 돌렸다.

"자녀들의 성교육 문제에 대한 도움말을 듣고 싶다는 것이 두 분의 희망이었는데, 이야기가 원론적 방향으로 흘렀습니다. 지금부터는 일상적이고 구체적인 문제로 옮겨가는 것이 좋겠습니다. 두 댁에서 실제로 경험했거나 경험하고 있는 문제를 말씀하시고, 그 문제에 대해서 함께 생각하는 것이 어떻겠습니까?"

나의 이 제안에 대해서 윤 여사가 뜻밖의 반응을 보였다.

"지금까지의 말씀이 저에게는 앞으로 큰 도움이 되리라고 믿습니다. 성 또는 성도덕의 본질에 대한 깊은 이해만 있다면, 일상적으로 부딪치는 문제는 그 이해에 입각해서 생각할 수 있지 않을까요? 각 가정에서 경험하는 구체적 문제에 대한 개별적 도움 말씀을 듣는 것도 중요하겠지만, 저희들에게 더욱 중요한 것은 자녀에 관한 구체적인 문제에 부딪쳤을 때, 그 문제를 스스로 풀 수 있는 응용력(應用力)을 기르는 일입니다. 그렇게 하기 위해서는 아까 들려주신 그런 원론적인 말씀을 듣는 것도 크게 도움이 됩니다. 자녀문제에 대해서 가장 적절한 처방을 내릴 수 있는 것은, 그 가정의 사정과 자녀들의 성질을 잘 아는 부모일 것입니다. 그러나 근본에 대한 지식이 없으면, 부모가 부모로서의 구실을 할 수가 없습니다."

이것은 보통 주부가 말할 수 있는 수준을 넘어서는 발언이었다. 나는 윤 여사의 학력과 경력에 대해서 궁금증을 느꼈다. 그러나 그것을 그 자리에서 물어볼 수는 없는 일이었다. 내가 이때 무슨 말을 해야 좋을지 몰라서 신중을 기하고 있었을 때, 강 여사가 윤 여사와는 좀 다른 의견을 말했다.

"윤 여사 댁에는 중학교에 다니는 아들과 초등학교에 다니는 딸이 있을 뿐이니까 아직 성교육의 문제가 절실하게 다가오지는 않을 겁니다. 그러나 저같이 두 딸을 각각 고등학교와 중학교에 보내고 있는 사람에게는 그 문제가 발등 위에 떨어진 불과도 같습니다. 기초에서부터 이론적인 공부를 우선 하고 그 다음에 그 기초 이론을 토대로 삼고 처방을 모색할 만한 여유가 없습니다. 당장에 써먹을 수 있는 구체적인 도움말이 더 절실합니다."

"강 여사 댁 따님들은 둘 다 모범생인데, 무슨 어려운 문제가 있다고 그러세요. 공연히 미리 겁을 먹고 그러시는 것 아니예요?"

"우리집 딸아이들이 특별히 문제아라는 뜻은 아닙니다. 그러나 세상 풍조가 풍조이고, 우리집 아이들의 경우도 무관심하게 내버려두어도 좋을 정도라고는 생각되지 않아요."

"미리부터 단속을 해야 한다고 생각하시는 것은 전통적인 성도덕 관념의 견지에서 자녀를 바라보기 때문이 아니겠습니까?" 나는 무심코 이렇게 말하고, 내 말에 오해를 받을 소지가 있다고 뉘우쳤다.

"저는 기독교를 믿는 사람으로서 성문제에 대해서는 보수적인 편입니다. 아까 러셀 이야기도 있었습니다만, 그가 아무리 저명한 철학자라 하더라도, 저는 그의 성개방론에는 공감을 느끼지 않습니다."

여기서 우리들이 주고받는 말을 듣고만 있던 무심 선생이 입을 열었다.

"우리나라에서 러셀의 성개방론에 공감을 느끼는 부모는 거의 없겠지요. 다만 남녀간의 접근을 철저하게 막았던 유교적 성도덕을 그대로 따룰 수 없는 오늘의 상황 속에서, 자녀들에게 어디까지가 옳고 어디서부터가 그른지 그 기준을 제시해야 하는 것이 부모들의 과제이지요."

"그 기준은 저희 같은 가정주부가 제 힘으로 제시하기는 어렵습니다. 그러니까 선생님 같은 학자분들이 그 기준을 제시해 주셔야지요." 이것은 윤 여사의 말이었다.

"성문제만을 따로 떼어놓고 어디까지가 옳고 어디서부터 그른지를 밝히는 경계선을 찾아내기는 어려울 것입니다. 물론 우리가 정조(貞操)는 목숨보다도 소중하다거나 여성을 위하여 가장 소중한 것은 순결이라고 본 옛날의 가치관을 그대로 따른다면, 문제는 달라집니다. 그러나 저 옛날의 가치관을 묵수하기가 어려운 것이 오늘의 현실이고, 여기서 어떤 대안(代案)을 찾아내야 한다는 것이 우리들의 처지이지요."

"성문제만을 따로 떼어놓지 않는다면 무엇에 의존해서 성도덕의 기준을 찾습니까?" 하고 윤 여사가 다시 물었다.

"삶의 문제 전체 가운데 그 한 고리로서 성의 문제가 포함되어 있습니다. 그러므로 삶의 문제 전체와 관련시켜서 성의 문제도 생각해야 하겠지요. 순간순간의 충동을 따라서 사는 사람도 있겠지만, 우리들의 대부분은 삶 전체의 목표를 세워놓고 그 달성을 꾀하고 있습니다. 성(性)에 대한 태도 역시 우리가 세운 삶의 목표와 어긋나서는 안 된다고 보아야 합니다. 예컨대, 예술이나 학문 또는 체육 같은 어느 분야에서 큰 일을 하겠다는 목표를 세운 사람이 청소년기에 주색으로 세월을 보낸다면, 저 목표 달성에 차질이 생길 것입니다."

"선생님, 젊은이들 가운데는 모범생다운 삶의 목표 따위를 거부하고 청소년기를 오로지 즐기며 살겠다는 태도를 취하는 경우도 있습니다. 그리고 또 장차 어떤 건설적 목표의 달성을 꿈꾼다 하더라도, 그것을 위해서 성충동을 억제할 필요는 없다고 생각하는 아이들도 있습니다. 심지어는 연애에 열중하면 공부가 더 잘 된다고 주장하는 학생도 있습니다. 이러한 아이들에 대해서는 어떻게 해야 합니까?"

"성교육의 문제는 인간교육 전체의 일환으로서 생각해야 합니다. 바람직한 삶의 목표는 어떻게 세워야 하느냐 하는 문제와 연관을 지어서 성교육도 생각해야 한다는 말입니다. 자녀의 인생 목표를 부모가 정해 주고자 하는 태도는 옳지 않습니다. 그러나 자녀가 그릇된 삶의 목표를 지향할 경우에는 그 잘못을 깨우쳐 주는 것은 부모가 해야 할 일입니다. 그리고 이른바 오렌지족의 경우처럼 향락의 극대화를 목표로 삼는 것은 그릇된 인생 설계의 대표적인 예라 하겠습니다."

"그렇지만 선생님, 향락의 극대화가 삶의 목표로서 바람직하지 않다는 것을 어떻게 설득합니까?" 하고 윤 여사가 다시 물었다.

"심리학적 현상 가운데 '쾌락주의의 역리'(paradox of hedonism)라는 것이 있어요. 이 역리(逆理) 현상을 이야기함으로써 그 설득이 가능할 것으로 생각됩니다. 아마 아시고 계시겠지만, '쾌락주의의 역리'라 함은 쾌락을 지나치게 추구하면 결국에 가서 쾌락을 얻지 못하고 도리어 많은 고통을 받게 된다는 현상을 말합니다. 이 역리 현상은 일찍이 고대 그리스의 철학자 에피쿠로스가 역설한 바 있고, 우리가 일상생활을 통해서도 그 주장이 옳다는 것을 확인할 수 있지요."

"그러니까 되도록 많은 향락을 누리며 살겠다는 생각을 가지고 살아가면 결국에 가서는 쾌락의 정반대인 고통을 당하게 되니, 향락주의의 생활태도는 모순에 빠진다는 점을 지적함으로써 향락주의적 성향을 가진 젊은이를 설득할 수 있다는 말씀이시지요? 그런데 '쾌락주의의 역리' 현상을 알기 쉽게 설명하자면, 어떤 예를 들면 좋겠습니까?"

"식도락이라는 것이 있지요. 식생활의 즐거움을 극대화화하겠다는 생각으로 고량진미를 매일 포식하면, 마침내는 어떤 귀한 음식을 대해도 싫증을 느끼게 됩니다. 기름진 음식이 지나쳐서 식욕을 잃거나 위장이 약해지면, 식생활이 고통스러울 지경에 이를 수도 있습니다. 남녀관계의 향락에 탐닉할 경우에는 그 폐단이 더욱 현저하게 나타납니다.

내가 어렸을 때 보고 들은 이야기 하나를 소개할까요? 나의 외당숙모와 결혼한 분으로서 내가 '광동 아저씨'라고 부른 분이 있었는데, 부자집 자제로서 아주 미남이었지요. 게다가 춘향가 판소리도 잘 부르고 북장단도 잘 치는 한량이어서 기생들의 인기가 대단했어요. 그 멋쟁이 아저씨는 매일 밤을 기생집에서 보낸다는 소문이 어린 내 귀에까지 들릴 정도로 놀기를 좋아했어요. 내가 그 아저씨를 알게 되었을 때의 그분 나이는 20대 후반이었는데, 몇 해 안 가서 그분의 그 좋던 얼굴이 점점 수척하고 창백하게 보이더군요. 폐결핵이라는 무서운 병을 얻은 거지요. 결국 30대 중반에 세상을 떠났는데, 많던 재산도 대부분 탕진했다고 들었어요. 잘은 모르지만, 폐결핵이라는 병이 주색을 삼가야 하는 병인데도 불구하고 건강관리를 게을리한 것이 불행의 원인이었다고 생각됩니다."

"그리고 선생님, 연애에 열중하면 공부가 더 잘된다고 주장하는 아이들에 대해서는 어떻게 대처해야 좋습니까?"

"정확한 통계자료는 가지고 있지 않지만, 연애가 공부에 도움이 된다는 것은 일반적 현상은 아닐 것입니다. 장기적으로 관찰해서 학교성적이 정말 올라간다면, 그러한 연애는 건전한 이성교제라고 볼 수 있을 것이니, 별로 걱정할 필요가 없을 것입니다."

무심 선생의 주장에 대하여 나는 대체로 공감을 느꼈다. 그러나 성교육의 문제 해결이 단순한 교과서적 충고만으로 가능할지에 대한 의문이 생겼다. 그 의문을 나는 이렇게 표현하였다.

"우리가 지금 이야기하고 있는 성교육은 성에 관한 지식교육과 성에 관한 도덕교육을 모두 포함합니다. 성에 관한 지식교육이란 성기(性器)의 해부학적 구조와 생리적 기능 그리고 피임법 등을 가르쳐줌을 말하는 것이고, 성에 대한 도덕교육은 올바른 성생활의 규범을 가르쳐주는 것이라고 볼 수 있습니다. 우리나라에서는 성에 관한 언급 자체를 금기시하는 관념이 강해서, 성에 관한 교육을 회피해 왔습니다만, 근래에는 그 교육도 필요하다는 인식이 점차 퍼져가고 있는 것으로 압니다. 다만 성에 관한 지식교육은 어느 정도의 전문성을 요구하는 것이므로, 가정에서보다는 학교에서 전문적 지식을 가진 교사가 맡아야 할 과제입니다. 물론 부모로서도 상식적이고 기초적인 지식교육은 할 수 있고, 또 할 수 있는 범위 안에서 자녀에게 우선 가르칠 필요가 있겠지요.

자녀를 가진 부모들의 관심사는 주로 성도덕 교육의 문제일 것입니다. 성도덕 교육의 문제는 요컨대 성욕 충족을 자제하는 문제라고 생각됩니다. 성욕을 제멋대로 충족시켜도 좋다면, 성도덕의 문제라는 것은 생길 리가 없으니까요. 그런데 청소년기의 성욕은 매우 충동적입니다. 아까 선생님께서는 젊은이가 장차 이룩하고자 하는 인생목표의 달성을 위해서는 성욕의 자제가 필요하다는 점을 일깨우도록 하라고 말씀하셨습니다. 그러나 청소년기의 열화 같은 성충동을 먼 장래에 대한 고려만으로 과연 자제할 수 있을까 하는 의문이 생깁니다. 바꾸어 말하면, 어떤 성행위는 그 자체가 나쁜 짓임을 말하지 않고서도, 젊은이들에게 성충동을 억제하도록 설득할 수가 있을지, 저로서는 그 점이 의심스럽습니다."

"듣고 보니 김 선생의 말에도 일리가 있군요. 성도덕 교육을 제대로 하기 위해서는 부모나 교사가 '성을 어떻게 볼 것인가?' 하는 물음에 대해서 확고한 철학이랄까, 신념체계랄까 뭐 그런 것을 가지고 있어야 하겠지요. 그런데 '성을 어떻게 볼 것인가?' 하는 물음에 대한 정답을 구하기가 매우 어려운 데 문제가 있어요."

"그 정답을 구하기가 어려운 까닭은 무엇입니까?" 이것은 강 여사의 질문이었다. 독실한 기독교 신자인 강 여사가 볼 때, 그 정답은 이미 나와 있다고 생각하며 그렇게 물었을 가능성이 높다.

"성을 어떻게 볼 것인가 하는 문제는, 성욕의 충족이 바람직할 경우와 바람직하지 않은 경우를 어떻게 구분하느냐 하는 문제를 포함하고 있습니다. 그런데 바람직한 성행위와 바람직하지 않은 성행위의 문제에 대해서는 여러 가지 학설 내지 견해가 있으며, 그 가운데서 어느 주장이 옳은지를 밝히기가 대단히 어렵습니다."

"그 여러 가지 견해라는 것이 구체적으로 어떠한 내용을 가졌는지요?" 하고 이번에는 윤 여사가 호기심 섞인 목소리로 물었다.

"대개는 다 아시는 얘기지요. 가장 극단적인 것으로서는 성행위의 철저한 자제를 신성시하는 사상이 있지요. 가톨릭의 신부와 수녀의 자격 조건으로 절대 순결을 꼽는 것은 그 하나의 예지요. 불교의 비구와 비구니의 경우도 마찬가지구요. 이와는 정반대로 완전한 성개방을 주장하는 극단론도 있습니다. 이 극단론에 따르면, 성을 사랑과 결혼 또는 생식과 반드시 연결시킬 필요가 없으며, 사랑이 없는 성행위와 혼외정사까지도 본인들의 합의만 있으면 정당성이 인정됩니다. 그리고 이 두 극단론 중간에 여러 가지

절충설이 자리잡게 되지요."

"그 중간에 자리잡은 절충론이라는 것은 예를 든다면 어떤 내용의 것입니까?"

"그 가운데는 결혼 관계에 있는 남녀가 생식을 목적으로 하는 성행위만을 정당하다고 보는 것도 있고, 결혼한 사이에서는 생식을 원치 않는 성행위도 정당하다는 것이 있으며, 결혼이나 생식을 떠나서라도 진정으로 사랑하는 사이라면 성적 교섭을 가져도 좋다는 것 등이 있다고 말할 수 있겠지요."

윤 여사는 무심 선생의 말씀에 귀를 기울였을 뿐, 그 말씀에 대해서 자신의 의견을 말하지는 않았다. 무심 선생 말씀에 즉각적인 반응을 보인 것은 강 여사였다.

"그 여러 가지 견해 가운데서 어느 것이 옳고 어느 것이 그른지를 밝히기가 매우 어렵다고 아까 선생님이 말씀하셨습니다. 그러나 제가 보기에는 그것이 그렇게 어려운 문제 같지는 않습니다. 성행위를 결혼과 연결시킬 필요도 없고 사랑과 연결시킬 필요도 없으며 오직 당사자들의 합의만으로 정당화될 수 있다는 주장이 잘못되었다는 것은 의심의 여지가 없습니다. 그리고 서로 사랑하는 사이라면 결혼하지 않더라도 성행위를 가져도 무방하다는 생각도 말이 안 됩니다. 또 결혼한 사이라도 임신을 원치 않는 성행위는 부당하다고 보는 견해 역시 지나칩니다. 그러니까 결국 결혼한 부부 사이라면 생식의 목적이 아니더라도 성행위를 가질 수 있으며, 그 밖의 모든 성행위는 부당하다는 견해만이 남게 됩니다."

강 여사의 이 논리 전개를 무심 선생은 웃음을 띤 표정으로 들었다. 그리고 이렇게 논평하였다.

"우리나라의 대부분 어머니들은 아마 강 여사의 생각에 공감을 느낄 것입니다. 그러나 문화와 관행이 다른 외국의 어머니들 가운데는 생각이 다른 사람도 많이 있을 것입니다. 우리나라의 경우에도 10대나 20대의 생각은 좀 다를 가능성이 많습니다. 일반적으로 말해서, 같은 사회의 같은 세대에 속하는 사람들은 비슷한 성철학을 갖는 경향이 있지요. 그러나 습속(習俗)과 관행(慣行)이 크게 다른 사회에서 자란 사람들은 상당히 다른 성철학을 가질 공산이 큽니다."

"그렇다면 결국 어떻게 되는 것입니까? 선생님 말씀대로라면 성도덕의 문제는 생각하기 나름이라는 결론이 나올 것 같기도 한데, 그것은 사회에 혼란을 가져올 위험한 결론이 아닐까요? 만약에 성도덕의 문제는 생각하기에 달렸다면, 젊은이들이 음란 비디오를 보거나 또 어디서 무슨 짓을 한대도 그것을 굳이 나무랄 이유가 없지 않겠습니까?"

"강 여사가 염려하는 뜻은 잘 알겠습니다. 그러나 여러 가지 성철학 가운데 어느 하나만 절대로 옳다고 말하기가 어렵다고 해서 성도덕 그 자체를 부인하는 것은 아닙니다. 강 여사도 절대적 순결을 이상적이라고 생각하는 가톨릭 수녀들의 성철학이나 비구승의 성철학이 반드시 잘못됐다고 생각하지는 않을 것입니다. 또 어느 부부가 비록 결혼한 사이라 하더라도, 사랑의 감정이 없고 생식의 의지도 없을 경우에는 성행위를 삼가는 것이 마땅하다고 믿는다면 그들의 성철학이 그릇됐다는 것을 이론적으로 밝히기가 어려울 것입니다. 또 가톨릭 수녀나 비구승이 속인들의 부부생활을 죄악이라고 생각하지는 않을 것입니다. 이것은 무엇을 의미하는가 하면, 우리는 현실에서 자신의 것과 다른 타인의 성철학을 어느 정도 이미 용납하고 있다는 사실을 의미합니다.

우리가 자신의 것과 다른 타인의 성철학을 용납하고 있다 함은, 타인의 성철학 가운데 용납할 수 있는 것도 더러 있다는 뜻이며, 세상의 모든 성철학을 용납할 수 있다는 뜻은 아닙니다. 우리나라의 경우 극단적 성해방론을 용납하는 사람은 거의 없을 것이며, 우리나라의 보통사람들은 일정한 범위 안에 들어가는 몇 가지 성철학을 용납할 것으로 생각됩니다. 다만 우리가 용납할 수 있는 범위는 가정에 따라서 차이가 있고, 세대에 따르는 차이도 있습니다. 여기서 특히 중요한 것은 성철학에 관한 세대간의 차이를 어떻게 조정하느냐 하는 문제입니다. 그 조정을 위해서 필요한 것이 부모와 자녀가 성문제를 놓고 기탄없는 대화를 나누는 일이라 하겠지요.”

내가 듣기에 무심 선생의 논리 전개는 크게 험잡을 데가 없었다. 그러나 막상 부모와 자녀가 성문제를 중간에 놓고 대화를 나눈다고 가정했을 때, 예를 들어서 구체적으로 어떤 의견이 오가고, 또 어떻게 대립된 의견이 좁혀질 수 있을지, 그 그림이 선명하게 떠오르지 않았다. 나의 느낌이 그렇다면, 두 여인은 무심 선생의 말씀이 더욱 막연하다고 느끼지 않을까 하는 걱정이 생겼다. 아니나 다를까. 윤 여사가 내 우려를 입증이라도 하듯이 이렇게 의문을 제기하였다.

“선생님, 저에게는 그 대화의 상황이 선명하게 떠오르지 않습니다. 가령 고등학교에 다니는 딸이 어떤 남학생에 대한 사랑의 열병을 앓고 있다는 것을 알게 된 어머니가 딸의 ‘탈선’을 염려하여 딸과 대화를 나누는 장면을 상상해 봅니다. 우선 어머니는 어떤 태도로 접근해야 되겠습니까?”

“매우 적절한 문제 제기입니다. 내 생각에는 어머니가 성급하게 설득하려고 들지 말고, 딸이 마음을 열고 숨김 없이 말을 하도록 유도하는 것이 우선 중요할 것 같습니다. 그 다음에는 딸이 어떤 생각으로 무엇을 원하고 있는지 그 뜻을 정확하게 파악해야 하겠지요. 그리고 딸의 생각이 건전한가 아닌가를 판단해야 할 것인데, 그 판단의 기준이 어머니의 독선적 인생관이어서는 좋지 않겠지요. 딸의 행복이라는 원대한 목적에 비추어서 어떻게 하는 것이 옳은가를 객관적으로 판단해야 한다는 말입니다. 딸이 고등 학교 학생이라는 사실을 감안할 때 아직 연애에 몰두하는 것은 시기상조임을 알리는 것이 가장 중요합니다. 그러나 그 설득이 쉽지는 않을 것입니다. 너무 이르게 연애에 몰두한 사람이 그로 인하여 불행을 초래한 사례를 딸에게 들려주는 것은 이 경우에 도움이 되겠지요. 그러나 요즈음 젊은이들은 대체로 영리하므로, 너무 걱정하지 말고 딸과의 대화를 꾸준히 나누는 것이 바람직합니다. 그렇게 하기 위해서는 어머니가 무엇이든 마음놓고 상의할 수 있는 믿음직한 분이라는 인상을 깊이 심어주는 것이 중요합니다."

"그런데 자녀와의 대화라는 것이 의견이 일치할 때는 잘 되지만, 일단 의견의 대립이 생기게 되면 뜻대로 풀리지 않습니다. 수양이 부족한 탓이겠지만, 감정부터 앞서는 경우가 많구요, 또 애들의 말을 못 당할 때도 흔히 있어요. 부모 노릇 제대로 하자면 이제는 공부를 많이 해야 할 것 같습니다" 하고 이번에는 강 여사가 무심 선생의 조언이 실지에 적용하기 쉽지 않으리라는 뜻을 간접적으로 전달하였다.

"그렇습니다. 솔직하게 말하면, 나도 아이들과의 대화에 실패한 경험이 많습니다. 우리네 학자들의 말이라는 것이 대체로 실용성이 적어요." 무심 선생의 이러한 솔직성 때문에 나는 그를 좋아한다.

그 다음에 우리는 부모 자식 간의 대화가 의외로 어려운 이유에 대한 이야기를 나누었다. 감정이 앞서는 까닭에 지성적 대화가 어렵다는 말이 나왔고, 교사도 제 자식은 가르치기 어렵다는 말도 나왔다. 무심 선생은 부모보다도 자녀의 학력(學歷)이 높을 경우에도 지적 대화가 어렵다는 말씀을 하였다. 그리고 다음과 같은 흥미로운 이야기를 들려주었다.

    가족문제 연구의 전문가인 서울대학교의 어떤 교수가 남녀학생들을 거느리고 농촌의 가족 실태 조사를 나간 적이 있었다. 어느 농가에 민박을 했는데 그 집 방 가운데 하나만 남기고 나머지는 모두 빌리게 되었다. 그 농가의 큰딸이 쓰는 방까지도 여학생들이 차지하게 되어, 그 과년한 딸은 잠자리를 얻기 위하여 다른 집으로 가야 할 형편이었다. 다행히 여학생 수가 적었으므로, 비슷한 나이 또래의 여학생들과 한 방을 쓰라고 교수가 권고하였다. 그러나 집주인인 아버지는 그럴 필요가 없다며 사양하였고, 큰딸은 더욱 반대하였다.
    같은 마을에 딸이 가서 잘 만한 친척집이라도 있느냐고 물었더니, 그런 것은 없다고 하였다. 그러면 어디에 가서 자느냐고 교수는 다시 물었다. 사실은 결혼하기로 약속이 된 청년이 그 마을에 살고 있어서, 그에게로 자러 간다고 하였다. 교수는 깜짝 놀라며 그래서는 안 된다고 만류하였다. 이에 그 아버지는 껄껄 웃으며 이렇게 말했다.
    "옛날에는 물론 그래서는 안 되었지요. 그러나 지금은 세상이 바뀌었습니다. 선진국에서는 약혼 안 하고도 처녀와 총각이 같이 자는 것은 보통입니다. 우리집 아이는 정식 약혼은 안했지만 결혼하기로 약조가 다 됐어요."
    "영감님께서는 선진국에서 그렇다는 것을 누구한테 들으셨습니까?"

"아 누군 누구겠소. 우리 딸한테 들었지요. 그런데 선생님은 대학교수라며 아직 그런 것두 모르슈?"

"영감님, 저는 가족문제, 결혼문제를 전문적으로 연구하는 사람입니다. 외국에도 많이 가 봤구요. 서양에 그런 나라가 있는 것은 사실이나, 모두가 그런 것은 아닙니다. 그리고 우리 한국은 아직 그래서는 안 됩니다. 따님의 장래를 위해서도 좋지 않습니다. 빨리 따님을 집으로 불러오십시오."

"그래요? 아니 이거 큰일났네."

대화가 지엽적 문제로 흐르고 있다는 느낌이 들었다. 어차피 만족스러운 결론에 도달하기는 어려운 화제였으나, 이야기가 용두사미로 끝났다는 인상을 남기고 싶지는 않았다. 끝마무리의 구실을 할 만한 산뜻한 말씀 한 토막을 무심 선생으로부터 듣고 적당히 일어섰으면 하는 생각이 들었다. 그러나 그 '산뜻한 말씀'을 끌어낼 묘안이 없다. 궁여지책으로 나는 겨우 어설픈 질문 하나를 던졌다.

"선생님께서는 순결(純潔)을 위한 금욕의 가치를 어느 정도로 평가하십니까. 종교적 동기 또는 그 밖의 어떤 사정으로 평생을 숫총각 또는 숫처녀로 보내는 사람들이 있는데, 그들의 금욕을 어떻게 생각하십니까?"

"글쎄요. 나는 순결 또는 금욕 그 자체에 큰 가치가 있다고는 생각하지 않아요. 다만 성직(聖職)을 위해서 또는 그 밖의 어떤 큰 목적 달성을 위해서 필요한 금욕이라면, 달성하고자 하는 목적의 중요성을 따라서 금욕의 가치가 결정되는 것이 아닐까?"

"육체적 욕망을 철저하게 배제한 남녀의 사랑, 이른바 플라톤적 사랑에 대해서는 어떻게 생각하십니까?" 이렇게 물은 순간 나는 어리석은 질문을 연발하고 있다는 것을 깨달았다. 그러나 이미 엎지러진 물이었다.

"요즈음도 그런 사랑이 있는지는 모르겠으나, 역시 그 동기가 문제겠지. 상대편에게 상처를 주지 않기 위해서 또는 사랑이 환멸에 빠지기를 막기 위해서 육체적 욕망을 배제하는 것이라면 하나의 미담이 될 수 있겠지요. 아마 오늘의 좌담을 마무리짓기 위하여 김 선생이 그런 문제를 제기한 것 같은데, 사랑의 문제라면 우리 다음 기회에 다시 이야기합시다."

제 6 장
결혼, 우정, 인간애

1. 객적은 잡담

　무심 선생 댁을 나서면서 나는 강 여사와 윤 여사에게도 작별 인사의 몸짓을 하였다. 그러나 집으로 가는 길이면 자기 차에 오르라고 강 여사가 호의를 보였다. 나는 과천에 온 김에 현대미술관 경내(境內)를 산책하고 천천히 돌아갈 생각이라며 사양하였다. 처음부터 그런 생각을 가졌던 것은 아니며 남의 차에 거듭 신세를 지는 것이 마음에 내키지 않아서 즉흥적으로 그런 생각을 하게 된 것이었다. 이때 윤 여사가 자기도 현대미술관에 가본 지가 오래라며 동행의 의사를 표명하였다. 둘이서 데이트 기분을 즐기며 산책할 수 있는 기회가 주어지는 것인가 하는 생각을 할 겨를도 없이, 강 여사도 함께 가겠다고 하였다.
　그날도 현대미술관은 한적한 곳이었다. 언젠가 무심 선생과 마주앉아 여가문화(餘暇文化)에 관한 의견을 나눈 그 자리에 왔을 때, 나는 잠시 쉬어서 잡담이나 하자고 하였다. 늦은 가을 오후의 햇볕이 조용히 내려앉은 자리에 우리도 앉았다.

나는 윤 여사와 강 여사에 대하여 궁금한 점이 많았다. 숙녀의 나이는 모르는 것이 당연하다 치더라도, 그들이 어떠한 지성적 배경을 가졌기에 무심 선생을 자주 방문하는지 정도는 알 때가 된 것도 같은데, 그것조차 모르고 있었다. 그렇다고 학력이나 경력을 물어도 좋을 정도로 친숙한 사이인지 아닌지 그것조차 애매했기에, 자연히 알게 될 날이 있겠지 하고 막연하게 기다렸다.

강 여사와 윤 여사는 단짝이기는 하지만 다른 점이 많았다. 강 여사는 그저 무던하고 후덕한 중년부인이라는 인상이 강했으나, 윤 여사는 재기가 발랄하고 자존심이 강한 새침떼기라는 인상이 강했다. 이런 말 하면 숙녀들에 대한 예의에 어긋나는 짓이 되겠지만, 내가 보기에는 강 여사는 결혼상대로서 나무랄 곳이 없는 여자에 가까웠고, 윤 여사는 연인으로서의 매력이 강한 여자라는 인상이 강했다.

대화를 통해서도 두 여인의 차이가 느껴졌다. 강 여사의 발언은 우리나라의 현모양처들에게서 흔히 들을 수 있는 내용의 것이었으나, 윤 여사의 발언은 날카롭고 신선하며 논리가 정연하였다. 그들이 어떠한 용모와 재능 또는 교양을 가졌든, 나로서는 그저 그런가 보다 하고 지나쳐버리는 것이 마땅한 태도이다. 그러나 사람의 심리라는 것은 수돗물 꼭지를 열었다 닫았다 하듯이 마음대로 되는 것이 아니어서, 강 여사보다도 윤 여사에 대한 궁금증이 증폭되고 있었다. 요컨대, 내 수양이 아직 그 수준을 넘지 못함을 의미하는 것인데, 나에게 아직 젊은 기운이 다소 남아 있다는 증거가 아닐까 하는 엉뚱한 생각도 하니 부끄러운 노릇이다.

내가 두 여인에 대해서 궁금한 점이 있었듯이, 두 여인도 나에 대해서 궁금한 점이 있었던 모양이다. 지명도가 높은 무심 선생의 제자라는 것밖에는 나에 대해서 별로 아는 바가 없었던 그들이 나에 대해서도 다소의 관심이 생겼다고 말하는 편이 더 정확할 것이다. 내 고향이 어디냐고 묻기도 하고, 어떤 음식을 좋아하느냐는 질문도 던졌다. 무슨 꽃을 좋아하느냐 또는 무슨 색깔을 좋아하느냐 하는 따위의 질문은 없었으나, 젊은 시절로 돌아간 듯한 즐거운 분위기였다.

많이 친숙해진 분위기였던 까닭에 나도 그들의 신상에 대해서 물음을 던져도 괜찮겠다는 생각이 들었다. 물어도 실례가 되지 않는 자연스러운 물음 하나를 골랐다. 두 분은 고등학교 동창 관계냐고 물은 것이다. 그렇다고 대답하면서, 대학 동창이냐고 묻지 않고 고등학교 동창이냐고 물은 까닭을 다시 물었다. 나는 그저 육감이라고만 대답하였다.

고등학교를 마치고 다음에 어느 대학 무슨 학과로 진학했느냐고 묻는 것은 삼가는 것이 좋겠다는 생각이 들었다. 대학에도 등급이 있다고 생각하는 세상인데, 그들이 다닌 학교가 서로 다르다면, 낮은 등급으로 평가되는 대학으로 진학한 사람이 상처를 입을지도 모를 노릇이었다. 여자들 가운데는 별것도 아닌 일에 예민한 사람이 많다는 것을 아는 까닭에, 그날은 시종 말조심에 신경을 썼다.

그러한 나의 심중을 들여다보기라도 하는 듯이 "왜 어느 대학에 진학했느냐 하는 것은 묻지 않으세요?" 하고 강 여사가 물었다. 허를 찔린 나는 우선 웃음으로 얼버무릴 수밖에 없었다. 그리고 다음 순간에 약간의 모험을 걸고 이렇게 대답하였다.

"그야 물어보나마나 뻔하니까 묻지 않았지요."

"어째서 물어보나마나입니까?"

"이화대학 출신이라는 것이 관상에 나타나 있거든요."

"어머나! 관상철학도 연구하셨습니까? 그런데 무슨 과(科)를 나왔는지는 관상에 나타나 있지 않습니까?"

이것은 윤 여사의 재치있는 농담이었다. 내친 김에 나는 또 한 번 장난기를 발휘하여 이렇게 응수했다.

"어느 과를 다녔는지는 얼굴에 나타나지 않고 손금에 나타나게 마련인데, 나는 아직 두 분의 손금을 본 적이 없습니다."

이 말을 들은 강 여사는 당장에 자기의 손을 펼쳐서 내 앞에 내밀었다. 이젠 이판사판이구나 생각하면서 그의 손바닥을 자세히 들여다보았다. 그리고 혼자말처럼 중얼거렸다.

"아주 묘한 손금이네. 돼지가 갓을 쓰고 있는 모습인데, 이게 무엇일까?"

"돼지가 갓을 쓰다니요. 그게 무슨 말씀입니까?" 강 여사가 손을 거두어들이며 물었다.

"글쎄올시다. 나도 좀 생각해 봐야 하겠네요. 돼지가 갓을 썼다면 혹 가정학과나 가정대학 아닙니까?"

"아니, 선생님 정말 용하시네요. 그걸 어떻게 아셨어요?"

"용하다기보다는 육감이 들어맞은 거지요. 돼지가 갓을 쓸 리는 없고, 갓은 지붕과 통하니 지붕 밑에 돼지가 있는 모습이라고 풀이해 보았어요. 그리고 지붕 밑에 돼지가 있는 모습을 나타낸 한자는 집가(家) 자 거든요. 집가 자가 들어 있는 학과라면, 가사학과나 가정학과 말고 또 뭐가 있겠어요?"

"그럼 이번에는 윤 여사 손금을 보고 또 맞추어 보세요."

"아니 이제 그만 할랍니다. 그러다 공연히 나만 실없는 사람 되겠어요."

나는 마각이 드러나기 전에 물러서는 것이 좋을 듯하기에, 이렇게 말하며 후퇴를 꾀하였다. 그러나 강 여사는 막무가내로 윤 여사의 손을 끌어대며 나를 시험하려고 하였다. 나는 어떻게 꾸며대야 옳을지 속으로 궁리하며 윤 여사에게 손바닥을 보여달라고 하였다. 윤 여사는 반신반의(半信半疑)의 표정으로 못 이기는 척 손바닥을 보였다. 그의 손바닥을 들여다보면서 나는 기발한 생각 하나를 떠올렸다. 그리고 입을 열었다.

"이번에도 또 이상하네요. 부처님 손바닥 위에 사람이 있다는 말은 들었지만, 사람 손바닥 위에 부처님이 계시단 말은 못 들었는데, 윤 여사 손금에는 부처님 형상이 어른거려요. 그러니까 부처님과 관계가 깊은 학과라는 뜻으로 풀이할 수 있겠는데, 이화대학에 불교학과가 있던가요? 아마 없을 겁니다. 그렇다면 불문학과라는 이야기가 되네요. 맞습니까?"

결과적으로 이번에도 용케 알아맞추었다. 두 여인은 정말 신기하다는 듯이 서로 바라보고 또 나를 쳐다보았다. 그리고 윤 여사가 정색을 하고 이렇게 물었다.

"저는 선생님이 농담을 하고 계신 것으로 생각했는데, 정말 손금을 볼 줄 아시는 겁니까? 또는 저희들의 학력(學歷)에 대해서 미리 아시고 계셨습니까?"

나로서는 더 이상 농담을 할 수가 없었다. 그래서 사실대로 털어놓기로 하였다.

"두 분의 학력에 대해서 사전 정보를 가졌던 것은 아닙니다. 우연히 맞혔을 뿐이지요. 우선 이화대학 졸업생 같은 느낌이 들어서 넘겨 짚었던 것이고, 학과를 맞힌 것도 요행을 바라고 넘겨 짚어 본 것입니다."

"그래도 그렇지, 한 번쯤은 우연히 들어맞을 수도 있겠지만 어떻게 세 번씩이나 알아맞힐 수가 있어요?"

결혼, 우정, 인간애 • 143

"굳이 말한다면, 육감 같은 것이 약간 작용했다고 할 수는 있겠지요. 사람에게는 누구에게나 육감이라는 것이 있지 않습니까? 어쩌면 나의 경우는 진화가 덜 돼서 동물적 육감이 예민한지도 모르지요."

"관상 보는 사람이나 점쟁이가 용하게 맞추는 경우가 있는데, 그것도 역시 그들의 육감이 예민하기 때문일까요?"

"윤 여사도 관상을 본 적이 있는가 보죠. 엉터리 점술가도 많겠지만, 공부를 하는 관상가나 점술가에게는 그들이 의존하는 문헌이 있습니다. 그 문헌들의 바탕을 이루는 것이 주역(周易)이라고 합니다. 그런데 같은 문헌에 의존하는 점술가 가운데도 잘 맞추는 사람과 못 맞추는 사람이 있는 것을 보면, 역시 눈치가 빨라야 용한 점술가라는 소문이 나는 것이겠지요. 그리고 눈치라는 것이 바로 육감에 해당하는 것이 아니겠습니까?"

"선생님도 육감이 남다르니 점술가로서 개업을 하시면 문전성시를 이루겠네요."

"두 분이 선전 많이 해주시고 친구를 데리고 오겠다는 약속만 하신다면 한번 생각해 보지요."

객적은 잡담이었다. 그러나 객적은 잡담이 때로는 사람들의 관계를 허물없는 사이로 만들기도 한다. 그날의 잡담은 마음의 문을 여는 데 도움이 되었고, 두 여인의 성격과 신상에 대해서도 다소 알게 되었다. 강 여사는 유복한 가정에 태어나서 현재도 별다른 고민 없이 다복하게 살고 있지만, 윤 여사의 경우는 결혼에 실패하고 남매를 키우며 어렵게 살고 있다는 사실을 알게 된 것도 그 날이었다. 윤 여사에게는 잡지사 기자로서의 경력이 있고 저서로서 두 권의 시집이 있다고 하였다.

잡담에 시간 가는 줄 모르고 있는 동안에 석양이 다가와 있었다. 기온도 내려간 듯 쌀쌀한 기운이 돌았다. 이번에는 당연한 것처럼 강 여사의 차를 함께 타고 시내로 돌아왔다. 헤어지면서 가까운 장래에 다시 무심 선생을 찾아뵈옵자고 막연한 약속을 하였다.

2. 결혼문제로 고민하는 젊은이의 편지

그날부터 약 2주일 뒤에 다시 무심 선생 댁을 방문하였다. 강 여사와 윤 여사도 함께 만나기로 전화연락이 되어 있었으나, 아직 보이지 않았다. 약속시간보다 내가 좀 빨리 도착했던 것이다. 무심 선생이나 나나 본래 말이 많은 편은 아니어서, 대화를 잇지 못하고 시간의 무료함을 느꼈을 때, 무심 선생이 두툼한 편지봉투 하나를 내놓았다. 자기를 독자라고 소개한 젊은이의 편지였다.

"이를테면 인생상담을 원해서 보낸 편지인데, 아직 회답을 보내지 못했어요. 어떻게 대답을 해야 옳을지 나도 자신이 없어서 미적미적하고 있는 중이야. 마침 김 선생이 때를 맞추어 온 거지. 어떠한 답장을 보내야 좋을지 김 선생 의견을 말해 봐요."

"선생님께서 어렵게 느끼시는 문제에 대해서 제가 감히 무슨 말씀을 드릴 수 있겠습니까? 어쨌든 한 번 읽어보겠습니다."

선생님, 저는 글을 통하여 선생님을 알게 된 28세의 청년입니다. 지방의 대학을 졸업하고 현재는 이곳 어느 중소기업에서 일하고 있습니다.
…
사실은 한 가지 고민거리가 있어서 결례인 줄 알면서도 선생님께 이 글월을 올리게 되었습니다.
 긴 말씀 줄이고 요점만 말씀드리면 제 고민의 내용은 몹시 통속적입니다. 저에게는 오래 전부터 사귀어 온 여자가 한 사람 있습니다. 서로 뜻이 맞아서 결혼까지 생각하게 되었습니다. 그런데 불행하게도 그 여자가 교통사고를 당하여 한 쪽 다리를 못 쓰는 처지가 되었습니다. 그러므로 저는 더욱 그와 결혼을 하고자 하나, 저희 부모는 그 결혼을 극력 반대하시고 당사자도 저에게 부담을 주기 싫다며 결혼에 응하지 않습니다. 저는 부모에게 불효를 하더라도 그와 결혼을 할 결심을 하고 있으나, 여자는 막무가내로 반대합니다.
 그는 자존심이 매우 강한 여자입니다. 장애인으로서 남의 아내가 되어 짐이 되기보다는 차라리 독신으로 살겠다고 합니다. 그는 미술대학을 나왔고 그 방면에 남다른 소질도 있습니다. 아마 독신으로도 능히 살아갈 수 있을 것입니다. 자기 걱정 말고 빨리 다른 배필을 구하라고 저에게는 재촉을 합니다. 그러나 사랑이 식은 것으로는 보이지 않습니다.
 저도 다른 여자와 결혼하고 싶은 생각은 전혀 없습니다. 지금 심정으로는 저도 독신으로 살면서 그 여자친구의 울타리 노릇을 하고 싶습니다. 다만 부모님은 제가 다른 여자와 빨리 결혼할 것을 재촉하시니 그것이 문제입니다. 부모님의 은혜가 막중하다는 것도 저는 알고 있습니다. 그래서 고민합니다.
 선생님, 저는 어떻게 했으면 좋겠습니까? 죄송하오나 좋은 가르침 내려주시기 바랍니다. 일간 찾아뵈옵거나 전화를 올릴까 하오니, 그때 가르침 주시면 감사하겠습니다. …

 편지를 읽고나서 나는 무슨 말을 해야 하겠다고 느꼈으나, 뚜렷한 의견은 떠오르지 않았다. 그래서 어정쩡하게 별로 의미도 없는 말로 입을 열 수밖에 없었다.

"TV 드라마에 나옴직한 통속적인 이야기이긴 하나, 요즈음은 보기 드문 성실한 청년 같습니다. 그가 고민하는 문제에 대하여 하나의 바른 길을 단도직입적으로 제시하기는 어렵지 않을까요. 결국 선생님께서 그 청년을 만나보시고 말씀을 나누실 수밖에 없을 것 같습니다."

"글쎄, 신통한 조언도 준비되지 않은 상태로 그 청년을 서울까지 오라고 하기도 미안한 노릇이고, 전화번호를 알면 전화로라도 대화를 하겠는데…."

무심 선생이 여기까지 말했을 때, 초인종이 울렸고, 곧 이어서 강 여사와 윤 여사가 나타났다. 의례적인 인사말이 오간 다음에, 무심 선생은 그 청년이 제기한 인생상담 문제에 두 여인을 끌어들였다. 그 편지를 공개하는 대신 편지에 담긴 청년의 고민을 요점만 전하고, 두 여인의 의견을 물었다.

처음에는 주변적인 말이 오고갔을 뿐 의견다운 의견은 나오지 않았다. 감상적 동정을 나타내는 말이 한바퀴 지나간 다음에, 강 여사가 용기를 내어 이렇게 말했다.

"제 의견 같아서는 그 청년이 장애자가 된 여자친구를 설득하여 결혼하는 것이 가장 바람직하다고 생각합니다. 부모의 반대는 이겨낼 수 있을 것입니다. 문제는 그 아가씨가 끝까지 독신을 고집할 경우에 어려워집니다. 그때는 청년측에서 다른 배필을 구하여 빨리 안정하는 것이 옳다고 봅니다."

이 발언은 대화의 불씨가 되기에 적합하다고 생각되었다. 나는 그 불씨를 살릴 양으로 "윤 여사의 의견은 어떻습니까?" 하고 한마디 거들었다.

"강 여사의 온건한 의견에 대해서 일단 수긍이 갑니다. 다만 강 여사의 말씀 배후에는 '안정을 위해서는 결혼은 필수'라는 전제가 있습니다. 이 전제에는 논의의 여지가 있다고 생각됩니다. 세상에 모든 남녀가 독신주의를 고수한다면 큰 문제가 되겠지만, 예외적인 경우에는 독신으로 행복한 삶을 가질 수도 있을 것입니다."

윤 여사의 이 말에 대해서 강 여사가 즉각적으로 반응을 보였다.

"성직자나 수녀와 같은 특수한 경우라면 몰라도, 중소기업에서 근무하고 있다는 그 청년의 경우는 독신을 고집할 만한 특별한 사유가 없다고 봐야 하지 않을까요?"

"교통사고를 당한 여자와의 사랑을 지키겠다는 목적이 그 특별한 사유가 될 수도 있지요."

"그렇지만 남녀간의 사랑이라는 것은 젊었을 때의 일시적 사건으로 그치는 것이 보통이지요. 종교적 동기와는 차원이 다르다고 보아요. 더구나 여자측에서는 단순한 친구로서 남기를 원하며 남자가 다른 사람과 결혼하기를 원한다고 하니, 그들의 사랑에 그토록 집착할 까닭이 없지요."

두 여인의 입씨름은 좀더 계속되었다. 지엽적인 문제로 흐른다는 느낌을 받았으나, 끼어들 계제가 아니어서 무심 선생과 나는 듣고만 있었다. 이러한 우리의 느낌을 눈치챈 것일까. 윤 여사가 말머리를 돌려서 이렇게 말했다.

"우리 둘이 주책없이 너무 말을 많이 하고 있는 것 같아요. 선생님들의 말씀을 들어야 할 시간인데. 요전에 헤어지기 전에 무심 선생님께서 다음 기회에 사랑의 문제를 이야기하자고 말씀하신 생각이 납니다. 이제 그 청년의 문제를 일단 떠나서, '사랑'이라는 것에 대하여 일반적인 말씀을 들었으면 합니다. 제 제안이 너무 막연하긴 합니다만."

 윤 여사의 재치가 돋보인 발언이었다. 다만 문제의 제기가 좀 더 구체적이었으면 좋겠다 생각을 하고 있었을 때, 윤 여사가 다시 입을 열었다.

 "대학생 때 플라톤의 『향연』이라는 대화편을 멋도 모르고 읽은 적이 있습니다. 누군가가 그것이 '사랑'에 관한 책이라고 해서 호기심을 느꼈던 것이지요. 그런데 읽어보아도 남녀간의 사랑에 대한 이야기는 별로 많지 않고, 뭔가 어려운 말만 가득했어요. 어떤 철학도에게 물었더니, 주로 '진리에 대한 사랑'을 논한 것이라고 대답하더군요. 철학자들 사이에서 문제되는 사랑은 남녀간의 그것이 아니라 진리에 대한 그것이라고 말할 수 있습니까?"

 이렇게 말하면서 윤 여사는 나를 바라보았다.

 "반드시 그런 것은 아니지만, '철학'(哲學)이라는 말의 뿌리에 해당하는 'philosophia'라는 그리스어의 뜻을 분석하면 철학은 '진리에 대한 사랑'이라고 풀이할 수도 있다는 것은 널리 알려진 상식이고, 이러한 어원에 근거를 두고 '철학자가 사랑하는 것은 진리'라는 말을 할 수도 있겠지요. 플라톤이 그의 사랑론에서 진선미(眞善美)에 대한 사랑에 역점을 둔 것도 그런 맥락에서 이해할 수 있을 것으로 생각됩니다. 대체로 말해서 옛날의 그리스 철학자들이 중요시한 사랑(eros)은 남녀간의 사랑이 아니라 진리 또는 진선미에 대한 사랑이라고 말할 수 있을 것입니다. 그러나 현대의 철학자들이 '사랑'을 문제삼을 때는 남녀간의 사랑과 종교적 함축이 강한 인간애(人間愛)를 염두에 둘 경우가 많다고 생각합니다. 다만 문학이나 그 밖의 예술의 경우는 남녀의 사랑이 압도적 비중을 차지하지만, 철학에서는 대체로 '사랑'이 차지하는 비중이 그리 크지 않다고 말할 수도 있겠지요."

이렇게 말을 해놓고도 나는 별로 자신이 없었다. 그래서 무심 선생의 눈치를 살폈더니, 선생은 내 말을 보충하려는 듯이 이렇게 말하였다.

"개화기의 일본인 학자가 철학(哲學)이라는 번역어를 만들어내기 이전에는 중국이나 우리나라에 철학이라는 말은 없었지. 그러나 '철학적'이라고 말할 수 있는 심오한 사상은 있었어요. 우리가 잘 아는 유학과 노장 사상 그리고 불교사상 등이 그것인데, 동양의 사상가들은 성애(性愛)를 부정적으로 보는 시각이 강했고, 호색(好色)을 경계하라고 가르친 경우가 많았지. 특히 유학자들은 엄격한 성도덕을 강조하면서 자유연애를 원천적으로 봉쇄했으니, 남녀간의 사랑문제를 다각적으로 천착할 필요가 없었다고 생각됩니다. 유교의 전통이 강한 우리나라의 철학자들도 자연히 남녀의 사랑에 대하여 깊은 언급을 회피해 온 것이 현실이지요."

무심 선생이 여기까지 말했을 때 윤 여사가 공격성 질문을 던졌다.

"선생님들의 말씀을 들으니, 동서양의 철학자들이 남녀의 사랑 문제에 침묵을 지킴으로써 철학자다운 고상함을 지켜 왔다는 인상을 받습니다. 성윤리(性倫理)에 별다른 문제가 없었던 안정된 사회에서는 남녀문제에 대한 철학의 침묵이 잘한 짓일지도 모르겠습니다. 그러나 성윤리가 혼란한 현대사회에서는 누군가가 방향을 잡아주어야 하고, 그 방향 제시에 있어서 철학자들이 맡아야 할 구실이 크다고 생각합니다. 현대사회에서도 철학자들이 계속해서 사랑의 문제를 외면한다면, 직무를 유기하는 결과가 되지 않을까요?"

갑작스러운 이 공격에 어떻게 대답해야 옳을지 나는 얼른 생각이 돌지 않았다. 구원을 청하듯 무심 선생을 바라보았을 때, 선생은 이렇게 말하였다.

"철학자들은 옛날이나 지금이나 남녀간의 사랑문제를 철학의 중요한 문제라고까지는 생각하지 않는 경향이 있어요. 간혹 그 문제를 거론한 철학자들이 있기는 하지만, 철학계에서 크게 각광을 받는 업적으로 인정되는 편은 아니지요. 근래 철학자들은 남녀의 사랑문제를 개인적 사생활 문제로 보는 시각이 강하고, 사생활의 문제는 원칙적으로 각자에게 맡길 문제라고 보는 견해가 우세합니다."

"알겠습니다. 그러나 요즈음의 우리 사회와 같이 성윤리가 문란할 경우에는 철학자들의 귀중한 발언을 사람들은 듣고 싶어 합니다."

이제는 나도 뭐라고 말을 해야 할 것 같은 압박을 느꼈다. 그 압박에 밀려서 겨우 이렇게 입을 열었다.

"철학자들, 특히 한국의 철학자들이 나태하다는 꾸지람은 바른 지적이라고 인정합니다. 이제라도 더 늦기 전에 두 분 숙녀가 계신 자리에서 사랑에 관한 공부를 열심히 해보기로 하지요. 그런데 공부를 하려면 알고자 하는 문제가 우선 분명해야 하는데, 도대체 무슨 문제부터 접근해야 할는지 실마리가 보이지 않습니다."

나의 이 말을 받아서 윤 여사가 구체적인 물음 하나를 던졌다.

"언젠가 무심 선생님께서 말씀하시기를 학생시절의 김 선생님은 이상주의적 연애관을 가졌었다고 하셨습니다. 연애에 있어서 이상주의(理想主義)라면 어떤 것인지 우선 그것부터 알고 싶습니다."

"일반론적 질문 같기도 하고 개인적 질문 같기도 한 교묘한 물음을 제기하시는군요. '이상주의적 연애관'이라는 말을 무심 선생님께서 가벼운 뜻으로 쓰셨을 뿐이지, 그러한 연애관의 이론이 버젓하게 서 있는 것은 아닐 것입니다."

"체계적 이론이 아니더라도 상관 없습니다. 철학자가 생각하는 이상적인 사랑이 어떤 것인지 듣고 싶습니다."

"철학자들의 생각도 개인을 따라서 다를 것이므로 일률적으로 어떻다고 말하기는 어렵습니다."

"그러면 김 선생님 개인의 견해를 말씀해 주시면 되겠네요" 하고 이번에는 강 여사가 재촉하듯 말하였다.

"내 의견보다는 무심 선생님의 말씀을 듣는 편이 훨씬 뜻이 있을 겁니다. 학생시절에 선생님 댁을 방문했을 때에도 사랑에 대한 말씀을 나눈 적이 있었습니다. 그때 선생님께서 '사랑을 위한 최고의 미덕은 속이지 않는 것이고. 사랑을 위한 최고의 지혜는 속지 아니함'이라는 말씀을 하셨습니다. 이 짧은 말씀 가운데 바람직한 사랑의 핵심이 함축되어 있다고 생각합니다."

"속이지도 않고 속지도 않는 사랑. 짧은 말 가운데 많은 뜻이 담겨 있을 것 같습니다. 그런데 쉬운 말 같기도 하고 어려운 말 같기도 해서 좀 어리둥절합니다." 강 여사의 말이었다.

"속이지 않는다 함은 아무 비밀도 없이 모든 것을 털어놓는다는 뜻까지 포함하는 것입니까?" 하고 이번에는 윤 여사가 물었다. 물으면서 무심 선생을 보라보았다.

"너무 오래된 일이라 그때 무슨 뜻으로 그런 말을 했는지 뚜렷한 기억이 없어요. 어쩌면 깊은 성찰 없이 즉흥적으로 그런 말을 했을지도 모르지요. 그런데 모든 것을 털어놓지 않았다고 해서 '속였다'고 말하기는 어렵겠지요. 이를테면 연인들 사이에서도 '묵비권'에 해당하는 것을 인정해야 한다고 생각합니다. 기만을 위해서 적극적인 언행을 했을 때만 '속였다'고 보는 것이 우리들의 상식이 아닐까요."

"다음에 '속지 아니함'이라는 말은 상대의 속임수에 넘어가지 않는다는 뜻으로 단순하게 이해해도 좋습니까? 또는 그 이상의 뜻을 함축한다고 보아야 합니까?"

"그 이상의 뜻을 포함한다고 보아야 하겠지요. 예를 들면, 보통 이하의 사람을 대단한 사람으로 과대 평가하고 푹 빠질 경우도 포함시켜야 한다고 나는 생각합니다."

"요새 말로 하면 '거품'을 제거한 실체를 실체대로 사랑함이 바람직하다는 말씀 같습니다. 하지만 거품을 완전히 제거하고도 연애라는 것이 성립할 수 있을까요. 맥주에 거품이 필요하듯이, 연애에도 어느 정도의 거품은 필요하지 않습니까?"

윤 여사의 이 질문에 대하여 무심 선생은 즉각적으로 반응하지 않고 잠시 생각하는 표정을 지었다. 그리고 나서,

"물론 연애가 시작되는 단계에서는 거품의 도움이 필요하겠지요. 그러나 거품이라는 것은 조만간 사라지게 마련이고, 거품이 사라진 뒤의 실상에 대한 사랑이 참된 사랑이라고 보는 것이지요."

"하지만 거품의 힘으로 일어났던 불길은 그 거품의 사라짐과 동시에 사그러질 것이 아닙니까? 거품을 뺀 뒤에 남는 사랑은 보잘것없는 잔영(殘影)에 불과하지 않을까요?"

"반드시 그렇지만은 않을 것입니다. 거품이 빠진 뒤의 사랑은 비록 열기는 떨어지더라도 변치 않는 단단함을 가지고 있습니다."

"얼른 납득이 가지 않습니다. 에로스(eros)라는 것은 본래 나보다 나은 것을 우러러보고 흠모하는 감정이라고 들었습니다. 그

결혼, 우정, 인간애 • 153

런데 상대가 흔해빠진 평범한 사람이라는 사실을 알게 된 다음에는 그를 흠모할 까닭이 없어질 것이 아닙니까?"
"거품이 사라지면 우러러보거나 존경할 까닭은 없어지더라도 사랑할 이유는 남습니다."
"어떤 이유가 남습니까?"
"첫째로, '인연'이 남습니다. 무수하게 많은 사람들 가운데서 두 사람이 서로를 선택하고 서로 흠모하게 되었다는 그 인연은 매우 소중한 것이어서 아끼고 사랑해야 할 기록이지요. 둘째로, 모든 사람에게는 거품을 제거한 뒤에도 남는 장점과 가능성이 있습니다. 사람에게는 누구에게나 인격의 상한선과 하한선이 있고 성장할 수 있는 가능성이 있습니다. 우리가 사람에 대해서 환멸을 느끼는 것은 그의 하한선을 보게 되기 때문이지만, 하한선이 드러난 뒤에도 그의 상한선과 가능성은 여전히 남습니다. 이 남아 있는 것은 여전히 귀중한 것으로서 아낌과 사랑을 받아 마땅합니다. 셋째로, 유한자 인간으로서의 동병상련(同病相憐)의 정이 있지요. 상대방에게서 발견된 것과 비슷한 약점과 하한선은 나에게도 있으며, 이것은 유한자 인간의 운명이지요. 너와 내가 모두 약점과 치부(恥部)를 가진 유한자라는 인식은 나를 사랑하는 마음으로 너도 사랑해야 마땅하다는 동병상련의 정을 일으킵니다."
"나와의 인연을 소중히 여김에서 오는 사랑이라든가 동병상련의 정에 근거를 둔 사랑이라면, 그것은 연애나 에로스와는 성격이 다른 사랑이 아닐까요?"
"일률적으로 말하기는 어렵겠지요. 거품이 사라진 뒤에도 연애의 감정을 계속 느끼는 사람도 있을 것이고, 우정에 가까운 감정으로 정착하는 사람도 있겠지요. 다만 '연애'만을 고집할 까닭은 없다고 생각합니다. 혈기가 왕성한 동안에는 연애라는 것에 강한 매력을 느끼겠지만, 나이가 들면 우정을 더 값지게 느낄 수도 있어요. 물론 연애와 우정을 아울러 가질 경우도 있겠지요."

"이제까지 선생님께서 하신 말씀은 연애가 결혼으로 이어진 사람들의 경우에 크게 참고가 되겠습니다. 연애할 단계에서는 매우 뜨겁던 사람들이 결혼을 한 뒤에는 시들하게 되는 경우가 많은데, 그것은 서로에 대한 과대평가의 거품이 사라지기 때문이겠지요. 거품이 사라진 뒤의 실상(實相)을 직시하고 그 실상 속에서 새로운 사랑의 근거를 발견할 때, 연애보다도 더욱 안정감이 있는 우정이 형성된다는 말씀으로 이해할 수가 있겠습니다."

"우등생다운 윤 여사의 주례사적(主禮辭的) 이해 같네요"하고 그때까지 듣고만 있던 강 여사가 말하였다. 그리고 이어서,

"그런데 선생님, 선생님의 말씀을 들으면서 저는 종교적 인간애의 문제를 연상했습니다. '인연'에 근거를 둔 사랑도 종교적 인간애로 발전할 수 있겠지만, 특히 유한자 인간으로서의 '동병상련의 정'에서 우러나오는 사랑은 바로 종교적 인간애의 원천이 아닐까 합니다."

"아주 좋은 말씀을 하셨습니다. 믿음이 독실한 강 여사는 역시 높은 시각에서 우리의 대화를 해석하셨군요."

무심 선생의 이 찬사적 발언이 있기 전에 나도 강 여사가 매우 좋은 말을 했다고 속으로 감탄하였다. 강 여사의 이 발언을 계기로 삼고 우리는 자연스럽게 '인간애'의 문제로 화제를 옮기게 되었다.

3. 성애(性愛)에서 인간애까지

"말씀을 듣는 가운데, 남녀간의 사랑과 종교적 인간애가 근본이 다른 두 가지 종류의 사랑이 아니라, 그 둘 사이에 어떤 연속성이 있을 것 같은 생각이 들었습니다. 제 생각이 엉뚱한가요?"
 이것은 윤 여사의 발언이었다. 이 발언에 대해서도 결코 엉뚱한 생각이 아니라며 무심 선생은 칭찬을 하였다. 그리고 나에게 그 두 가지 사랑 사이에 어떤 연속성이 있는지 설명해 보라고 부탁하는 어조로 말씀하였다. 듣고만 있던 나를 대화의 앞자리로 끌어내려는 뜻이었을 것이다.
 "저는 그것을 제대로 설명할 준비가 돼 있지 않습니다. 다만 모든 사랑의 근원이 이성간의 성충동에 있다고 본 견해는 옛날의 철학에도 있었고 오늘의 심리학에도 있는 것으로 압니다. 그리고 학설뿐 아니라 여러 가지 종교의 의식(儀式)이나 행사 가운데도 옛날부터 성(性)스러운 것과 성(聖)스러운 것이 함께 했을 경우가 많다는 이야기를 들은 적이 있습니다."
 여기까지는 겨우 말했으나 그 다음 말이 얼른 나오지 않았다. 말을 잇지 못하고 우물쭈물하고 있었을 때 강 여사가 재촉이라도 하듯 질문 하나를 던졌다.
 "유사종교의 경우는 남녀의 성(性, sex)과 종교의 성(聖, holiness) 사이에 연관성이 있을지도 모르지만, 그리스도교의 경우에는 그런 일이 없지 않을까요?"
 이 질문 배후에는 종교적인 사랑과 남녀의 사랑을 연관시키는 것은 종교에 대한 모독이라는 생각이 깔려 있는 것으로 느껴졌다. 신앙심이 돈독한 사람일수록 이런 문제에 예민하다는 사실을 아는 까닭에, 나는 긴장하지 않을 수 없었다. 나의 이러한 심정을 눈치챈 듯 무심 선생께서 찬조성 발언을 하였다.

"구약성서 속에 들어 있는 아가(雅歌, the song of solomon) 가운데는 종교적 신앙의 황홀경과 성애(性愛)의 황홀경 사이에 유사성이 있다는 것을 나타낸 구절이 있는 것으로 알아요. 남녀의 사랑의 절정에서 경험하는 무아지경은 신앙에 투철한 사람이 체험하는 행복 직관(幸福直觀)의 황홀함과 크게 다를 바가 없다고 본 생각은 세계적 종교에서도 찾아볼 수 있어요. 한 가지 여기서 주의할 것은 남녀간 사랑의 무아지경(sexual ecstasy)을 위해서는 육체적 결합이 필수조건이라는 생각은 버려야 한다는 사실입니다. 남녀애의 절정이 육체의 결합에 있다고 보는 까닭에, 성적(性的)인 것과 성(聖)스러운 것을 연계시키는 주장에 거부감을 느끼는 사람들이 많은 것이지요."

"육체적 결합 없이 달하는 남녀간 사랑의 절정이란 어떤 경우를 말합니까?" 하고 이번에는 윤 여사가 물었다.

"중세 유럽의 기사(騎士)들 가운데는 자기가 받드는 귀부인을 선미(善美)의 극치로서 우러러보고 그녀에게 헌신적으로 봉사하는 가운데 삶의 보람과 환희를 느꼈을 뿐, 감히 그 귀부인의 육체를 소유하겠다는 생각은 굳게 억압한 사람들이 있었던 것으로 압니다. 그들은 귀부인을 끝없이 고귀한 존재로 보고 남자로서는 도저히 침범할 수 없는 신성한 존재로서 그를 모시고 봉사하는 가운데서 삶의 보람과 환희를 느꼈겠지요. 이토록 숭고한 여인상의 최고봉에 성모 마리아를 모신다면, 기사도를 통하여 형성된 남녀의 사랑은 신에 대한 절대적 복종과 봉사로 헌신하는 종교적 사랑으로 승화할 수도 있지 않을까요."

"선생님의 말씀을 듣는 가운데 성적 충동에서 출발한 남녀간의 사랑이 정신적 사랑으로서의 '우정'으로 승화하고 다시 그것이 종교적인 사랑으로 이어질 수 있다는 것을 어느 정도 알 수 있을 것 같습니다. 그런데 선생님, 아까 말씀하신 귀부인에 대한 기사의 사랑은 거품 속의 사랑이 아니겠습니까? 여인의 실체에 대한 사랑이 아니라 거품에 싸인 여성에 대한 사랑이니, 그것은 '속이지도 속지도 않는 사랑'과는 거리가 멀지 않을까요?"

"기사도의 사랑은 특수한 문화 속의 사랑이므로, 오늘의 우리 척도로 그것을 평가하기는 어렵겠지요. 기사도의 사랑을 거품의 사랑이라고 보는 것보다는 그당시 귀부인의 어떤 특수한 측면에 대한 사랑이라고 보는 편이 낫겠지요. 어쨌든 오늘의 우리 견지에서 볼 때는 가장 바람직한 사랑은 아닙니다."

본래 '인간애'의 문제를 다루고자 한 것인데, 이제까지 우리가 도달한 것은 초월적 존재로서의 신(神)에 대한 절대적 복종과 봉사의 사랑이었다. '인간애'에 대한 담론으로 넘어가야 하겠다는 생각에서, 나는 이렇게 말머리를 돌렸다.

"신에 대한 절대적 사랑에서 인간 또는 인류에 대한 사랑으로 발전하는 데는 아무런 어려움도 없을 것 같습니다. 인간을 포함한 우주만물은 신의 피창조물이고 신의 사랑을 받는 대상이라고 보아야 한다면, 같은 신의 피창조물인 우리 인간이 서로 사랑하는 것은 당연하다는 논리가 성립하겠지요. 물론 이것은 그리스도교의 견지에서 본 논리이고, 인간애를 달리 설명하는 철학도 있습니다."

"다른 철학에 입각한 인간애로서 어떤 것이 있습니까?" 이번에는 강 여사가 물었다.

"공자의 기본 덕목인 '인(仁)'도 결국은 일종의 인간애라고 볼 수 있겠지요. 공자의 사상에 관해서는 무심 선생님의 말씀을 듣는 편이 좋겠습니다" 하고 나는 발언의 기회를 무심 선생에게로 슬쩍 넘겼다. 유학에 관해서라면 나는 무심 선생의 발치에도 못 미친다는 것을 알고 있었기 때문이다.

"'인(仁)'이라는 말은 여러 번 들어서 친숙하지만 그 뜻은 잘 모르는 말 가운데 하나입니다. 오늘 이 기회에 무심 선생님의 간단명료한 설명을 듣고 싶습니다." 강 여사의 이 말에 윤 여사도 맞장구를 쳤다.

"나에게는 '인'을 간단명료하게 설명할 재간이 없어요. 간단명료하게 설명하는 가장 좋은 방법은 정의(定義)를 밝히는 것인데, 공자도 '인'의 정의를 시원스럽게 내린 적이 없지요. 제자들로부터 '인'에 대한 질문을 받았을 때 공자는 여러 가지로 대답했는데, 그 가운데서 '인'의 뜻을 이해하기에 크게 도움이 되는 것은 '인은 사람을 사랑함'이라고 대답한 경우라고 말할 수 있어요. 중국에서는 옛날에 어질인(仁) 자와 사람인(人) 자를 같은 뜻으로 쓴 경우가 많으며, '인'(仁)이라는 한자는 인간의 관계를 나타낸다는 것이 통설입니다. 인간의 관계에서 가장 소중한 것이 '사랑'이라는 것은 동서고금에 공통된 상식이라는 점으로 미루어서, '인'을 '사람을 사랑함'(愛人)이라고 말한 공자의 뜻을 짐작할 수 있어요. '사람에 대한 사랑'이 인의 바탕이요, 인을 체득함으로써 인간이 인간답게 된다고 본 것이 공자의 생각이라고 말할 수 있을 겁니다."

"공자의 인도 종교적인 사랑이라고 볼 수 있습니까?" 하고 강 여사가 다시 물었다.

"'종교적'이라는 말을 어떻게 쓰느냐에 따라서 대답이 달라지겠지만, 그리스도교의 주덕인 '사랑'과 유교의 주덕인 '인' 사이에는 차이점이 있어요. 그리스도교의 사랑은 하느님을 매개로 삼는 절대적 사랑인 까닭에 그것은 무차별의 사랑인 반면에, 공자의 인은 사람과 사람의 관계에서 자연적으로 생기는 정(情)에 기초하는 까닭에 인간관계의 친소(親疎)를 따라서 차별을 두는 것이 당연하다고 생각합니다. 나와 가장 가까운 부모와 형제를 우선 크게 위하고 다음에는 친척과 이웃으로 그 사랑을 넓혀가라는 것이 공자의 가르침이지요. 내 부모를 공경하여 그 마음을 남의 부형에까지 미치도록 하고 내 자녀를 사랑하여 그 마음을 남의 어린이들에게까지 미치도록 하면, 세상이 모두 화목하게 될 수 있다는 논리이지요."

"그러나 그러한 가르침은 가족 이기주의 또는 지역 이기주의를 조장하는 폐단을 부르지 않을까요?" 하고 이번에는 윤 여사가 물었다.

"오늘의 견지에서 볼 때, 그러한 비판을 받을 소지가 '인' 개념에 있다고 나도 생각합니다. 다만 공자가 살았던 춘추시대(春秋時代)의 중국은 자급자족하는 농경사회였고, 가문과 가문 또는 지역과 지역 사이에 갈등이 생길 염려가 별로 없었던 까닭에, 그 당시로서는 그러한 폐단을 예견하기가 어려웠겠지요. 그리고 공자의 '인' 사상에는 '나'와 인연이 닿는 사람을 사랑하라는 가르침 이외에도 다른 가르침도 많이 있어서 그러한 폐단을 막을 수 있는 장치도 어느 정도 마련되어 있습니다."

"그 다른 가르침에 어떤 것이 있는지 구체적으로 알고 싶습니다."

"본래 '인'이라는 말은 좁은 의미로는 '사람을 사랑함'이라는 뜻이지만, 넓은 의미로는 '신의' '공경' '공평' '은혜로움' 등을 포함한 종합적인 덕(德)을 가리킵니다. 종합적 덕으로서의 '인'을 체득한 사람을 '인자(仁者)'라고 하는데, 가족이나 이웃 등을 사랑하는 것만으로는 '인자'가 될 수 없으며, 인자는 이기심을 초월하여 의(義)로운 일에서 남보다 앞장을 서야 합니다. 그리고 어떠한 경우에나 '내가 원치 않는 바를 남에게 행하지 않는 마음가짐' (己所不欲, 勿施於人)으로 일관하는 것이 인자의 기본입니다. 그러므로 인자의 경지에 이르면 이기주의에 빠질 염려는 없다고 말할 수 있지요. 다만 인자의 경지에 이른다는 것이 말처럼 쉽지 않다는 문제가 아직 남아 있습니다."

여기까지 말하고 무심 선생이 잠깐 숨을 돌리려 했을 때, 강 여사가 새로운 질문을 던졌다.

"저는 공자의 인에 대해서는 아직 잘은 모르겠습니다만, 저의 막연한 느낌으로는 공자의 인에는 그리스도교의 경우와 같은 뜨겁고 헌신적인 정열이 없고 황홀한 환희도 없을 것 같은 아쉬움이 있습니다."

"나도 동감입니다. 그러나 그러한 느낌을 근거로 삼고 공자의 가르침보다도 그리스도의 가르침이 우수하다는 결론으로 쉽게 넘어가서는 안 된다고 생각합니다."

"왜 그런지 알고 싶습니다."

"공자의 가르침을 종교로 보는 사람도 있고 종교가 아니라고 보는 사람도 있습니다. 그것을 종교라고 보는 생각이 옳다면, 두 가지 종교를 놓고 어느 쪽이 낫다 못하다 하는 비교는 함부로 하지 않는 편이 바람직하다고 나는 생각합니다. 그리고 그것은 종교가 아니라고 보아야 한다면, 종교와 종교 아닌 것을 놓고 어느 편이 나으니, 못하니 하고 비교하는 것이 부질없는 짓입니다.

물론, 공자의 가르침과 그리스도의 가르침을 비교해서는 절대로 안 된다는 뜻은 아닙니다. 비록 비교한다 하더라도, 처음부터 어느 편이 낫고 어느 편이 못하냐고 그 우열을 가리기에 앞서서, 두 가지 가르침이 어떻게 해서 나타나게 되었는가 하는 역사적 경위를 비교하고 밝히는 일부터 해야 할 것입니다."

갑자기 좌담의 분위기가 무거워지고 있음을 느껴서인지, 강 여사는 더 이상 입을 열지 않았다. 윤 여사도 신중을 기하는 눈치였다. 분위기를 바꾸어야 하겠다는 생각이 들어서 나는 이렇게 물었다.

"공자의 '인' 개념 바탕에는 인간을 개별적 존재로 보지 않고 집단적 존재로 보는 인간관(人間觀)이 깔려 있는 것이 아닙니까?"

"물론 그렇지요. 대가족이 집단으로 농경에 종사하며 살았던 옛날 동북아시아 사람들이 일찍부터 의식한 자아(自我)는 독립과 자유를 열망하는 개인으로서의 '나'가 아니라 혈연과 협동을 유대로 삼고 하나가 된 가족집단으로서의 '우리'였어요. 그리고 공자도 가족을 자아로서 의식하는 사람들이 살았던 고대 중국에서 태어난 사람으로서, 인간을 개별적 존재로서 파악하기보다는 집단적 존재로서 파악했다고 봐야 하겠지요. 그러므로 인간애로서의 공자의 '인'은 남(他我)에 대한 사랑이 아니라 우리(自我)에 대한 사랑에 해당합니다. 타아로서의 '남'을 사랑하기 위해서는 특별한 동기가 필요하지만 자아로서 '우리'를 사랑하기 위해서는 별다른 동기가 필요치 않다는 뜻에서, '인'은 자연지정(自然之情)에 근거를 둔 실처하기 쉬운 사랑이라는 장점을 가지고 있어요."

"그렇다면 기독교 사상은 개인주의적 가치관에 입각했다고 볼 수 있습니까?"

"단순하게 그렇다고 말하기는 어렵겠지요. 다만 서양에서는 고대 그리스에 일찍부터 민주주의 제도가 수립되고 개인주의 사상이 대두했어요. 그리고 이 개인주의의 전통이 기독교 사상에 영향을 주었다고 볼 수 있어요. 실은 기독교 사상에는 개인주의적 정신과 비이기적 몰아(沒我)의 정신이 아울러 있다고 생각합니다. 개개인의 영혼의 구원을 희구하는 점에서 기독교에는 분명 개인주의의 측면이 있어요. 그러나 다른 한편으로는 '나'를 버리고 모든 것을 신의 뜻에 맡기고자 하는 몰아(沒我)의 정신도 있지요. 그러니 간단하게 말하기가 어렵다고 볼 수밖에 없어요."

대화의 분위기를 가벼운 방향으로 바꾸어보고자 한 내 의도는 성공하는 것 같지 않았다. 무심 선생과 나 단둘만의 좌석이라면, 나는 선생의 말씀을 계속 듣고 싶었을 것이다. 인간을 개인적 존재로 보느냐 또는 집단적 존재로 보느냐 하는 문제는 내가 적지 않은 관심을 가져 온 문제였기 때문이다. 그러나 두 여인은 무심 선생과 나의 그러한 대화에 대하여 별다른 관심이 없는 듯한 눈치였다. 따라서 나는 더 이상 묻지 않았고, 무심 선생도 피로를 느꼈음인지 말의 열기가 떨어졌다.

잠시 침묵이 흐른 기회를 포착하여 나는 시계를 보며 이제 그만 일어나자고 제언하였다. 선생께 하직인사를 하고 밖으로 나왔을 때, 피부를 스치는 바람이 제법 쌀쌀하였다.

제 7 장
종교를 믿으십니까?

1. '종교'라는 말의 뜻

 어느 일요일 아침결에 무심 선생으로부터 전화가 걸려왔다. 그날 오후 2시쯤 강 여사와 윤 여사의 방문을 받게 되었다며, 나도 그 시각에 왔으면 좋겠다는 말씀을 하였다. 무심 선생의 전화에 앞서 윤 여사로부터도 전화가 왔다. 같은 내용의 전화였다.
 내가 무심 선생 댁에 도착했을 때 강 여사와 윤 여사도 이미 와 있었다. 그들은 주방에서 차 준비를 하고 있었으며, "집사람이 교회에 나가고 없어서"라며 무심 선생이 상황을 설명하였다.
 네 사람 앞에 녹차 한 잔씩이 놓여졌을 때, 강 여사가 무심 선생을 향하여 물었다.
 "선생님께서는 교회에 나가지 않으십니까?"
 이 질문은 무심 선생이 별로 환영하지 않는 질문이다. 교회에 나가지 않는다고 사실대로 대답하면 그것으로 끝나지 않고 다음 질문이 연달아 나오는 경우가 많으며, 그들 질문에 대답하는 일을 부담스럽게 느끼기 때문이다. 그러나 그날은 별로 싫어하는 기색없이 '나가지 않는다'고 간단하게 대답하였다. 눈치가 없는 사람들은 흔히 '왜 안 나가십니까?' '그럼 불교를 믿으십니까?' 따위의 질문을 계속 쏟아내지만, 강 여사는 그토록 둔한 사람이 아니다. 그는 더 이상 무심 선생에 대하여 질문을 던지지 않았다. 그는 잠시 뜸을 들인 뒤에 이번에는 나에게 물었다. "김 선생님은 종교를 믿으십니까?"

이것은 내가 여러 번 받은 적이 있는 질문이고, 그때마다 시원스러운 대답을 못한 질문이다. '종교'라는 말의 뜻이 복잡하고 어려운 까닭에 흑백을 분별하듯이 간단하게 대답하기가 어려웠던 것이다. 기독교나 불교 또는 이슬람교의 신도가 아니라는 것은 확실하나, 그것만으로 '나는 종교를 믿지 않는다'고 단언하기에는 '종교'라는 말의 의미가 너무 복잡하다.

그날도 나는 강 여사의 질문에 '예' 또는 '아니오'로 대답하는 대신, 내가 간단하게 대답 못하는 사정을 대충 설명하였다. 설명을 일단 마친 뒤에 나는 다음과 같은 말을 추가하였다.

"나도 그 전에는 종교를 묻는 사람에게 '무종교'라고 대답했습니다. 그러나 70년대 초기에 하와이에서 만난 스리랑카의 어느 학자와의 대화를 계기로, 그렇게 대답하지 않기로 했습니다. 불교를 믿는 그가 나에게 내 종교를 물었을 때 나는 '종교를 믿지 않는다'고 대답했던 것인데, 그는 나를 '매우 종교적인 사람'이라고 하며 내 말을 믿지 않았던 것입니다. 그가 나를 '매우 종교적'이라고 말한 까닭의 일부는 '종교'라는 말을 그는 나보다 넓은 의미로 이해하고 있었다는 사실에 있었고, 또 다른 일부는, 그보다 앞서서, 우리는 수개월 동안 함께 생활했다는 사실에 있었어요."

여기서 자연히 '종교란 무엇이냐?'는 물음이 튀어나왔고, 두 여인은 종교라는 말의 뜻을 알기 쉽게 말해 달라고 졸랐다. 나는 그 짐을 무심 선생에게로 떠넘겼다. 무심 선생도 처음에는 주저했으나, 결국 입을 열었다.

"'종교'(religion)라는 말의 의미에 대해서는 전문가들 사이에서도 일치된 정의(定義)를 내리지 못하고 의견이 구구한 실정이어서, 그 뜻을 정확하게 밝히기가 어려워요. 다만 그 개략적인 의미를 더듬어 보기로 합시다. 김 선생도 내 말이 빗나가지 않도록 옆에서 도와주시오.

'종교'라는 말의 정의 대신에 여러 종교들이 공통으로 가지고 있는 기본적 특색을 다함께 열거해 봅시다. 기독교와 불교 그리고 이슬람교 등 대표적 종교에서는 초자연적(超自然的)이고 초인간적인 초월자(超越者) 또는 절대자가 존재한다는 믿음을 가지고 있어요. 그 초월자 또는 절대자는 무한한 존재임에 비하여 인간은 미미하고 무력한 유한자(有限者)라는 반성에 입각하여, 종교에는 절대자 또는 초월자를 숭배하는 감정이 따르는 것이 보통이지요."

무심 선생이 여기까지 말하고 잠시 멈추었을 때, 윤 여사가 작은 질문 하나를 삽입하였다.

"선생님께서 지금 초월자 또는 절대자라는 말을 사용하셨는데 '초월자'와 '절대자'는 같은 뜻의 말인지요? 그리고 흔히 말하는 '신'(神)과는 어떤 관계에 있습니까?"

"솔직하게 말하면, 나는 깊은 생각 없이 '초월자'라는 말과 '절대자'라는 말을 아울러서 썼습니다. 일종의 입버릇 같은 것이지요. 굳이 설명을 한다면, '초월자'라 함은 인간 또는 인간의 능력을 초월한 존재라는 뜻이며, 그러한 존재는 하나뿐이라고 믿는 종교도 있고 여럿이라고 믿는 종교도 있지요. 그러한 존재가 하나뿐이라고 믿을 경우에는 그것은 곧 '절대자'라고도 부를 수 있겠지요. 하나뿐인 절대자를 믿는 종교를 흔히 일신교(一神敎)라고 부르는데, 그 종교에서 신자들이 신봉하는 절대자를 신(God)이라고 부르는 데서 유래하는 것이지요. 초월자가 여럿이라고 믿는 종교를 흔히 다신교(多神敎)라고 부르는데, 그것은 그 신자들이 숭배하는 초월자들을 신들(Gods)이라고 생각하는 데서 유래한다고 볼 수 있겠지요."

나는 그때까지 무심 선생과 종교에 대하여 이야기한 적이 별로 없었다. 대학 강단에서나 어떤 사석에서나 무심 선생이 종교에 관한 말씀을 하는 것을 들은 적이 없었고, 자신도 종교에 대해서 문외한이라는 말을 가끔 하였다. 그래서 그날 "종교란 무엇이냐?"는 물음에 대한 답변을 무심 선생에게 떠넘기고, 일말의 불안감이 없지 않았다. 그러나 무심 선생의 말씀을 듣는 가운데, '문외한' 치고는 논리의 전개가 비교적 정확함을 알게 되어 마음이 놓였다. 윤 여사의 질문에 대답한 다음에 다시 말씀이 이어지기를 기다렸으나, 잠시 침묵의 시간이 흐르기에, 나는 도와드리는 뜻에서 이렇게 말하였다.

"아까는 대표적인 종교들이 공통으로 가지고 있는 기본적 특색 가운데서, 초자연적이고 초인간적인 초월자가 존재한다는 믿음을 말씀하셨고, 그 믿음에는 저 초월자를 우러러보고 숭배하는 감정이 따른다는 말씀까지 하셨습니다."

"참 그랬었지. 요즈음은 나이 탓인지 자신이 한 말에 대한 끈을 잃고 헤맬 때가 있어요. 이제 그 다음의 공통된 특색을 말해야 할 터인데… 그 다음으로는 신앙에 따르는 의식(儀式)을 들 수 있겠지. 예배와 기도는 대부분의 종교가 시행하는 의식인데, 그 의식의 형태나 절차는 종교마다 고유한 방식을 따른다는 것은 널리 알려진 일이지요.

거의 모든 종교는 도덕율의 체계를 가지고 있으며, 그 도덕율의 체계는 각기 종교가 신봉하는 초월자 또는 신(神)의 뜻에 근거를 두었다고 믿는 까닭에, 그들의 윤리는 그 종교 내부에 있어서 절대적 권위를 갖게 마련이지요. 그 밖에도 대표적 종교들이 공통으로 보여주고 있는 현상이 또 있을 터인데, 얼른 생각이 나지 않네. 김 선생이 보충을 좀 해주시오."

"글쎄올시다. 널리 알려진 종교적 신앙에는 각기 그 신앙에 바탕을 둔 세계관이 있다고 말할 수 있지 않을까요. 그리고 큰 세력을 가진 종교일수록 신도들을 결속하는 사회적 조직을 갖는 것도 대표적 종교들이 공통으로 보여주는 현상이라고 생각됩니다. 그 밖에도 생각해 보면 또 있을지도 모르겠습니다만, 그런 것들은 본질적인 것은 아니라고 여겨집니다.

'종교란 무엇이냐?'라는 물음과 관련해서 가장 중요한 것은 선생님께서 제일 먼저 말씀하신 초월자에 대한 믿음이 아닐까 합니다. 즉, 자연계와 인간의 능력을 초월한 존재, 흔히 말하는 신의 존재를 믿고, 그 초월자를 우러러보고 숭배하는 감정을 갖는다는 것이 '종교를 가졌다'고 말할 수 있는 기본 조건이라고 저는 생각합니다. 이를테면 기독교의 신인 하나님의 존재를 믿고 하나님 앞에 경건히 무릎을 꿇는 감정을 가졌다면, 그가 교회에 나가지 않고 교회에서 시행하는 의식(儀式)을 대수롭게 생각하지 않는다 하더라도, 그는 기독교에 대한 신앙을 가진 종교인이라고 보아야 할 것입니다. 그런 뜻에서 다른 조건들은 본질적이 아닌 것 같다고 말씀드린 것입니다."

내 말에 대해서 무심 선생도 대체로 동감이라는 말씀을 하였다. 그리고 나서 매우 근본적인 문제 하나를 제기하였다.

"초월자의 존재를 믿고 초월자에 대하여 겸허(謙虛)와 숭배(崇

拜)의 감정을 느끼는 사람이라면 '종교를 믿는 사람'이라고 보아야 한다는 것은 이론(異論)의 여지가 별로 없을 것 같소.
그런데 반대로 초월자의 존재를 믿지 않는 사람은 모두가 종교를 믿지 않는 사람이며 신앙이 없는 사람이라고 말할 수 있을지, 이 점에 대해서 김 선생은 어떻게 생각하오?"
"'종교'라는 말을 좁은 의미로 이해할 경우에는 초월자 또는 신의 존재를 믿지 않는 종교는 성립하지 않는다고 저는 생각합니다. 그러나 '종교'를 넓은 의미로 이해할 경우에는 대자연(大自然) 밖에 어떤 초월한 존재가 있다는 것을 믿지 않더라도 '종교'라는 것이 성립할 수 있다고 생각합니다. '자연론적 종교'(naturalistic religion)라는 것이 바로 그러한 종교를 일컫는 말이 아니겠습니까?"
내 입에서 '자연론적 종교'라는 말이 준비도 없이 튀어나왔다. 솔직하게 말해서, 나는 '자연론적 종교'라는 것이 어떻게 성립할 수 있는지에 대해서 만족스럽게 설명할 준비가 되어 있지 않았다. 그 설명을 요구하는 질문이 나오면 무엇이라고 대답할까 걱정을 하고 있었을 때, 윤 여사가 이렇게 말했다.
"저로서는 '자연론적 종교'라는 말을 처음 들었습니다. 그것이 어떤 종교인지 여쭈어보기 전에 먼저 알고 싶은 문제가 하나 있습니다. 잘은 모르지만 '자연론적 종교'라는 것은 신이 존재하지 않는다는 전제 아래서 생각해 낸 무엇인 것 같습니다. 신 또는 그 밖의 어떤 초월자의 존재를 인정한다면, 굳이 그러한 종교를 논할 까닭이 없을 것이니까요. 그러니까 '자연론적 종교'를 이야기하기 전에 '신(神)의 존재(存在)'에 관한 이야기를 먼저 해야 할 것이라는 생각이 듭니다. 종교를 믿는 분들은 신이 존재한다는 것은 의심의 여지가 없다고 합니다만, 철학자들은 이 문제를 어떻게 생각하는지 그것이 궁금합니다."

윤 여사의 이 말에 이어서, 한동안 입을 다물고 있던 강 여사도 한마디 하였다.

"제가 배운 철학개론 시간에 신의 존재를 증명한 철학자가 있다는 말을 들은 기억이 남아 있습니다. 그것을 증명한 철학자가 여러 사람 있으며, 그들이 모두 저명한 철학자라고 했던 것 같습니다. 신이 존재한다는 것이 일단 증명이 되었으면, 더 이상 신의 존재를 가지고 왈가왈부할 필요가 없는 것이 아니겠습니까?"

이것은 독실한 기독교 신자로서의 불만이 섞인 질문이었다. 그 불만이 자기를 지목한 것이라고 들었던지, 이번에는 윤 여사가 다시 발언을 하였다.

"제가 배운 철학 선생님은 '신의 존재' 문제는 아직도 해결되지 않은 문제라고 말했던 것으로 기억합니다. 누구의 말을 믿어야 할지 혼란이 옵니다."

아무리 가까운 친구 사이라도 의견의 대립은 있을 수 있는 일이다. 아리스토텔레스는 자기의 스승 플라톤의 학설을 비판하면서, 우정(友情)도 중요하지만 진리(眞理)는 더욱 중요하다는 말을 남겼다고 하지만, 학문적 탐구가 목적이 아닌 대화로 인하여 강 여사와 윤 여사가 불필요한 논쟁의 수렁으로 빠지는 것은 바람직한 일이 아니었다. 두 사람의 체면을 모두 살려주고 싶은 생각에서, 나는 이렇게 절충의 발언을 하였다.

"신의 존재를 증명한 여러 저명한 철학자들의 학설이 있다는 말도 사실이고, '신의 존재' 문제가 아직도 해결되지 않은 문제라는 말도 틀린 말은 아닙니다. 일반적으로 말해서 철학의 근본 문제들은 수학문제를 풀 듯이 완전하게 '증명'할 수는 없습니다. 아무리 유명한 철학자의 탁월한 학설이라 하더라도, 이론(異論)을 제기할 여지가 전혀 없을 정도로 완벽할 수는 없는 것이지요. 신의 존재 여부도 그 문제의 특성 때문에 완벽한 증명이 불가능한 문제입니다. 나 개인의 생각으로는, '신의 존재' 문제는 본래 믿음의 문제이지 앎 즉 인식의 문제는 아닙니다. 그런데 철학자들은 모든 문제를 인식의 방식으로 해결하고자 하는 욕구를 갖습니다. 신의 존재를 증명하고자 한 여러 학설들도 그러한 욕구의 산물이라고 생각됩니다. 그렇지만, 신의 존재를 증명하기 위해서 제시된 학설들이 대략 어떤 것인지 살펴보는 것은 헛된 짓이 아닐 것입니다. 신의 존재를 논리적으로 밝히고자 한 학설에 어떤 것이 있는지, 무심 선생님의 강의를 들을 수 있다면, 매우 뜻있는 시간이 될 줄 압니다."

"나도 철학 강단을 떠난 지가 오래 되어서 정확한 이야기를 하기는 어려울 거요. 어쨌든 우리 차나 한 잔 더 마시고 다시 시작합시다."

무심 선생의 이 말을 신호로 두 여인이 주방으로 달려갔다. 때마침 사모님도 돌아오셔서, 서로 자기가 준비를 하겠다며 잠시 앞을 다투었다.

2. 신은 존재하는가?

녹차를 마시며 두 여인과 나는 신의 존재증명에 관한 무심 선생의 말씀이 시작되기를 기다렸다. 조용히 기다리고 있었을 때, 무심 선생도 조용한 어조로 입을 열었다.

"일본에서 대학 하급반에 다녔을 때, 신의 존재를 증명한 학설에 관한 강의를 들은 적이 있었어요. 중세의 대주교이자 스콜라 철학자였던 안셀무스(Anselmus)가 정교한 논리를 전개하여 신의 존재를 증명했다는 내용의 강의였는데, 도대체 어떤 논리로써 신의 존재를 증명했을까 하고 열심히 들었어요. 그런데 그 일본 철학교수의 결론은, 안셀무스의 논리 전개가 매우 정교하기는 했으나, 신의 존재를 증명하는 데는 성공을 못했다는 것이었어요. 신의 존재를 증명한 안셀무스의 책 이름은 『모놀로기움』(*Monologium*)이라고 하며 읽어보라고 하기에, 일본어 번역본을 사서 읽어보기도 했지요."

"그 안셀무스의 신의 존재증명은 요점(要點)이 어떤 것입니까?"하고 윤 여사가 설명을 요구하였다.

"안셀무스의 증명은 삼단론법으로 요약하면 다음과 같아요. (1) 신은 완전무결하다(대전제). (2) 실재성(實在性)을 갖지 않은 것은 완전무결하다고 볼 수 없다(소전제). (3) 그러므로 신은 실재한다(결론). 그런데 '신은 완전무결하다'는 대전제에 문제가 있다는 것이었어요. '신은 완전무결하다'는 말은 '신이 관념적(觀念的)으로 완전무결하다'는 뜻으로 풀이할 수도 있고, '신이 현실적으로 완전무결하다'고 풀이할 수도 있는데, 어느 쪽으로 풀이하더라도 신의 실재가 증명됐다고 보기는 어렵다는 것이 비판자들의 주장이라는 것이지요."

"그러니까 선생님이 강의를 들으신 일본 철학자가 안셀무스의 학설을 비판하기에 앞서서 이미 다른 학자들이 부정적 비판을 한 것이군요."

"그렇습니다. 일찍이 토마스 아퀴나스도 부정적 비판을 했고, 칸트도 부정적으로 비판을 한 바가 있었던 것이지요."

"그리고 아까 안셀무스의 대전제에 문제가 있다고 말씀하시고, 두 가지 의미로 분석할 수 있다는 말씀을 하셨는데, 그 문제가 무엇인지 저는 아직 잘 모르겠습니다"하고 윤여사가 다시 물었다.

"그 대전제를 '신은 관념적으로 완전무결하다'는 뜻으로 사용했다면, 결론도 '신은 관념으로서 존재한다'고 맺어야 할 것이고, '신은 현실적으로 완전무결하다'는 뜻으로 사용했다면, 그 대전제 안에 이미 신이 실재한다는 뜻이 포함되어 있으니, 선결문제(先決問題)를 요구한 오류를 범한 것이 되지요."

"저에게는 좀 어렵습니다" 하고 이번에는 강 여사가 발언의 기회를 잡았다. "그런데 안셀무스 이외에 신의 존재를 더 명확하게 증명한 철학자는 없습니까?"

"안셀무스의 논증을 존재론적 증명(ontological argument)이라고 부릅니다만, 그 밖에 많이 알려진 것으로서 우주론적 증명(cosmological argument)이라는 것도 있고, 목적론적 증명(teleological argument)이라는 것도 있어요. 우주론적 증명의 요지는 대략 이렇습니다. 우주 즉 자연계의 모든 사물은 인과율(因果律)의 제약을 받고 생긴 상대적 존재이다. 다시 말하면, 모든 사물은 어떤 원인의 결과이고, 그 원인은 다른 어떤 원인의 결과이다. 이 인과의 계열을 끝까지 거슬러 올리면 그 이상 더 올라갈 수 없는 궁극적 원인이 있을 것이다. 모든 사물과 운동의 궁극적 원인은 다른 무엇으로부터도 제약을 받지 않는 절대적 존재라고 보아야 할 것이며, 그 절대적 존재가 바로 신이다. 내 설명이 좀 단순화한 것이지만, 대략 그런 주장이라고 말할 수 있지요."

"그 우주론적 증명에도 어떤 약점이 있습니까? 하고 강 여사가 다시 물었다.

"우주론적 증명에 대해서는 칸트의 비판이 있었지요. 그 요지는 이렇습니다. 인과율이라는 것은 자연계를 지배하는 법칙이고, 신은 인과율의 법칙을 초월한 초자연계 즉 물자체(物自體)의 세계에 속하는 존재라는 것이 칸트의 세계관입니다. 그런데 우주만물의 궁극적 원인을 신이라고 보는 것은 인과율을 물자체의 세계에까지 적용하는 오류를 범하는 잘못이라는 것이 칸트의 비판의 요지입니다. 이것은 경험의 세계와 본체(本體)의 세계 사이에 인과관계가 없다는 칸트 철학에 입각한 비판이지요. 칸트의 세계관을 부정하는 견지에서 본다면, 칸트의 비판에는 별로 설득력이 없게 되겠지요.

　칸트의 철학을 떠나서 보더라도 우주론적 신의 존재증명에는 불만스러운 점이 있습니다. 자연계의 근본 원인을 신이라고 볼 경우에 그 신을 의지(意志)를 가진 인격적 존재로 보기가 어려워지지요. 그것은 스피노자의 신(deus)이 될 수는 있으나, 기독교의 하나님(God)이나 유교의 천(天)이 되기는 어렵습니다. 그런데 우리가 지금 문제삼고 있는 신은 스피노자의 신은 아니지 않습니까?"

　여기서 만약 스피노자의 '신 즉 자연'(神卽自然)의 철학에 대한 질문이 나오면 이야기가 다른 길로 빠질 염려가 있었다. 그러나 다행히 스피노자 철학에 대한 질문은 없었고, 목적론적 신의 존재증명에 대한 질문이 뒤를 이었다. "아까 선생님께서 '목적론적 증명'이라는 것도 있다는 말씀을 하셨는데, 그것은 어떤 주장입니까?" 하고 윤 여사가 물었던 것이다.

　"이번에는 김 선생이 대답하시오" 하고 무심 선생은 나에게 바통을 넘겼다. 나는 기꺼이 무심 선생의 조교 임무를 수행하기로 하였다.

　"목적론적 증명이라 함은 자연계의 신비스러울 정도로 오묘한 현상을 설명하기 위해서는 전지전능한 신의 존재를 인정하지 않을 수 없다는 주장을 말합니다. 쉽게 말하자면, 자연계에는 놀라울 정도로 어떤 목적에 적합하도록 형성된 사물이 많은데, 이러한 놀라운 현상들이 우연히 생겼다고는 보기 어려우며, 반드시 어떤 전지전능한 존재가 의도적으로 만들어낸 작품(作品)이라고 보지 않을 수 없다는 주장이지요.

논자들이 신의 작품이라고 밖에는 설명할 길이 없는 것의 예로서 흔히 드는 것은 동물의 세계의 신비스러운 현상들입니다. 예컨대, 늑대나 고양이와 같이 사냥을 해서 먹고 사는 맹수들의 귀는 앞에서 오는 소리를 듣기에 편리하도록 앞을 향하여 열려 있는데, 맹수에게 쫓기는 신세로 태어난 토끼나 사슴의 귀는 뒤에서 오는 소리를 듣기에 편리하도록 뒤를 향해서 열려 있다는 것입니다.

인간의 신체구조는 형언할 수 없을 정도로 정교한 체계를 이루고 있으며, 무수한 부분으로 나누어지는 모든 기관(器官)은 생존과 번식에 적합하도록 합목적적으로 만들어져 있습니다. 인간의 신체는 최신형 비행기나 인공위성보다도 더 복잡하고 더 정교한 구조를 가지고 있습니다. 비행기와 인공위성 그리고 컴퓨터 등 첨단적 기계를 제작하고 그것을 이용하는 인간은 인간보다도 더욱 지능적인 존재의 작품이라고 밖에 생각할 수 없다고 논자들은 역설합니다. 이것이 다름아닌 신에 의한 우주 창조설입니다.

신에 의한 우주 창조설을 더욱 강력하게 뒷받침하는 것으로서 우주 전체의 신비스럽고 조화로운 구조를 제시할 수 있다고 논자들은 주장합니다. 밤하늘을 우러러보면 인간의 유한성을 절감하게 할 정도로 무한한 공간과 무수한 별들이 보입니다만, 육안으로 보이는 공간과 별들은 우주의 극히 작은 일부분에 불과합니다. 우주는 빛(光)의 속도로도 측정하기 어려울 정도로 광막한 공간이며, 이 광막한 공간 안에서 무수한 천체(天體)들이 질서정연하게 운행하고 있습니다. 이토록 경이로운 대자연의 체계는 전지전능한 신의 작품이라고 밖에는 설명할 길이 없다고 논자들은 역설합니다."

내가 여기까지 말했을 때, 강 여사가 득의만면한 표정으로 기대에 가득찬 질문을 하였다.

"선생님의 설명을 들으면서 목적론적 증명에는 반대하기 어려울 정도의 강한 설득력이 있다는 것을 느꼈습니다. 그런데 이 증명에 대해서도 반대하는 학설이 있습니까?"

"목적론적 증명이 앞에서 소개된 존재론적 증명이나 우주론적 증명보다 설득력이 강한 것은 사실입니다. 그러나 그것으로 신의 존재가 이론의 여지 없이 증명되었다고 말하기는 어렵습니다. 실제로 목적론적 증명에 대하여 제기된 반대론이 있고, 또 그것이 그리 만만치 않습니다."

"어떠한 반대론이 있습니까?"

"신의 창조설(創造說)에 정면에서 도전장을 낸 학설로서 생물진화론(進化論)이 있다는 것은 널리 알려진 사실입니다. 처음부터 오늘과 같이 질서정연한 천체가 있었던 것은 아니며, 태초에는 지구도 생명이 없는 황량한 광물 덩어리에 불과하다가, 바다가 생기고 단세포의 생물이 나타나서, 오랜 진화의 과정을 통하여 오늘과 같은 생물의 세계가 생기게 되었다고, 초등학교와 중고등학교에서 가르치고 있을 정도입니다."

"그러나 우주의 생성과정과 생물의 진화과정을 인정한다 하더라도, 그 모든 과정이 신의 뜻에 의하여 미리 계획된 것이라고 볼 수도 있지 않습니까?" 이것은 강 여사의 편을 들어서 윤 여사가 한 말이었다.

"물론 그렇습니다. 창조론자 가운데도 그렇게 주장하는 사람들이 많을 것으로 압니다. 그러나 과학자들 가운데는 그렇게 생각하지 않는 사람들이 많습니다. 우연한 기회에 돌연변이로 새로운 종류가 생기고 새로운 종류들 가운데서 적자 생존(適者生存)의 원칙을 따라서 오늘의 진화된 생물들을 보게 되었다고 설명함으로써 조물주의 의도적 계획을 배제하는 것이지요. 다만 진화론자들의 설명에도 증명되지 않은 가설이 남아 있어서, 창조론과 진화론의 논쟁은 좀처럼 결말이 나지 않을 것 같습니다.

 신의 창조설에 대해서 다음과 같은 의문을 제기하는 사람도 있습니다. 전지전능한 신이 창조한 세계라면 더 완전하게 만들 수도 있었을 터인데, 우리의 현실세계에는 왜 이토록 많은 불행이 생기느냐고 묻는 것입니다. 지진과 태풍 따위의 천재지변이나 전쟁과 질병 따위의 인재가 없는 세계가 더 바람직한 세계가 아니냐고 반문합니다. 개인적 차원에서는, 독실한 신앙으로 이웃에 봉사하며 착하게 살아온 사람이 암에 걸려서 고통스러운 투병 끝에 죽는 사례 같은 것을 어떻게 설명하느냐고 묻기도 합니다. 물론 그러한 불행들도, 인간의 짧은 지식으로서는 헤아릴 수 없는 신의 큰 뜻에 의하여 생기는 것이며, 길게 보면 반드시 불행이 아니라고 강변할 수도 있습니다. 그러나 설득력은 약합니다."

 내가 여기까지 말했을 때, '목적론적 증명'에 대해서는 대충 그 윤곽이 드러났다고 판단한 듯, 윤 여사가 새로운 물음을 제기하였다.

 "지금까지 말씀이 나온 세 가지 학설 이외에, 신의 존재를 증명한 다른 학설은 더 없습니까?"

 "또 '도덕론적 입론'(moral argument)이라는 것도 있습니다. 이것은 칸트가 '실천이성의 요청(要請)'이라는 개념을 통하여 주장한 것으로서 그 요지는 대략 다음과 같습니다.

칸트는 도덕적으로 바르게 사는 것만으로 인간으로서의 의무는 끝난다고 믿었으나, 가장 이상적인 것은 도덕적으로 바르게 사는 사람이 행복까지도 누리는 완전선(完全善)의 경지라고 생각했습니다. 그러나 우리의 현실은 바르게 사는 사람이 반드시 복을 받는다고 보기는 어려우며, 올바른 사람이 도리어 고통을 당하는 경우도 있다는 것을 그는 인정했습니다. 올바른 사람이 고통을 당한다는 것은 일종의 모순이며, '완전선'의 상태는 아닙니다. 그러나 언젠가는 저 모순이 시정되어서 '완전선'의 경지가 실현되어야 마땅합니다. 그 경지가 실현되기 위해서는 전지전능한 신이 있어서 결국 선한 자는 복을 받고 악한 자는 고통을 받는 세상이 되도록 작용을 해야 합니다. 그러한 작용은 반드시 있어야 하며, 그 작용이 있기 위해서는 전지전능한 신의 존재가 요청된다고 칸트는 믿었습니다. 칸트는 이러한 입론(立論)을 통해서 신의 존재를 직접적으로 증명했다고 생각하지는 않았지만, 간접적으로는 밝혔다고 생각한 것 같습니다."

"신의 존재증명에 관한 다른 학설은 이제 더 없습니까?" 하고 윤 여사가 또 물었다.

"내가 아는 것 가운데도 그 밖에 또 있습니다. 키케로와 세네카 같은 로마시대의 철학자들이 이미 옛날에 주장한 것으로 전해지는 '일반적 동의론'(common consent argument)이라는 것이 있는데, 비교적 단순한 주장입니다. 신이 존재한다는 것은 누구나 직감(直感)하는 일반적 사실임을 근거로 삼고, 신의 존재가 확실하다고 주장하는 것입니다. 키케로와 세네카가 살았던 로마시대의 사람들 가운데 신의 존재를 실감하지 않은 사람은 별로 없었을 것입니다. 따라서, 그 당시에는 상당한 설득력을 가진 입론(立論)이었을 것으로 생각됩니다. 그러나 자연과학적 세계관이 우세해지면서 신의 존재를 의심하는 사람이 많게 된 뒤부터 설득력이 약해졌지요.

　여기서 제기될 수 있는 철학적 문제는 '다수의 의견이 진리를 결정할 수 있느냐?' 하는 물음입니다. 물론 논리적으로 말하자면, 진리는 다수결로 정할 수 없다고 대답해야 옳을 것입니다. 그러나 모든 세상사람들이 예외 없이 동의하는 명제가 있다면 그 명제는 현실에 있어서 진리로 통할 것입니다. 코페르니쿠스가 지동설(地動說)을 주장하기 이전에는 모든 사람들이 지구의 둘레를 태양이 돈다고 믿었지요. 그리고 그때에는 그 믿음이 진리로 통했습니다."

　"지금까지 신의 존재를 증명하려고 시도한 여러 학설을 들었습니다만, 신의 존재를 증명하는 일에 완전히 성공한 것은 없다는 말씀으로 이해되었습니다. 그렇다면 신은 존재하지 않는다는 결론을 내려야 합니까?" 하고 윤 여사가 단도직입적으로 물었다. 나는 이 물음에도 대답할까 하다가, 차라리 무심 선생에게 넘기는 것이 낫겠다는 생각이 들었다.

　"신의 존재문제에 대한 마지막 결론은 무심 선생님께서 말씀해 주시는 것이 좋겠습니다."

　"마지막 결론이라고 말할 수는 없지만, 내 의견은 이래요. 신의 존재를 완벽하게 증명하는 데 성공하지 못한 것은, 인간의 마음을 떠나서 신이 외재(外在)한다는 것을 증명하지 못했다는 뜻이며, 인간의 마음 안에 신이 존재한다는 것까지 증명 못했다는 뜻은 아니라는 점을 우선 말하고 싶어요. 그 다음에 말하고 싶은 것은, 신이 존재하지 않는다는 것을 증명한 사람도 없다는 사실입니다. 그리고 아까도 말이 나왔지만, 신의 존재 문제는 인식의 문제가 아니라 믿음의 문제라는 점을 다시 한번 말해 두고자 합니다.

　사실은, 신의 존재뿐 아니라, 자연계의 존재도 완벽하게 증명한다는 것은 불가능에 가까운 일이지요. 심지어 '나' 자신의 존재까지도 의심스럽다는 것이 데카르트 철학의 출발점이라는 것은 널리 알려진 사실입니다. 데카르트는 모든 것을 의심했고, 다만 의심한다는 사실만은 의심의 여지가 없다고 생각하여 그 사실을 '나는 생각한다'(cogito)라는 말로 표현했지요. 그리고 '나는 생각한다'를 근거로 삼고 '나는 존재한다'고 선언했지 않습니까? 그런데 '코기토'(cogito)를 통하여 데카르트가 밝혀낸 것은 '의심한다' 또는 '생각한다'는 심리현상(心理現象)이 존재한다는 사실에 불과하며, '나'라는 인간이 존재한다는 사실은 아직 밝혀지지 않았다는 비판이 나왔어요. 어떤 심리현상이 존재하기 위해서는 그 심리현상의 주체(主體)가 있어야 한다고 본 것이 데카르트의 생각인데, 이 생각은 하나의 가설(假說)에 불과하며 증명된 것은 아니라고 보는 것이 비판자들의 주장이지요.

　우리는 태양과 달이 존재한다는 것을 믿고, 산과 들이 있다는 것을 믿습니다. 그런데 이렇게 자연계가 존재한다는 근거를 대라고 누가 말한다면, 우리는 '저기 산과 들이 보이지 않느냐?'고 반문할 수 있습니다. 그러나 우리가 현실적으로 눈앞에 본 것을 실제로 존재한다고 말할 수 있기 위해서는, 우리가 꿈에서 본 것이 아니고 헛것을 보지도 않았다는 것을 증명해야 합니다. 그런데 그 증명이 그리 쉽지 않습니다. 결국 뭐가 한 가지를 믿고 들어가야 한다는 뜻이지요. 우리는 흔히 종교는 믿음에 근거하고 학문은 인식에 근거한다고 말합니다만, 만약 모든 것을 철저하게 의심한다면 학문도 성립하기 어렵습니다. 건전한 믿음을 순순히 받아들이는 것이 건전한 삶의 출발점이라고 나는 생각합니다."

3. 자연주의적 종교

'신의 존재'에 대한 문답이 일단락을 지었을 무렵에, 사모님이 나타나서 오미자차라도 준비하랴고 물으셨다. 두 여인이 자기네가 준비하겠다며 일어서는 바람에, 이야기는 자연히 중단되었다. 제주도산이라는 오미자차가 입맛에 산뜻하여 기분 전환에 도움이 되었다. 그러나 더 이상 좌담을 계속하는 것은 무심 선생에게 무리가 될지도 모른다는 생각이 들었다. 적당한 시기를 보아서 일어서기를 제안하려고 마음을 먹고 있었을 때, 윤 여사가 다시 문제를 들고 나왔다.

"아까 김 선생님께서 신의 존재를 믿지 않더라도 종교는 성립할 수 있다는 말씀을 하셨습니다. '자연론적 종교'(自然論的 宗敎)라고 하셨던가요? 그 초월적 존재를 전제하지 않고도 성립하는 종교가 어떤 것인지 알고 싶습니다."

"선생님, 피곤하지 않으십니까? 피곤하시면 자연론적 종교 이야기는 다음 기회로 미룰 수도 있겠습니다만."

"나야 피곤할 게 무엇이 있겠소? 자연론적 종교 이야기는 김 선생이 끄집어냈으니, 결자 해지(結者解之)의 원칙을 따라서 김 선생이 설명을 해야 마땅할 것이고, 나는 옆에서 듣고만 있으면 될 터인데…."

나는 오미자차가 남은 잔을 비우고 차근차근 설명을 하기로 하였다.

"자연론적 종교라는 것은 자연론자(naturalist)들이 주장하는 종교라고 우선 말할 수 있지요. 철학에서 '자연론자'라 함은 인간을 포함한 대자연(大自然)이 존재하는 것의 전부이며, 자연을 초월한 존재가 따로 있다는 것을 부정하는 사람들을 말합니다. 초월자나 조물주 또는 신의 존재를 부인하는 사람들이지요. 자연론자들은 초월자 또는 신의 존재에 대한 믿음에 바탕을 둔 전통적 종교는 부정하게 마련입니다만, 그렇다고 해서 종교라는 것 그 자체를 반드시 부정하는 것은 아닙니다. 그들 가운데도 인생을 위하여 종교가 필요하다는 것을 인정하는 사람들이 있어서 그들의 세계관에 입각한 종교를 다시 세우고자 했던 것이지요."

여기까지는 그런대로 잘 나갔으나, 그 다음에 어떤 설명을 보태야 할지 몰라서, 잠시 말이 막혔다. 나도 이제 늙었나 하는 생각도 들고, 숙녀들 앞에서 망신이나 당하지 않을까 걱정까지 겹쳐서, 더욱 초조해졌다. 초조하게 생각하면 도리어 말이 막히는 것이 사람의 심리여서 말을 잇지 못하고 있었을 때, 윤 여사가 나로서는 예상 못했던 질문 하나를 던졌다.

"제가 오래 전에 읽은 책 가운데서 '자연 종교'라는 말을 본 기억이 남아 있습니다. '자연론적 종교'와 '자연 종교'는 어떻게 다릅니까?"

"두 말이 모두 서양말을 번역한 것이므로 더욱 혼동이 오기가 쉽습니다. 두 말을 같은 뜻으로 이해한다 해도 큰 지장은 없을 것 같습니다. 다만 굳이 구별한다면, '자연 종교'(natural religion)가 '자연론적 종교'(naturalistic religion)보다 범위가 넓다고 말할 수 있겠지요. '자연 종교'라는 말은 첫째로 인간의 이성(理性)에 근거를 둔 종교를 말하는 것으로서, 자연론적 세계관과는 다른 독일의 관념론적 세계관을 가진 철학자들까지도, 바꾸어 말하면 이성(reason, Vernunft)에 대한 견해가 자연론자와는 다른 철학자들까지도, 자기들의 이성적 종교를 '자연 종교'라고 불렀습니다. 다시 말하면, '자연론적 종교'라고 할 때는 주로 경험론적 세계관에 입각한 종교를 가리키지만, '자연 종교'라고 할 때는 그것뿐 아니라 관념론적 세계관 내지 관념론적 인간관에 입각한 종교도 포함시킬 경우가 있습니다. 단적으로 말해서, 유교나 불교를 '자연론적 종교'라고 보기는 어렵지만, 일종의 '자연 종교'라고 볼 수는 있습니다.

그리고 또 하나 말해 둘 것이 있습니다. 뭐냐 하면, '자연 종교'라는 말은 원시미개(原始未開)의 종교를 가리키는 데 사용되기도 한다는 사실입니다. 그런 의미로 쓰일 때의 '자연 종교'는 매우 비과학적인 종교라고 볼 수 있으니, 과학적 세계관에 입각한 '자연론적 종교'와는 크게 다른 말이 되지요."

이렇게 말하면서도 나는 내가 말을 잘못하고 있는 것이나 아닐까 하는 불안감이 있었다. 불안한 심정으로 무심 선생의 눈치를 살폈다. 그러나 무심 선생의 표정에는 별다른 기색이 보이지 않았다. 다만 그는 이렇게 한마디 했을 뿐이다.

"스피노자의 철학에도 종교적 측면이 있다고 볼 수 있다면, 그의 종교사상은 '자연 종교'의 일종이라고 말할 수는 있을 것이나, '자연론적'이라고 말하기는 어렵겠지." 이렇게 말하는 무심 선생의 표정도 자신만만해 보이지는 않았다. 그분도 나와 마찬가지로 종교에 관한 전문가는 아니다.

무심 선생의 짤막한 말이 끝났을 때 한동안 말이 없던 강 여사가 입을 열었다.

"저로서는 이해하기가 어렵습니다. 신의 존재를 믿지 않고서 도대체 어떻게 종교가 성립할 수 있다는 것인지 도무지 이해가 되지 않습니다." 선입견 탓일까, 그의 어조에는 불만이 섞여 있는 것으로 느껴졌다.

"신의 존재를 전제로 하지 않는다면 기독교나 이슬람교 같은 계시 종교(啓示宗敎)나 그 밖의 어떤 권위주의적 종교는 성립할 수 없겠지요. 그러나 '종교'라는 말은 더 넓게도 사용할 수 있을 것이며, 더 넓은 의미의 종교는 자연론적 우주관에 바탕을 두고도 성립할 수 있다고 논자들은 생각한다고 이해하면 될 것입니다."

"그러시다면 그 '더 넓은 의미의 종교'라는 것은 어떠한 것을 두고 하는 말입니까?"

"쉽게 말해서, 어떤 사람이 종교적이냐 아니냐를 알아보기 위해서는, 그가 교회에 나가는가 또는 절에 다니는가를 조사해 보는 것도 중요하겠지만, 더욱 중요한 것은 그가 생애를 바쳐서 봉사할 수 있고 또 마땅히 봉사해야 할 중대한 일 또는 대상(對象)이 이 세상에 존재한다고 믿느냐 안 믿느냐 하는 문제입니다. 예를 들어서, 김구 선생이나, 안중근 의사에게는 조국의 광복이 그분들의 종교요 신앙이었다고 말한다 해도 별로 이상하게 들리지 않을 것입니다."

"자연론자들이 주장하는 종교사상이 구체적으로 어떠한 것인지 궁금합니다" 하고, 윤 여사가 독촉을 하였다. 이야기가 옆길로만 빠지는 것이 답답했던 모양이다.

"자연론적 종교론에도 몇 가지 유형이 있어서 한마디로 말하기는 어려우나, 첫째로 인간, 특히 인간의 이성에 절대적 가치를 인정하고 이를 숭상하는 것이 있고, 둘째로 우주의 이법(理法)과 대자연의 체계에 대해서 경이(驚異)와 숭앙(崇仰)의 감정을 느끼고 이에 순응하고자 하는 것이 있다고 볼 수 있겠지요."

"자연론적 종교를 주장한 학자에 어떤 사람이 있으며, 그들이 어떤 주장을 했는지 더 구체적으로 알고 싶습니다" 하고 윤 여사가 다시 추궁의 고삐를 조였다.

"자연론적 종교를 이론적으로 주장했을 뿐 아니라 직접 그 조직을 만들고 스스로 대사제(大司祭)가 된 사람으로서, 프랑스의 철학자이자 사회학의 창시자로 알려진 꽁트가 있습니다. 꽁트는 프랑스 혁명 이후에 도덕적 무정부 상태에 빠진 프랑스 사회에 새로운 질서를 확립하는 것을 그의 실증철학(實證哲學)의 궁극적 목표로 삼았고, 이 목표의 달성을 위하여 인간교(人間敎, religion de l'humanite)를 창설한 사람으로 알려져 있습니다. 그의 인간교가 바로 자연론적 종교의 한 실례라고 말할 수 있습니다. 그러나 솔직히 말해서, 꽁트가 주창한 인간교의 이론을 나는 잘 모릅니다."

"잘은 모르시더라도 개략적인 윤곽은 말씀하실 수 있겠지요?" 하고 윤 여사가 추궁하였다. 내 등에 땀이 흐르는 것을 느끼면서, 나는 이 대목에 대한 설명은 무심 선생께 부탁드리는 편이 낫겠다는 생각을 하였다.

"꽁트의 인간교의 기본 논리에 대해서는 저보다도 선생님께서 말씀해 주시는 것이 좋겠습니다."

"나도 꽁트의 인간교에 대해서 아는 것이 별로 없어요. 다만 백지장을 마주 드는 뜻에서, 가난한 보따리를 풀어볼까요. 꽁트는 한 인간이 인간으로서 살아갈 수 있는 것은 그가 조상으로부터 물려받은 생물학적 기관과 조상들이 쌓아올린 문화유산의 덕분이라고 생각했습니다. 꽁트는 인간의 생활을 가치있는 것이라고 믿은 것 같으며, 우리가 가치있는 생활을 할 수 있게 된 것은, 인간 이외의 어떤 초월자의 은혜 때문이 아니라, 오랜 역사를 가진 인류와 우리 자신이 타고난 잠재력 때문이라고 생각한 것이지요.

개인들이 인간으로서 가치있는 생활을 할 수 있는 것은 전체로서의 인류와 인간성 덕분이라고 했습니다. 이러한 믿음에 입각하여, 개인들은 인류에 대하여 성심껏 봉사해야 한다고 꽁트는 생각했습니다. 그리고 모두가 인류를 위하여 성심껏 봉사할 때, 인류 전체는 점점 더 발전할 것이며, 인간성 속에 숨겨진 잠재력도 더욱 더 발휘될 것입니다. 이와 같이 발전과 향상을 거듭하는 인류와 인간성을 꽁트는 숭배의 대상으로 삼아야 한다고 믿은 것 같습니다. 결국 어떤 초월자 대신 인간을 숭배의 대상으로 삼은 것이지요.

꽁트는 종교적 의식도 중요시했다고 하지요. 예를 들면, 가톨릭 교회의 세례식(洗禮式)을 본떠서, 부모는 자식을 인류의 봉사를 위하여 바치는 의식을 행하도록 하였고, 개개인은 매일 네 번씩 기도를 올리도록 하라고 한 것으로 압니다. 그리고 인간교의 활성화를 위한 조직적 활동도 했을 것입니다.

꽁트의 인간교는 그가 생존했던 19세기에는 많은 사람들의 호응을 받고 상당한 세력을 이루었으나, 제1차 세계대전 이후에는 점차 쇠퇴의 길을 밟았어요. 꽁트의 인간교는 과학적 세계관과 과학기술 문명의 구가(謳歌)에 바탕을 두었던 것인데, 과학기술 문명의 심각한 폐단이 드러나기 시작한 것이 치명적이었다고 분석할 수 있겠지요."

"자연론적 종교론자로서 의식(儀式)을 존중하고 집단적 조직활동을 중요시한 것은 이례적(異例的)인 경우가 아니겠습니까?"
하고, 꽁트에 대한 무심 선생의 설명이 일단락을 지었을 때 나는 물었다.

"나도 그렇게 생각해요. 존 듀이도 자연론적 종교를 주장했지만, 그는 의식이나 집단적 조직에는 적극적으로 반대했지."

"듀이의 자연론적 종교론에 대해서도 간략하게 말씀해 주시지요."

"듀이의 윤리학에서는 '문제 상황'(問題狀況)이라는 개념이 중요한 자리를 차지하지요. 그는 해결이 요구되는 불만스러운 상태, 예를 들어서 전쟁, 질병, 배고픔, 인간적 갈등 같은 불만스러운 상태를 '문제 상황'이라고 불렀으며, 문제 상황(problematic situation)을 문제가 없는 상황(problemless situation)으로 바꾸도록 하는 것이 우리가 해야 할 일이며, 문제 상황이 해결되는 과정에서 도덕적 가치가 실현된다고 보았어요. 문제가 없는 상태를 바람직한 상태라고 본 것이지요.

그러나 문제가 전혀 없는 상황을 이상적인 상태라고 보기는 어렵지요. 왜냐하면, 인간이 경험하는 문제는 인간의 욕구에 유래하는 것이며, 지상에서 인간이 자취를 감추면 인간의 문제라는 것도 없어질 터인데, 그러한 상태를 이상적이라고 볼 수는 없을 터이니까요. 그러니까 문제 해결을 위한 도덕적 행위를 통하여 실현되는 가치는 소극적인 가치로서의 성격을 띠기가 쉬워요.

듀이의 견지에서 볼 때, 가장 바람직한 것은, 금욕을 통하여 문제를 극소화하는 것이 아니라, 예술의 창작, 학문의 탐구, 인력(人力)의 한계에 대한 도전 등 적극적인 목표를 세우고, 그 목표를 달성하는 과정이라고 말할 수 있습니다. 실제로 듀이는 인간으로서 접근할 수 있는 보람된 목표를 세우고 그 목표 달성을 위하여 정진하는 삶을 매우 높이 평가했습니다.

듀이에 따르면, 진리의 탐구나 예술의 창조 또는 사회적 봉사 등에 대한 높은 목표를 세우고 그 목표의 달성을 위하여 삼매경(三昧境)에 빠질 때, 우리는 종교적 체험에서 얻을 수 있는 가장 소중한 심정(心情)인 일종의 충만감을 얻게 됩니다. 바꾸어 말하면, 인간을 위하여 매우 값진 어떤 이상을 세우고 그 이상을 향하여 정진하는 도덕적 태도를 듀이는 일종의 종교적 태도라고 본 것이지요. 전통적 종교의 신자들이 신 또는 초월자의 뜻을 따르고 신 또는 초월자를 위하여 헌신하는 것이 가장 뜻있는 생활이라고 믿듯이, 인간적이며 세속적인 이상을 헌신적으로 추구하는 사람은 그러한 헌신적 생활이 가장 뜻깊은 삶이라고 믿는다는 것입니다." 무심 선생이 여기까지 말했을 때,

"세속적 이상을 헌신적으로 추구하며 그러한 헌신적 생활에 절대적 가치가 있다고 믿는 태도를 '종교적'이라고 말한다면, 결국 '종교'라는 말의 의미가 달라지는 것이 아닙니까? 하고 강 여사가 뭔가 납득이 가지 않는다는 표정으로 물었다.

"전통적 종교와 자연론적 종교 사이에는 공통점도 있고 차이점도 있지요. 그 차이점에 따라서 '종교'라는 말의 의미에도 차이가 생기고, 또 그 공통점에 따라서 두 종교에 담긴 '종교'라는 말의 의미에도 공통점이 생긴다고 보아야 하겠지요. 신 또는 그 밖의 초자연적 존재를 믿어야만 종교가 성립한다고 본다면, 꽁트나 듀이가 말하는 종교는 참된 종교가 아니라고 말할 수 있지요. 그러나 초월자가 없더라도 우리 인생에는 전심 전력을 기울여서 추구할 만한 이상이 있다고 믿는 동시에, 그 믿음을 일종의 종교라고 보아야 한다는 것이 자연론적 종교론자들의 주장입니다."

독실한 기독교 신자인 강 여사의 견지에서 볼 때, 자연론적 종교를 진정한 종교라고 인정하기에 어려움을 느꼈을 것이다. 그러나 더 이상 반론을 제기하지는 않았다. 잠시 후에 무심 선생이 다시 말씀을 계속했다.

"전통적 종교와 자연론적 종교 사이에 또 한 가지 중요한 공통점이 있어요. 두 가지 종교가 모두 윤리를 중요시한다는 공통점입니다. 종교라는 것을 전적으로 부인하는 사람들은, 사람으로서 걸어야 할 길이 따로 있다는 것도 부인하는 동시에, 아무렇게나

살아도 그만이라는 도덕적 허무주의에 빠지기 쉬워요. 그러나 자연론적 종교론자들은 인간으로서 전심 전력을 다하여 추구해야 할 목표 또는 이상이 있다고 믿으므로, 전통적 종교를 믿는 사람과 마찬가지로 윤리를 중요시합니다.

윤리적 회의주의 또는 도덕적 허무주의만은 벗어나야 한다고 나는 생각해요. 그러한 의미에서, 전통적 종교이든 자연론적 종교이든, 어떤 종교를 믿는다는 것은 바람직하다는 것이 나의 생각입니다."

무심 선생의 결론 비슷한 이 말이 떨어졌을 때, 나는 이제 그만 일어서고 싶었다. 그러나 윤 여사에게는 또 물을 말이 남아 있었다.

"선생님, 한 가지만 더 여쭈어보겠습니다. 여러 가지 종교들 가운데 우열(優劣)이 있다고 생각하십니까?"

"종교도 평가의 대상이 되게 마련이고, 평가를 받게 되면 자연히 우열의 구별이 생기게 되겠지요. 다만 종교를 평가하는 객관적 척도(尺度)를 정하는 것이 어려운 문제로 남아 있어요. 종교를 평가하는 척도도 그 자체가 어떤 믿음의 체계에 근거를 둘 수밖에 없을 터이니, 그 척도의 근거가 되는 믿음의 체계도 다시 비판 내지 평가의 대상이 되겠지요. 이것은 좀처럼 끝이 나지 않는 어려운 문제입니다."

윤 여사도 더 이상 묻지 않았다. 밖에는 오후의 햇살이 아직 남아 있었다.

제 8 장
윤리는 누구를 위한 것인가?

1. 의식구조가 먼저냐, 사회구조가 먼저냐?

　11월 초순의 어느 일요일. 지적거리던 비가 말끔히 개이고 봄날처럼 화창한 날씨였다. 무심 선생을 모시고 가까운 산에 오르면 젊은이들의 데이트 부럽지 않은 즐거운 시간이 될 것이라는 생각이 떠올랐다. 서울 근교는 단풍도 한창이니, 이때를 놓쳐서는 안 될 일이었다. 무심 선생에게 전화를 걸었더니, 젊은이 두 사람이 찾아온다는 선약이 있기는 하지만 별로 지장은 없을 거라며 반가워하였다. 오후 두 시쯤 찾아가기로 하였다.
　약속시간에 맞추어서 무심 선생 댁에 도착했을 때, 이미 두 젊은이들이 선생과 마주앉아 있었다. 선생은 그들을 나에게 소개하고 동석을 권하였다. 달갑지 않은 선객이었지만, 그런 내색을 할 수도 없기에, 반갑다며 인사를 나누었다.
　두 젊은이는 어느 대학원에 재학중이라고 하였다. 하나는 철학과에 다니고 또 한 사람은 법학을 공부한다고 했다. 두 사람은 고등학교 시절부터의 친구로서 윤리문제를 가지고 논쟁을 벌이다가, 결론을 얻지 못하고 무심 선생을 찾아온 것이 그 자리가 생긴 배경이었다. 무심 선생은 철학도를 박 군이라 부르고 법학도를 송 군이라 불렀다.

박 군과 송 군이 윤리문제로 논쟁을 벌이게 된 출발점은 우리 나라 도덕의 총체적 붕괴에 있었다. 대형사고가 연달아 일어나고, 부정과 부패가 윗물과 아랫물을 온통 혼탁하게 하였으며, 강도와 살인 또는 사기와 횡령 등 범죄가 날로 심해가는 우리 현실을 걱정하고 개탄한 점에서 두 사람은 의견을 같이하였다. 그러나 이 사회적 혼란의 근본 원인에 대해서는 두 사람의 견해가 크게 대립하였다. 박 군은 그 근본 원인이 사람들의 그릇된 윤리의식에 있다고 보았으나, 송 군은 사회의 구조적 모순이 그 근본 원인이라고 본 것이다. 두 사람의 견해가 접근할 기미가 없다고 판단했을 때, 무심 선생을 찾아가자고 제안한 것은 그 전부터 선생을 알고 지내던 박 군이었다.

두 사람의 논쟁의 초점이 무엇인지 재빨리 파악한 무심 선생은 이렇게 중재를 시작하였다.

"결국 의식구조가 먼저냐, 사회구조가 먼저냐 하는 문제 같은데, 그 선후를 따지기보다는 오히려 두 가지 구조의 상관관계를 묻는 편이 낫지 않을까? 윤리의식을 포함한 전체적 의식구조가 그 나라의 사회구조, 특히 경제적 사회구조에 의하여 크게 좌우된다는 사회주의적 견해에 일리가 있다는 것을 부인할 수는 없어요. 그러나 사회구조 뿐 아니라 기후와 지리 풍토 등도 의식구조에 영향을 미치며, 사람들의 의식구조가 역으로 사회구조에 대하여 영향력을 갖는다는 사실도 염두에 두어야지."

"의식구조가 사회구조에 영향력을 갖는다고 하셨는데 구체적으로 어떤 경우가 있습니까?" 하고 송 군이 도전적 어조로 질문하였다.

 "해방을 계기로 남한이 자유민주주의 제도를 수용하고 북한에 공산주의 제도가 도입된 것은, 당시의 국제적 역학관계 때문이었지만, 어떤 새로운 사회제도가 자생적으로 생길 경우에는 언제나 사람들의 의식구조에 획기적 변화가 선행한 것이 역사적 사실이지. 예를 들자면, 서양 중세(中世)의 봉건제도가 무너지고 근세(近世)의 자유민주제도가 자생적으로 싹을 틔웠을 때, 그러한 역사적 전환이 가능했던 것은 그 당시 지식계층의 세계관과 인생관이 크게 변하고 그 변화가 일반대중에게까지 전파됐기 때문이었어. 신(神) 중심의 세계관에서 인간 중심의 세계관으로 바뀌는 의식의 변화가 아니었다면, 봉건제도가 무너지고 민주제도가 일어나는 사회구조의 변화는 일어날 수 없었다고 보는 것이 역사의 상식이 아닐까? 우리나라의 경우도, 양반과 중인(中人), 그리고 상민(常民)과 천민으로 구분되었던 신분제도가 무너지고 만인평등의 새 시대가 열릴 수 있었던 것은, 서양의 문물이 들어오면서 사람들의 의식구조가 바뀌었기 때문이었지. 역사적 전환기에는, 의식의 변화가 앞선 경우도 있고 제도의 변화가 앞선 경우도 있겠지만, 대체로 말하면 두 가지 변화가 상호작용해 가며 동시에 일어난 경우가 대부분이었어요."

 "그렇다면 선생님!" 하고 송 군이 다시 입을 열었다. "단도직입적으로 한 가지 더 여쭈어보겠습니다. 우리나라의 사회상(社會相)을 오늘의 총체적 붕괴로부터 벗어나게 하자면, 선생님께서는 제도의 개혁과 의식의 개혁 가운데서 어느 편에 더 역점을 두어야 한다고 생각하십니까?"

 "두 가지 개혁에 모두 역점을 두어야 할 것이며, 어느 편도 소홀하게 해서는 안 돼요. 제도의 개혁과 의식의 개혁, 모두에 역점을 둔다는 것이 사실상 불가능하다면, 어느 편에 더 역점을 둘 것인지 그 우선순위를 정하는 일이 중요하겠지. 그러나 두 가지 개혁을 동시에 추진하는 일이 불가능하지 않으므로, 굳이 어느 편을 먼저 하고 어느 편을 뒤로 하느냐 하는 문제를 심각하게 따질 필요는 없어요."

"사회현실을 개탄하고 개혁을 위하여 무엇인가 해야 하겠다는 생각을 가진 사람이 여기 있다고 가정했을 경우에, 그가 두 가지 개혁을 모두 꾀할 수는 없지 않습니까? 그는 제도의 개혁과 의식의 개혁 가운데서 하나의 길을 선택해야 할 것이며, 그 선택을 위해서는 두 개혁 가운데서 어느 편이 더 중요하냐를 묻지 않을 수 없다고 저는 생각합니다."

"사회개혁을 위하여 투신하고자 하는 한 개인의 견지에서 본다면 송 군의 말에 일리가 있어요. 그러나 개인의 선택을 위해서 중요한 것은 그 개인이 어느 일에 더 적합하냐 하는 문제이지, 제도의 개혁과 의식의 개혁 가운데서 어느 편이 더 중요하냐 하는 문제는 아닐걸세. 제도개혁 문제에 일가견을 가진 사람은 제도의 개혁을 위하여 정열을 쏟을 일이며, 의식개혁 문제에 일가견을 가진 사람은 의식개혁 운동에 적극 참여함이 마땅하다는 말이지. 직업을 기준으로 말한다면, 정치가는 제도의 개혁을 맡아야 할 것이며, 교육자나 종교가는 의식의 개혁을 맡아야 하겠지. 물론 제도개혁 또는 의식개혁의 과제가 소수 개인들의 노력으로 달성할 수 있는 문제라는 뜻은 아니며, 각계각층이 분업적으로 접근해야 할 문제라는 말이야."

"교육자와 종교 지도자들이 의식개혁을 위하여 노력한다면, 그들은 구체적으로는 기성(既成)의 윤리를 지키라고 설득할 것이 아닙니까? 그런데 여기서 우리는 기성윤리의 본질이 무엇인지에 대해서 냉철하게 반성할 필요가 있다고 생각합니다."

"송 군은 혹시 기성윤리의 본질을 지배계층의 이익을 위한 장치라고 생각하는 것은 아닌가?"

"기성의 도덕률이 모두 예외 없이 지배계층의 이익을 위한 장치라고 생각하지는 않습니다. 하지만 그 가운데 중요한 것들은 지배계층의 이익을 대변한다고 말할 수 있습니다. 우리나라의 전통윤리는 오륜(五倫)을 근본적 도덕률로서 숭상하고 있는데, 그 대부분이 강자(强者)에게 유리한 내용을 담고 있지 않습니까? 효(孝)는 주로 부모를 위하라는 것이고, 충(忠)은 주로 군왕을 위하라는 것입니다. 부부간의 윤리는 주로 아내의 의무를 강조하고 있으며, '장유유서'(長幼有序)의 항목은 형 또는 어른들을 위하라는 가르침을 강하게 함축하고 있습니다."

"봉건윤리가 봉건사회의 신분질서를 반영하고 있다는 것을 부인할 수는 없겠지. 그러나 유교의 모든 도덕률을 계층 대립의 시각에서 보는 것은 옳지 않아요. 유교에서 숭상하는 덕목 가운데도 지배계층의 이익을 옹호하는 것이라고 보기 어려운 것이 적지 않아. 예컨대 충서(忠恕), 인의(仁義), 겸허(謙虛), 강직(剛直), 성실(誠實), 검소(儉素) 등은 유교윤리에서도 크게 존중하는 덕목들인데, 이것들을 지배계층의 이익을 옹호하기 위한 장치라고 보기는 어렵지. 그리고 오륜의 도덕률도 그 당시로서는 사회질서 유지를 위하여 필요했던 것이며, 단순히 지배계층만을 위해서 이바지했다고 본다면 편견이 아닐 수 없어요."

무심 선생과 송 군의 말씨름이 여기까지 진행하는 동안 참을성 있게 듣고만 있던 박 군이 드디어 입을 열었다.

"의식개혁 운동을 전개하는 사람이 전통윤리에 의존한다는 것 자체에 잘못이 있다고 저는 생각합니다. 농경사회와 유교사상을 배경으로 삼고 형성된 우리나라 전통윤리에 의존할 것이 아니라, 시간과 공간을 초월한 절대적이요 보편적인 윤리에 의존해서 의식개혁 운동을 전개해야 마땅할 것입니다. 시간과 공간의 제약을 받고 형성된 경험적 윤리를 앞세우는 까닭에, 윤리라는 것은 지배계층의 이익을 대변하느니 안 하느니 하는 불필요한 문제가 생기는 것이 아닙니까?"

이때, "박 형은 그 전부터 절대적 윤리니 선험적(先驗的) 윤리니 하는 말을 잘 하는데, 도대체 일정한 시대와 일정한 지역에서 형성된 경험적 윤리 말고, 시간과 공간을 초월한 '절대적 윤리'라는 것이 실제로 있습니까?" 하고 송 군이 짜증스러운 어조로 박 군을 반박하였다. 이 시점에서 좌석의 화제는 '윤리란 무엇인가?'라는 문제로 자연스럽게 넘어갔다.

2. 윤리(倫理)란 무엇인가?

'윤리란 무엇인가?'라는 물음은 무심 선생이 별로 환영하는 물음이 아니다. 이론(異論)이 많아서 간단하게 납득이 가도록 설명하기가 쉽지 않을 뿐 아니라, 너무 여러 번 되풀이하여 다룬 문제인 까닭에, 생동감 있게 말할 의욕을 느끼지 못하기 때문일 것이다. 그러나 신선미가 없는 물음이라는 이유로 대답을 회피하지도 못하는 성품이어서, 그날도 '윤리'에 대한 강의 아닌 강의를 하시게 되었다. 무심 선생이 그날 하신 말씀은 대략 다음과 같이 요약할 수 있을 것이다.

국가가 있는 곳에 법률이 있듯이 어느 사회에나 도덕률이 있다. 국가의 법률은 나라마다 다소간 차이가 있고, 개중에는 잘

못된 법 즉 악법도 있다. 도덕률의 경우에도 시대와 국가에 따라서 다소간의 차이가 있고, 더러는 불합리한 도덕률도 있다. 바꾸어 말하면, 한 나라의 법률 가운데 그 나라 국민 전체의 이익과 일치하지 않는 것이 있듯이, 도덕률에도 국민 또는 국가 전체의 이익과 일치하지 않는 것이 있다. 결국 현실의 윤리 규범은 대체로 완전무결한 것이 아니며, 비판을 통하여 수정할 필요가 있는 상대적 규범이다.

타당성이 의심스러운 상대적 규범인 현실의 윤리를 비판하고 수정하기 위해서는 비판과 수정의 거울이 될 수 있는 절대적 윤리가 있어야 할 것이라는 주장이 나오게 되었다. 틀린 답안도 섞인 시험지를 평가하기 위해서는 모범답안이 필요하다는 것과 같은 발상이다. 또 여러 나라의 모든 실정법(實定法)이 거울로 삼고 본받아야 할 자연법(jus naturale)이 존재한다는 것과 유사한 사고방식이기도하다.

여러 철학자들이 시간과 공간을 초월해서 타당성을 갖는 절대적 윤리의 체계를 규명하려고 시도하였다. 신학적 이론에 입각해서 그것을 규명하고자 한 사람들도 있고, 어떤 형이상학설(形而上學說)에 입각해서 그것을 규명하고자 한 사람들도 있었다. 그러나 그들의 학설은 서로 엇갈리고 있으며, 그들의 학설이 입각한 신학설이나 형이상학설을 논리적으로 입증하지 못한 까닭에, 어떠한 학설도 절대적 윤리가 존재한다는 것을 논리적으로 입증하지는 못하였다. 아마 앞으로도 그것을 논리적으로 입증하기는 어려울 것이며, 다만 한갓 믿음으로서 남게 될 것이다.

모든 철학자들이 공간과 시간을 초월하여 보편적 타당성을 가진 절대적 윤리의 존재를 믿은 것은 물론 아니다. 그것을 믿은 철학자도 있으며 믿지 않은 철학자도 있다. 옛날에는 절대적 윤리의 존재를 믿는 사람들이 압도적으로 많았으나, 자연과학의 방법이 인간문제 연구에까지 적용된 뒤부터 그 존재를 믿지 않는 사람들이 점점 늘어나게 되었다.

무심 선생의 설명이 여기까지 왔을 때, 박 군이 성급하게 물었다.
"선생님께서는 그 절대적 윤리의 존재를 믿는 편이십니까? 믿지 않는 편이십니까?"
"신(神)의 명령에 근거한 절대적 윤리 또는 우주의 목적에 근거를 둔 절대적 윤리가 존재한다는 주장에는 찬성하지 않아요. 그러나 인간의 이성(理性)에 근거를 둔 윤리의 가능성은 믿고 있어요. '이성에 근거를 둔 윤리'라는 것이 다름아닌 절대적 윤리냐 하는 것이 여기서 문제가 되지. 이 문제에 대한 대답은 '이성'(reason)이라는 것을 어떻게 보느냐에 따라서 달라질 거요. 이성을 신천적으로 주어진 질대적 심성(心性)으로 본다면 이성에 근거한 윤리는 절대불변의 규범이 될 것이고, 이성 자체도 진화과정을 통하여 경험적으로 형성되는 것으로 본다면 그것에 근거한 윤리에도 변동의 가능성을 인정해야 하겠지."
"선생님께서는 이성을 선천적으로 주어진 절대불변의 것으로 보십니까? 아니면 진화과정에서 경험적으로 형성되는 것으로 보십니까?" 하고 박 군이 다시 추궁하였다.
"'이성'이라는 말 자체가 여러 가지 의미로 쓰여 왔기 때문에 한마디로 잘라서 말하기가 어려워요. 여기서 우리는 독일 관념론자들이 말하는 '절대이성'(絶對理性) 또는 '세계이성'(世界理性)의 존재를 믿느냐 안 믿느냐 하는 물음과 마주치게 되는데, 나는 그런 것의 존재를 믿지 않는 편이야. 그러나 그런 것은 있을 수 없다고 단언하기에는 내 공부가 너무 부족함을 느껴요. 어쨌든, 절대이성 또는 세계이성의 존재를 믿지 않는다면, 이성은 경험적으로 형성되는 것이라는 주장으로 기울어지게 되겠지. 솔직하게 말하자면, 내가 알고 있는 이성은 경험적으로 형성되는 이성뿐이라고 해야 할 것이오."

'윤리란 무엇인가?'라는 물음에 알기 쉽게 대답하고자 한 무심 선생의 말씀이 점점 어려운 이야기로 흘러가고 있다는 느낌이 들었다. 나는 이야기의 방향을 일상적인 문제로 끌어내릴 생각으로 이렇게 대화에 뛰어들었다.

"윤리의 본질을 철저하게 밝히기 위해서는 어느 시대 어느 사회에서나 만날 수 있는 현실적인 윤리뿐 아니라 여러 가지 윤리가 준거(準據)로 삼아야 할 절대적 윤리 또는 이성적 윤리의 문제에까지 파고들어야 하겠지요. 그러나 거기까지 가기 위해서는 아주 많은 이론적 문제들과 씨름을 해야 합니다. 오늘은 우선 첫 단계로서 우리가 일상생활에서 만나고 경험하는 윤리의 성격을 규명하는 문제만을 다루는 것이 어떨까 하는 생각이 듭니다.

우리는 공직자의 부정과 부패, 사기와 횡령, 늙은 부모 학대 등의 현상을 가리켜서 '윤리가 붕괴했다'고 말합니다만, 이러한 현상들을 '윤리의 붕괴'라고 부르는 까닭은 그러한 현상들이 '뇌물을 주거나 받지 말라', '속이지 말라', '남의 것을 횡령하지 말라', '늙은 부모를 효도로써 섬겨라' 하는 따위의 윤리규범을 위반하는 행위이기 때문입니다. 그런데 이러한 윤리규범은 어떻게 해서 생겨난 것이며, 또 그것을 지켜야 하는 이유는 무엇인지에 대해서 우선 생각해 보자는 것입니다."

"참 그것이 좋겠소. 우리들이 현실적으로 부딪치고 있는 문제는 우리의 사회현실 속에 살아 있는 경험적 윤리규범의 성격을 규명하는 문제이니까. 도대체 이러한 윤리규범이 어떻게 생겨났으며, 우리가 그것을 지켜야 하는 이유가 무엇일까? 철학과의 대학원생인 박 군의 견해를 좀 들어봅시다" 하고 무심 선생이 내 의견에 찬동하였다. 박 군은 갑작스러운 지명에 약간 당황한 듯했으나, 비교적 침착하게 자신의 의견을 진술하였다.

"제 생각으로는, 윤리규범에 여러 가지가 있고 그것들이 생기게 된 사정에도 다소간 차이가 있을 것 같습니다. 가령 '사람이 많을 때는 줄을 서서 차례를 기다려라' 하는 도덕률은 배급을 주는 사람 또는 표를 파는 사람 측에서 그러한 요구를 한 것이 발단이 되어 그와 같은 도덕률이 생겼을 것으로 생각됩니다. '뇌물을 주지 말라'와 '뇌물을 받지 말라' 하는 도덕률은 뇌물을 주고받은 사건이 물의를 일으키고, 그러한 사건의 재발을 막기 위한 강자들의 제재가 발단이 되어서 생겼을 가능성이 높습니다. '부모를 효성으로 모셔야 한다'는 도덕률은, 공자(孔子)의 가르침에 뿌리를 두었거나, 공자 이전의 부모들의 소망을 반영하고 생겨났을 것입니다. 도덕률 가운데는 사회의 질서 유지에 필요한 까닭에 생긴 것이 대부분일 것이고, 더러는 강자(强者)의 소망을 따라서 생긴 것도 있으리라고 생각됩니다."

도덕률이 경험적으로 생기게 된 경위에 대한 박 군의 주장은 매우 순조롭게 전개되었다. 그러나 그 도덕률을 지켜야 하는 이유에 대해서는 자신이 없는지, 잠시 말을 중단하였다. 그러한 상황을 직감적으로 판단한 듯, 무심 선생이 이렇게 말하였다.

"경험적으로 생긴 도덕률을 지켜야 할 의무가 무엇이냐 하는 문제는 저명한 철학자들에게도 어려운 문제였지. 여기서 이 문제에 접근하는 방편으로서 '부모를 효도로써 모셔라' 하는 도덕률

하나만을 선택함으로써 문제를 단순화하도록 합시다.
 효도를 하라는 도덕률은 공자의 가르침에 근원을 두었다고 보기보다는 아마 그 전부터 있었다고 보는 편이 옳다고 나는 생각해요. 효(孝)의 역사는 유교의 역사보다도 더 오래라고 보아야 한다는 것은 확실하나, 그 기원이 자식의 효도를 바란 부모의 소망에 있었는지, 부모의 은혜를 깊이 느낀 자녀들의 성찰(省察)에 있었는지, 그것은 단언하기가 어려운 거야. 다만 한 가지 확실한 것은, 만약 모든 자녀들이 예외 없이 자진하여 효도를 실천했다면, '효도로써 부모를 모셔라' 하는 도덕률은 생기지 않았을 것이라는 사실이지. 효도를 어기는 사람도 있기에, '효도로써 부모를 모셔라' 하는 도덕률이 필요하게 되었다고 보아야 한다는 말이지.
 효도라는 것이 부모의 소망에 근원을 두었든 자녀의 성찰에 근원을 두었든, 그것은 반드시 지켜져야 할 규범이라고 공자 및 그 밖의 여러 성현 또는 철학자들이 믿었다는 사실도 의심의 여지가 없을 것이오. 효도가 반드시 실천되도록 하기 위해서는 그 이유가 명백해야 하겠는데, 효도가 부모의 소망 또는 자녀들의 성찰의 근거를 두고 형성된 경험적 산물이라고 말하는 것보다는, 그것이 하늘의 뜻이라든지 또는 인간을 초월한 이법(理法)이라고 말하는 편이 훨씬 더 강력한 이유가 될 것이오. 그러므로 옛날부터 인류의 스승들은 효도를 하늘이 정한 선천적 법칙이라고 주장할 수밖에 없었던 것이지."
 "인류의 스승들이 일반사람들을 설득하기 위한 방편으로서 효도가 선천적 규범이라고 거짓말을 했다는 말씀이십니까?" 하고 이번에는 송 군이 날카로운 질문을 퍼부었다.
 "아니, 그런 뜻으로 말한 것은 아니야. 내 표현이 서툴러서 오해받을 소지가 있었어. 내 말의 뜻은 성현들이 효도를 반드시 지켜야 할 규범으로 믿었고, 그 믿음이 연장되어 효도를 선천적 규범으로 보는 믿음을 수반하게 되었다는 거지요. 효도의 윤리뿐 아니라 모든 도덕률은 반드시 지켜져야 한다고 믿었던 까닭에, 인류의 스승들은 모든 종류의 참된 윤리를 선천적으로 정해진 절대규범으로 보았던 것이지."

"그렇다면 선생님!" 하고 송 군이 다시 물었다. "인간에게 도덕률을 지킬 의무가 있다는 것을 확고하게 하기 위해서는 도덕률이 선천적으로 정해진 것이라고 믿지 않을 수 없었다는 말씀인데, 만약 도덕률이 사회생활 과정에서 경험적으로 생겼다고 한다면, 우리에게 그것을 지킬 의무가 있다고 말할 근거가 없어집니까?"

"송 군이 아주 좋은 질문을 해주었어요. 옛날의 철학자들은 대개 그렇게 생각했고, 지금도 그런 생각을 가진 사람들이 많기는 하지만, 사실은 도덕률이 경험적인 산물이라 하더라도 그것이 타당성을 가진 도덕률이라면, 우리에게 그것을 지킬 의무는 충분히 있다고 보아야 한다는 것이 현대 윤리학자들의 우세한 생각이오."

"지금 선생님께서 '그것이 타당성을 가진 도덕률이라면'이라는 단서를 붙이셨는데, 사회생활 속에서 형성된 경험적 도덕률의 거울이 될 만한 절대적 도덕률이 존재하지 않는다면, 무엇을 기준으로 삼고 경험적 도덕률이 타당성을 가졌는지 안 가졌는지를 판별할 수 있습니까?"

"경험론적 견지를 취하는 윤리학자들은 윤리라는 것을 '삶의 지혜'라고 생각해요. 여기서 '삶의 지혜'라 함은 사회생활에서 생기게 마련인 문제들, 특히 인간적 갈등의 문제들을 해결하기에 필요한 행위의 처방이라는 뜻이지. 윤리를 '삶의 지혜'라고 본다면, 도덕률이 타당성을 가졌는지 안 가졌는지는 그것이 인간적 갈등의 문제를 풀기에 적합한 행위의 처방 구실을 할 수 있느냐 없느냐에 따라서 판별할 수 있게 되지. 주어진 도덕률이 인간적 갈등의 문제를 풀기에 적합한 행위의 처방 구실을 할 수 있느냐 없느냐를 검증(檢證)하기가 언제나 쉬운 것은 아니지만, 이 어려움 때문에 윤리를 삶의 지혜로 보는 견해가 큰 손상을 입지는 않아요."

"그렇지만 선생님, 매우 간단한 도덕률의 경우에도 그것이 반드시 인간적 갈등을 해결하는 데 큰 도움이 된다고 보기는 어렵지 않습니까? 예컨대, '사람이 많이 모였을 때는 줄을 서서 차례를 기다려라' 하는 도덕률 때문에, 이를 지키는 사람들과 지키지 않는 사람들 사이에 갈등이 생길 수도 있지 않습니까? 만약 효도의 도덕률이 없었더라면 부모는 자식의 효도를 기대하지 않을 것이고, '불효자'로 인한 갈등도 없을 터인데, 그것이 있는 까닭에 부모는 자식의 효도를 기대하게 되고, 그 기대 때문에 도리어 부자간의 갈등이 생길 수도 있지 않겠습니까?"

송 군의 질문에는 억지스러운 점이 있는 듯도 했으나, 그런 억지가 어디 있느냐고 일축할 수는 없는 것이 철학자인 무심 선생의 처지였다. 허(虛)를 찔린 듯, 잠시 말이 없었던 무심 선생은 이렇게 상황을 수습하였다.

"송 군은 재미있는 문제를 제기했어요. 우리 차를 한 잔 다시 들면서 송 군이 제기한 문제를 생각해 봅시다."

3. 왜 윤리를 지켜야 하는가?

무심 선생은 윤리가 인간적 갈등을 해소하는 처방을 제시한다는 뜻에서 그것은 '삶의 지혜'에 해당하다고 말했었다. 무심 선생의 이 말 뒤에는 두 가지 전제가 숨어 있었다. 하나는 사회생활에서 일어나는 인간적 갈등은 해소되는 것이 바람직하다는 전제이고, 또 하나는 도덕률이 일반적으로 지켜질 것으로 가정하는 전제였다. 그리고 아까 송 군이 제기한 문제는 이 두번째 전제에 대하여 의문이 있음을 말한 것이었다. 무심 선생은 송 군이 제기한 문제를 이렇게 다시 정리하였다.

"아까 송 군은 도덕률이 있음으로 말미암아 도리어 사회적 갈등이 생길 수도 있다는 말을 했어요. 모든 사람들이 도덕률을 지켜준다면 문제는 없겠지만, 그것을 지키는 사람들과 지키지 않는 사람들이 생기는 것이 우리들의 현실이고, 여기서 지키는 사람들과 지키지 않는 사람들 사이에 갈등이 생기는 것은 흔히 경험하는 현상이지. 그리고 이 갈등 배후에는 '도덕률은 마땅히 지켜야 한다'는 의견과 '그것은 지킬 필요가 없다'는 의견의 대립이 있다고 보아야 하겠지.

그런데 '도덕률은 지킬 필요가 없다'는 의견에도 두 가지가 있어요. 하나는 아무도 그것을 지킬 필요가 없다는 의견이고, 또 하나는, 다른 사람들은 도덕률을 지켜줄 것을 바라면서, 자기만은 지킬 의사가 없다는 의견이지. 남에게는 도덕률의 준수를 희망하면서 자신만은 지키지 않겠다는 것은 논리의 모순을 범한 생각이니, 그것은 부당한 것으로 제쳐놓아야 하겠지. 문제는 아무도 도덕률을 지킬 필요가 없다고 하는 주장인데, 이 주장이 과연 진심으로 말하는 주장인지 아닌지부터 생각해 보기로 합시다.

모든 사람이 모든 도덕률을 지킬 필요가 없다고 진심으로 생각하는 사람은 거의 없을 거요. 모든 사람들이 모든 도덕률을 지키지 않는다면, 사회질서가 완전히 무너지고 아무도 편안하게 살 수가 없을 것이므로, 정신이상 환자가 아닌 이상 누구도 그런 상태가 되는 것을 진심으로 원하지는 않을 것이오.

그러나 어떤 특정한 도덕률에 대해서는 모두가 그것을 지킬 필요가 없다고 생각하는 사람들이 있을 수 있을 것이오. 예컨대, 성 해방론자 가운데는 '순결을 지켜라'는 도덕률을 전적으로 거부하는 사람이 있을 것이고, '금연석에서는 담배를 피우지 말라'는 도덕률을 전적으로 거부하는 애연가가 있을 수도 있겠지. 즉, '순결을 지켜라'와 '금연석에서는 담배를 피우지 말라'는 도덕률의 경우는, 모두가 그것을 지키지 않기를 바라는 사람이 있을 수 있다는 말이지."

"그렇다면, '순결을 지켜라' 또는 '금연석에서는 담배를 피우지 말라'는 도덕률은 타당성을 가졌다고 보아야 합니까, 갖지 않았다고 보아야 합니까?" 하고 송 군이 도전적인 어조로 질문하였다.

"송 군의 이 질문에 대답하기 위해서는 '윤리는 삶의 지혜'라고 했던 앞의 말로 되돌아갈 필요가 있어요. 삶의 문제 가운데서 가장 중요한 것이 인간적 갈등의 문제라고 보았던 까닭에 아까는 인간적 갈등의 해소를 위한 처방으로서의 구실을 강조했지만, 이제는 '삶의 지혜'라는 말을 좀더 넓은 의미로 생각해야 할 것이오. 쉽게 말해서, 그것은 '만족스러운 삶' 또는 '행복한 삶'을 위한 지혜라는 뜻으로 이해할 필요가 있다는 말이오.

어떤 도덕률의 타당성을 판가름하는 기준은 그것이 만족스러운 삶을 위한 지혜로서의 구실을 하느냐 못 하느냐에 달려 있다고 보아야 할 것이오. 아까 예로 들었던 '순결을 지켜라'를 가지고 다시 생각해 봅시다. '순결을 지켜라' 하는 도덕률은 여러 가지 뜻으로 분석할 수 있으므로, 그대로 뭉뚱그린 채 그 타당성 여부를 묻는 것은 적당하지 않겠지. 따라서 이 도덕률을 다시 여러 가지 경우로 나누어서 그 각각의 경우에 '삶의 지혜'로서의 구실을 할지 못 할지를 따져보아야 할 것이오.

신부(神父)나 수녀의 경우는 '절대순결'(絕對純潔)이라고 해서 성생활을 전적으로 단념하는 것을 당연하다고 생각하지만, 절대순결로서의 '순결을 지켜라'를 일반인의 행복을 위한 삶의 지혜가 된다고 보기는 어렵겠지. '순결을 지켜라'를 '혼외정사(婚外情事)를 범하지 말라'는 뜻으로 이해할 경우에는 일반적으로 삶의 지혜로서의 구실을 할 것으로 일단 생각할 수 있지만, 사랑하는 남녀가 독신주의자일 경우는 논란의 여지가 있을 수 있겠지.

성(性)에 관한 도덕률은 사회상(社會相)의 변천을 따라서 상당한 영향을 받았어요. 우리나라의 전통사회에서는 독신주의가 용납되지 않았으므로, 모든 혼외정사는 당연히 죄악시되었지. 그러나 그 시절에는 축첩이 허용되었으므로, 여자에게만 엄격한 순결이 요구되고 남자에게는 관대했다는 모순이 생기기도 했어요.

서양에서도 상상 속에서의 간음조차 죄악으로 규정한 때가 있었으나, 요즈음은 결혼은 하지 않고 동거생활만 하는 남녀에 대하여 관대한 나라가 많은 것으로 알고 있어요. 우리나라에서는 전통적으로 혼인관계가 없는 남녀가 동거생활을 하는 것은 용납할 수 없는 불륜으로 여겨 왔지만, 근래는 앞으로 결혼할 의지만 확고하다면 혼전에 동거생활을 하여도 해괴망측하다고까지는 생각하지 않는 사람들이 많이 생겼지.

이와 같이 성윤리에 관한 도덕관념은 나라에 따라서 차이가 있고 시대에 따라서 변천한다는 것을 확인하게 되는데, 다양하고 변천하는 성윤리 바탕에 한 가지 공통점이 깔려 있는 것을 찾아볼 수 있어요. 그 공통점이란 모든 시대와 모든 사회의 도덕관념은 그 시대와 그 사회의 현실적 여건을 크게 반영한다는 사실이오. 예컨대, 결혼연령이 낮았던 옛날에는 미혼남녀의 순결을 절대 불가침의 고귀한 가치로서 숭상했으나, 30세가 가까워야 결혼하는 사람이 많은 요즈음은 사생아만 낳지 않는다면 미혼남녀의 야합을 크게 문제삼지 않는 경향으로 흐르고 있어요.

성생활이 문란할 때 사회생활 전체의 질서가 위협을 받게 마련인데, 모든 시대와 모든 사회의 성윤리는 그 시대와 그 사회의 질서 유지를 위한 규범으로서의 의미를 가졌어요. 사회생활 전체의 질서 유지를 위하여 성생활을 어느 정도까지 규제할 필요가 있느냐 하는 것은 각 사회의 실정에 따라서 다르므로, 성윤리의 규범도 시대와 사회를 따라서 달라진다고 볼 수 있지.

성문제에 관한 윤리뿐 아니라, 다른 모든 윤리도 사회의 질서 유지를 위한 규범이라는 점에서 다를 바가 없어요. 그러므로 모든 도덕률의 타당성 문제는 그 도덕률이 사회의 질서 유지를 위하여 과연 적합하냐 아니냐에 따라서 결정된다고 보아야 하겠지. 예를 들어서 '여자는 절대로 두 지아비를 섬기지 말라' 하는 도덕률은 옛날 우리나라 양반사회의 질서 유지를 위하여 필요하다고 인정되어서 그 타당성이 인정되기도 했지만, 현대에 이르러서는 '사회질서'에 대한 관념도 바뀌고 여성의 인권에 대한 의식도 달라진 까닭에, 과부나 이혼녀의 재가(再嫁)를 금지하는 도덕률은 그 타당성을 인정받지 못하게 되었어."

무심 선생의 설명이 여기까지 왔을 때, 박 군이 매우 좋은 질문 하나를 던졌다.

"선생님, 선생님께서는 모든 윤리가 사회의 질서 유지를 위한 규범이라고 말씀하셨는데, 도덕률 가운데는 사회의 질서 유지를 위한다는 소극적 목적을 가진 것뿐 아니라, 사회의 발전과 개선이라는 적극적 목적을 가진 것도 있지 않습니까? 무엇을 하지 말라고 금지하는 도덕률은 대개 '질서의 유지'라는 소극적 목적을 위한 것이라고 말할 수 있지만, '주인의식을 가지고 직업에 임하라' 또는 '어려운 이웃을 도와라' 등 무엇을 하라고 권장하는 도덕률은 단순히 질서의 유지를 위한 것이라기보다는 더욱 좋은 사회를 만들기 위한 적극적 목적을 가졌다고 보아야 하지 않을까요?"

"박 군이 아주 좋은 점을 지적해 주었어. 내가 설명을 서두르는 바람에 윤리의 소극적 기능만을 말하고 그 적극적 기능에 대한 언급을 빠뜨린 거야. 아주 좋은 질문이었어."

"선생님, 질문이 또 하나 있습니다. 우리는 언제나 무엇을 위한 수단으로서 도덕률을 지키는 것인지, 도덕률을 지키는 것 그 자체가 목적인 경우는 없는지 그것이 알고 싶습니다. 사회의 질서 유지나 그 발전을 위한 규범으로서 윤리가 있는 것이라면, 윤리는 사회의 질서 유지 또는 그 발전을 목적으로 삼는 수단이라는 뜻이 되지 않습니까?"

"그것도 아주 좋은 질문이오. 칸트는 자연계를 지배하는 법칙이 있듯이 이성(理性)이 따라야 할 법칙이 있다고 전제하고, 이 실천이성(實踐理性)의 법칙을 따라서 사는 것이 가장 바르고 값진 삶이라고 주장했었지. 그러니까 칸트에 따르면 윤리를 지키는 것 자체가 삶의 최고목표에 해당한다고 보아야 하며, 다른 무엇을 위하여 도덕률을 지킨다는 것은 진정한 윤리적 태도라고 볼 수 없다고까지 그는 말했어요. 그러나 칸트의 경우는 시간과 공간을 초월하여 보편적으로 타당성을 갖는 절대적 도덕률이 존재한다는 전제에서 출발한 것이고, 우리가 문제삼고 있는 도덕률은 사회를 따라서 다양하고 시대를 따라서 변천하는 경험적 도덕률이므로, 사정이 다르다고 보아야 하겠지. 바꾸어 말하면, 우리들이 현실생활 속에서 경험하는 도덕률은 바르고 값진 삶을 위한 규범이라고 보아야 한다는 뜻이오. 다만, 인간의 심리에는 '관심의 변전'(mutation of interest)이라는 현상이 있어서 지극히 소중한 수단은 그 자체가 목적으로서의 성격을 띠게 되는 경우도 흔히 있으며, 윤리적 태도도 그 자체가 아름답고 값진 삶의 일부로서 인정될 수 있다는 뜻에서, 윤리가 단순히 수단으로서의 성격만을 갖는 것은 아니라고 말할 수도 있어요."

무심 선생의 말씀이 일단락을 지었을 때, 이번에는 송 군이 질문의 기회를 잡았다.

"선생님, 지금까지의 말씀에 따르면, 사회의 질서를 유지하고 더욱 발전시켜서 살기 좋은 사회를 만들기 위해서 윤리는 지켜야 한다는 결론에 이를 것 같습니다. 그렇다면 결국 국가와 사회를 위해서 윤리를 지켜야 한다는 말이 되는데, 국가와 사회를 위하는 길과 개인이 자신을 위하는 길이 일치한다고 보지 않는 한, 개인이 윤리규범을 지켜야 할 이유가 분명치 않다는 생각이 듭니다. 개인주의의 경향이 강한 현대인의 입장에서 볼 때, 왜 내가 반드시 사회의 질서 유지와 그 발전을 위해서 윤리를 지켜야 하는지, 그 이유가 명백하지 않을 것 같습니다."

"음, 역시 좋은 질문이오, 그런 질문을 받았을 때, 대학 강단에서는 흔히 '단기적으로 보면 개인의 이익과 사회의 이익이 일치하지 않을 경우가 많으나 장기적 안목으로 계산을 하면 결국은 개인의 이익과 사회의 이익이 일치하게 된다'는 식으로 대답하기도 하는데, 역시 만족스러운 대답이라고 보기는 어려워요. 이 문제에 대해서는 김선생의 의견을 들어봅시다."

4. "윤리는 나 자신을 위해서도 지켜야 한다"고 말할 수 있는가?

나로서는 갑자기 설득력 있는 대답을 하기가 어려웠다. 시간도 벌기 겸하여 나는 우리의 문제를 다른 시각에서 접근하자고 제언하였다.

"현대 우리 사회에서 부도덕한 행위를 하는 사람들이 많은 것은, 도덕적 행위가 타인과 공동체를 위하는 길은 될지 모르나 자기자신을 위해서는 손해 보는 길이라는 생각이 우세하기 때문입니다. 나는 도덕적 행위가 자신에겐 불리하다는 의견이 윤리의 본질에 대한 그릇된 인식에 기인한다고 생각하지만, 도덕률을 지킴으로써 손해를 보는 경우가 현실적으로 있다는 사실을 부인하진 않습니다. 그러므로, 여기서 우리는 도덕적 행위가 그 행위자에게 불리한 결과를 가져오는 것은 무엇 때문인가부디 우선 살펴보고, 그 뒤에 나의 손해를 무릅써 가며 도덕적으로 행동할 이유가 있는가, 있다면 그 이유는 무엇인가 등의 문제를 생각해 보는 것이 좋겠습니다."

"그렇게 하는 것이 좋을 것 같소. 그러면 우선 도덕적으로 행위하는 것이 본인에게 손해가 되는 구체적 사례를 들어보고, 손해를 보게 되는 까닭이 무엇인지 생각해 봅시다. 뭐 좋은 사례(事例)가 없을까?" 하고 무심 선생이 좌중을 돌아보았다. 이때, "선거법을 위반하는 경우는 어떨까요?" 하고 송 군이 반응을 보였다. "우리나라에도 선거법이라는 것이 있는데, 이 법을 지키는 후보는 모두 떨어지고, 법을 크게 어기는 후보가 당선되는 것이 우리의 현실입니다. 법을 지키는 것도 도덕적 행위임에 틀림이 없다면, 우리나라의 선거에서 법을 지킨 사람들이 낙선하는 것은 도덕적 행위가 본인에게 손해를 가져오는 대표적인 예라고 볼 수 있을 것 같습니다."

"법을 어기면서까지 당선되는 것이 과연 본인을 위해서 바람직한 일이냐 아니냐 하는 물음을 제기하지 않는다면, 송 군이 말한 것은 좋은 예가 되겠지. 이 예를 두고 우리가 생각해야 할 것은, 선거법에 관련해서 법을 지키는 사람은 손해를 보고 어기는 자는 이익을 보는 까닭이 무엇인가를 밝히는 일일 거요." 이렇게 말하며 무심 선생은 송 군을 바라보았다. 그 까닭을 선생 스스로 말하는 것보다는 송 군으로 하여금 찾아내게 하는 것이 바람직하다고 생각했기 때문일 것이다. 그러나 송 군은 갑자기 뭐라고 말해야 옳을지 생각이 나지 않는 듯 침묵을 지켰다.

"그러면 우리 다 함께 생각해 보기로 하지. 우선 선거법 자체에 문제가 있는 것이 아닐까? 우리 현실에 전혀 맞지 않는 법조항이 많다면, 그 법에도 문제가 있다고 보아야 하겠지. 그리고 지킬 수 있는 법조항까지 어기는 후보자가 있다면 그들에게도 책임이 있다고 보아야 할 것이고, 돈을 남보다 더 뿌린 사람에게 표를 던진 유권자가 많다면 그들에게도 책임이 있다고 보아야 하겠지."

무심 선생의 이 분석에 박 군과 송 군도 공감을 느꼈을 것으로 생각되었다. 그러나 이 분석 속에 포함된 핵심을 그들이 제대로 이해했을지에 대해서는 의심스러운 점이 있었다. 이에 나는 무심 선생 말씀의 핵심을 부각시키기 위하여 주석을 달았다.

"선생님 말씀의 요점은, 법률 또는 도덕률을 지키는 행위가 본인에게 불이익을 가져오는 것은, 그 법률 또는 도덕률에 문제가 있거나, 그 법률 또는 도덕률을 어기는 사람들이 많기 때문이며, 법 또는 윤리의 본성 때문에 그런 것은 아니라는 뜻으로 이해가 됩니다. 그리고 선생님의 말씀 배후에는 법이나 도덕률을 바르게 고치고 모두가 그것을 지킬 경우에는 도덕적인 사람이 피해를 본다는 모순은 생기지 않을 것이라는 희망도 깔려 있다고 생각됩니다."

"김 선생 고맙소. 그것이 바로 내가 하고 싶었던 말이오. 윤리를 지키는 사람이 손해를 보는 것은 윤리의 본성 때문이라는 그릇된 생각을 바로잡자는 것이 내 말의 본뜻이었는데, 내 표현이 부족했던 것이지."

"아직도 저는 실감이 나지 않습니다" 하고 송 군이 이의를 제기했다. "제가 보기에는 도덕적인 사람이 손해를 보는 경우가 많은 것은 일반적 현상이며, 우리가 아무리 애를 써도 이 현상을 없앨 수는 없을 것 같습니다."

"송 군의 말에도 일리가 있어요. 그러나 한 가지 확실한 것은 오늘의 윤리적 붕괴가 파국에 이르도록 방치할 수는 없다는 사실이오. 흔히 말하는 '도덕성의 회복'을 위해서 무엇인가 노력을 해야 한다는 것을 전제로 삼고, 무엇을 할 것인가를 궁리해 볼 필요가 있다는 말이지.

우선 생각할 수 있는 길의 하나는, '도덕적 행위가 나 자신에게 손해가 된다 하더라도, 바르게 사는 길이 도덕의 길이니 도덕률은 지켜야 한다'고 사람들에게 역설하는 길이오. 그러나 그러한 설득이 실리를 탐하는 현대인에게 얼마나 먹혀들어갈지 의문이고, 또 선천적으로 주어진 절대적 도덕률이 존재한다는 확신을 갖지 않은 처지에서 그러한 설득을 할 이론적 근거가 미약하오.

그 다음으로 생각하게 되는 것은, '도덕적으로 행위하는 것은 길게 볼 때 결국은 본인 자신을 위하는 길이기도 하다'는 말을 현실로써 뒷받침할 수 있는 사회를 건설하도록 함께 노력하는 길이오. 말을 하다 보니 이야기가 너무 거창하게 된 것 같소."

나도 무심 선생의 말이 감당하기 어려운 거창한 문제로 빠진다고 느꼈다. 그분의 말씀이 쉽게 풀리도록 도와드리고 싶은 생각으로 나는 이렇게 제안하였다.

"선생님께서 언젠가 이런 말씀을 하셨습니다. '옛날사람들은 천벌이 두려워서 또는 타인의 이목(耳目)이 두려워서 도덕률을 지키거나, 양심의 가책 때문에 도덕률을 지켰다. 그러나 요즈음은 과학의 발달로 천벌(天罰)이라는 것을 믿는 사람이 적으며, 집안이나 동네 어른들의 권위가 떨어졌으므로 남의 이목도 두려울 것이 없고, 양심도 마비된 세상이므로, 사람들이 도덕률을 지키지 않는다. 현대인으로 하여금 도덕률을 지키게 하기 위해서는, 오로지 도덕률의 준수가 결국은 나 자신을 위하는 길이라는 신념을 갖게 하는 길밖에 없다.' 대략 이런 말씀을 하신 적이 있습니다. 그러므로 같은 맥락에서, '사람들로 하여금 윤리의 길이 결국은 나 자신을 위하는 길이기도 하다는 신념을 갖게 하기 위해서는 어떻게 해야 하는가?' 하는 문제에 대답하는 길로 접근하는 것이 좋을 듯합니다. 왜냐하면, 이 문제에 대답하게 되면, '도덕적으로 행위하는 것은 길게 볼 때 결국은 나 자신을 위하는 길이기도 하다'는 말을 현실적으로 뒷받침할 수 있는 사회를 건설하는 길도 열리게 될 것이기 때문입니다."

"글쎄, 김 선생의 말을 따르는 편이 나을 것 같소. 두 가지 길이 궁극에 가서 서로 만나게 되지만, '도덕적인 사회를 실현하는 길이 무엇이냐?' 하는 물음보다는 '사람들로 하여금 도덕적으로 행위하는 것이 길게 볼 때 결국 본인 자신을 위하는 길이라는 신념을 갖도록 하자면 어떻게 해야 하느냐?' 하는 물음이 접근하기가 다소 용이하겠지."

무심 선생과 나의 대화에 대하여 송 군은 그 핵심을 얼른 파악하지 못한 듯, 한두 가지 질문을 하였다. 그러나 곧 납득이 간다며 이렇게 말했다.

"그렇다면 지금 우리가 이야기하고 있는 문제는 '윤리'에 대한 사람들의 불신을 어떻게 없애느냐 하는 물음으로 바꾸어 놓을 수도 있겠습니다. 제 생각으로는, 윤리에 대한 불신을 없애려면 우선 법(法)에 대한 불신부터 없애야 할 것 같습니다. 왜냐하면 도덕률 가운데서도 가장 중요한 것들에 대하여 공권력이 제재(制裁)로써 그것들을 옹호할 것을 규정할 때, 그것들이 바로 법이 되는 것이기 때문입니다."

"옳은 말이오. 송 군은 법학을 공부한다고 했지. 그런데 법에 대한 불신을 없애기 위해서는 어떻게 해야 하겠소?" 하고, 무심 선생이 송 군에게 계속 발언할 기회를 주었다.

"우선 법체계의 시정과 보완이 앞서야 한다고 생각합니다. 우리나라의 현행법 가운데도 비민주주의적인 조항들이 섞여 있고, 우리 현실에 맞지 않는 법률도 있으며, 새로운 사태에 대비해서 보완이 필요한 경우도 있습니다. 우선 이러한 법의 모순점 또는 미비점을 시정 보완해야 합니다. 그리고 그 다음에는 사법행정이 공정해야 합니다. 즉 법은 모든 사람에게, 지위의 고하를 불문하고, 똑같이 적용되어야 합니다. 그러기 위해서는 사법부가 행정부의 영향력을 배제함은 물론이고, 사법부 자체가 깨끗해야 하겠지요."

무심 선생은 송 군의 말에 전적으로 동감이라며 칭찬하였다. 그리고 다시 이렇게 말했다.

"송 군이 법에 대해서 말한 것과 거의 비슷한 주장을 우리는 윤리에 대해서도 말할 수가 있어요. 법에 불합리한 조목이 있듯이, 전통적으로 숭상되어 온 도덕률에도 불합리하거나 현실에 맞지 않는 것이 있고, 또 새로운 사태에 대비하여 보완해야 할 문제점을 안고 있을 경우가 있지. 예컨대, 우리나라 전통윤리의 정서에 따르면, 장관이나 국회의원 같은 유력한 지위에 오른 사람은 일가친척의 청탁을 어느 정도 들어주어야 해요. 그러나 이러한 사고방식은 공사(公私)의 엄격한 구분이 요구되는 현대사회에서는 적합하지 않아. 또 우리나라의 전통적 부덕(婦德) 가운데도 오늘의 현실에 맞지 않는 것이 많으며, 공업화와 도시화 또는 국제적 교류 등 새로운 사태는 옛날에는 없어도 무방했던 새로운 윤리규범을 요구하기도 해요. 자동차 운전과 주차에 관한 윤리가 그 알기 쉬운 예겠지"

"그러나 법의 경우는 입법기관이 있어서 현행법의 미비한 점을 시정 내지 보완하고 이를 명문화할 수 있지만, 윤리의 경우에는 누가 어떻게 그 미비한 점을 고치고 보완하며, 또 그것을 어떻게 주지시킬 수 있습니까?" 하고 이번에는 박 군이 날카롭게 질문하였다.

"아주 좋은 점을 지적했어요. 바로 그 점 때문에 윤리의 개정(改定)은 법의 개정보다도 더욱 어렵지. 윤리체계의 내용에 해당하는 도덕률을 제정하는 특권을 가진 기관이나 개인이 따로 없는 까닭에, 윤리체계의 수정 내지 보완은 법의 그것보다도 훨씬 오랜 세월을 요구하게 마련이오.

고대의 원시사회에서는 법과 윤리의 구별이 없었을 것이고, 부족의 우두머리가 내린 명령이 법도 되고 윤리로서의 권위도 가졌겠지. 고대사회에서는 대개 정치의 우두머리는 종교의 우두머리를 겸했으며, 그들이 내리는 명령은 자신들의 뜻이라기보다는 신(神) 또는 하늘(天)의 뜻을 전하는 것이라고 주장했어요.

역사가 진전함에 따라서 정치의 권위자와 종교의 권위자가 나누어지게 되었고, 법과 윤리의 구별도 생겼을 것이야. 그러나 모든 경우에 종교의 우두머리가 윤리를 장악했다고 보기는 어려우며, 중국의 유학자들과 그리스의 철학자들의 경우와 같이 학자들이 윤리의 규범을 제시한 사례도 있어요. 다만 옛날에는 학자들이 윤리의 규범을 제시했을 경우에도 그 규범의 원천은 하늘의 뜻(天意) 또는 우주의 이법(理法)과 같은 선천적 원리에 있다고 주장했으므로, 그들의 윤리는 절대적인 것이었고, 제시된 윤리규범의 부족한 점을 시정하거나 보완하는 문제는 제기되지 않았어.

그러나 자연과학의 방법을 인간연구에까지 적용하게 된 근세 이후에, 선천적이요 절대적 타당성을 가진 윤리규범의 존재에 대한 회의(懷疑)가 강하게 일어나면서, 사정이 크게 달라졌어요. 지금도 윤리의 기본 원리는 역시 선천적이요 절대불변한다고 주장하는 학자들이 적지 않으나, 우리 일상생활에서 부딪치는 구체적 도덕률들까지 불변하는 절대적 타당성을 가졌다고 보는 학자는 별로 없어요. 예컨대, 조선 시대의 자녀들에게 요구되었던 것과 똑같은 형태의 효(孝)를 지금도 주장하는 사람은 없으며, 중세기의 기독교 사제(司祭)들이 주장했던 바와 같은 형태의 절대 순결을 지금도 요구하는 사람은 거의 없어요.

완고한 사람들도 현대에 적합한 효도의 길을 생각하게 되고, 현대인에게 요구되는 순결의 길을 생각하게 되지. 그 현대사회에 적합한 도덕률을 누가 정하느냐고 박 군이 아까 물었어요. 옛날에는 성현이 나타나서 사람의 도리를 제시했지만, 현대에는 성현이 나타나기 어려우니, 그들을 대신하여 여러 분야의 학자들이 현대에 맞는 윤리를 제시해야 하겠지. 여러 분야의 학자들이 윤리문제에 대하여 같은 견해를 갖는다는 보장이 없으므로, 대립된 견해 가운데서 설득력 강한 쪽이 세력을 얻을 것이며, 이 과정에서 언론의 영향도 크게 작용할 것이오. 대립된 견해들 가운데서 하나의 주류(主流)가 생길 때까지는 오랜 세월이 걸릴 것이니, 법률을 고치거나 보완하는 일보다는 몹시 어려운 과제일 수밖에 없을 거야."

"아까 송 형이 법에 대한 불신을 없애기 위해서는 법이 만인에게 공평하게 적용되어야 한다고 했습니다. 윤리의 경우에도 사정이 비슷하다고 생각됩니다. 즉, 도덕률을 모든 사람들이 다같이 지키면 윤리가 모든 사람을 위하는 결과를 가져오겠지만, 그것을 지키지 않는 사람들이 많으면 그것을 지키는 사람은 당장 손해를 보게 됩니다. 법의 경우는 사법행정을 엄격하고 공정하게 시행함으로써 모두가 그것을 준수하도록 한다지만, 윤리의 경우에는 어떤 방법으로 윤리를 배반하는 사람들을 막을 수 있습니까?"

"박 군은 또 매우 좋은 질문을 했어요. 그러나 이번 질문은 대답하기가 매우 어려운 질문이야. 법의 경우에는 공권력을 동원하여 위법자를 처벌하는 길이 있지만, 윤리의 경우에는 그러한 강제력이 없으니, 윤리가 살아 있는 사회를 만들기는 법이 살아 있는 사회를 만들기보다도 더욱 어려울 수밖에 없다는 것을 인정하지 않을 수 없어요."

"아무리 어렵다 하더라도 뒷짐을 지고 바라만 볼 수도 없지 않습니까? 결국은 의식의 혁명을 일으켜야 하겠는데, 의식의 혁명을 위해서는 사회구조를 새롭게 하는 정치적 혁명이 앞서야 한다는 주장을 하는 사람도 있습니다. 선생님께서는 개혁보다도 혁명을 주장하는 급진론의 논리를 어떻게 생각하십니까?"

"혁명이라는 것은 폭력까지 사용하여 속전속결로써 세상을 변화하게 하는 극단적 사건을 말하는 것인데, 의식(意識)은 단시일 안에 근본적으로 개혁하기가 어려워. 제도를 바꾸기 위해서라면 급진적 방법을 사용해야 할 경우가 있을지 모르나, 의식의 개혁을 위해서는 급진적 처방은 무리라는 것이 내 생각이야. 물론 의식의 개혁을 위해서는 그것을 뒷받침할 만한 제도의 개혁이 병행해야 하겠지. 그러나 의식의 개혁과 병행해야 할 제도의 개혁은 점진적으로 진행되어야 해.

윤리를 배반하는 사람들의 수를 줄이기 위해서는, 아까 송 군이 말했듯이, 우선 법질서를 확립해야 해요. 법이라는 것은 윤리 가운데서 가장 중요한 부분에 해당하므로, 법질서의 확립은 윤리적 질서 확립의 중추노릇을 할 수 있어요. 법질서의 확립과 아울러서 불합리한 제도를 점진적으로 고쳐나가야 하겠지. 불합리한 제도로 인해서 도덕적인 사람들이 손해를 보는 경우가 많으니까.

그리고 늘 하는 말이지만, 어린이들로부터 노년층에 이르는 모든 사람들의 사고방식을 바꾸어놓기 위한 인성교육(人性敎育)을 위하여, 부모와 교사는 물론이요, 종교계와 언론계의 인사들을 포함한 모든 분야의 지도층 인사들이 적극적인 노력을 쏟아야 해요. 인성교육의 문제에 대해서도 할 말이 많겠지만, 다음 기회로 미루고, 오늘은 이 정도로 담론을 끝맺는 것이 어떨까?"

나는 시계를 보았다. 대화에 많은 시간을 빼앗기기는 했으나, 선생을 모시고 가까운 산에 오를 시간은 아직 남아 있었다.

제 9 장
국제화 시대와 한국민족

1. 국제화 시대와 민족주의

　강 여사와 윤 여사의 소식이 끊긴 지도 꽤 오래되었다. 특별한 까닭이 있었던 것은 아니고, 차일피일 그렇게 되었을 뿐이다. 무심 선생과는 통화도 자주하고 가끔 찾아뵙기도 했으나, 두 여인에 대해서는 서로 침묵을 지켰다. 여자에 관한 이야기를 끄집어 내는 데는 다소간 용기가 필요한 것일까.
　그러던 어느 날 윤 여사로부터 전화가 걸려 왔다. 강 여사와 함께 있는 자리에서 건 전화였다. 그 동안 격조했다는 인사말이 있었고, 언제 날을 잡아서 무심 선생을 함께 찾아뵙자는 제안이 있었다. 무심 선생에게 연락을 취하는 일은 내가 맡기로 하고, 아쉬운 전화를 끊었다.
　약속을 따라서 세 사람이 무심 선생 댁을 방문한 것은 어느 화창한 봄날 오후였다. 때마침 선생 댁에는 선객(先客)이 와 있었다. 무심 선생과의 면담을 위하여 찾아온 어느 주간신문의 젊은 기자였다. 기자가 무심 선생 댁을 방문한 시간이 약속보다 늦어졌던 까닭에, 우리 일행과 겹치게 된 모양이었다.
 우리 일행의 도착으로 인하여 무심 선생과의 면담 분위기가 깨졌음을 의식한 듯, 기자는 서두르는 어조로 이렇게 말하였다.
 "선생님, 끝으로 한 가지만 더 여쭈어보겠습니다. 요즈음 항간에서는 '세계화'의 시대가 도래한다는 말이 떠돌고 있습니다. 이제까지는 기성세대의 지식인들이 대체로 민족주의적 색채를 가졌다고 생각됩니다만, 앞으로 '세계화'와 '민족주의'의 갈등을 어떻게 해결해야 한다고 보십니까?"
 이 만만치 않은 질문에 무심 선생이 무엇이라고 대답할지 궁금하여, 나는 긴장을 느끼며 귀를 기울였다. 그러나 무심 선생은 이렇게 슬쩍 피하고 말았다.
 "박 기자의 질문에는 매우 중요한 의미가 담겨 있다고 생각됩니다. 중요한 질문인 까닭에 단답식(單答式)으로 간단하게 대답하기는 어려워요. '세계화'라는 말의 의미도 단순하지 않고, '민족주의'에도 여러 가지 차원이 있을 수 있겠지. 그러므로 나는 이 자리에서 즉흥적 대답을 서두르기보다는 차분하게 생각할 시간을 갖고 싶어요. 마침 다른 손님들이 오셨으니, 우리 그 이야기는 다음 기회로 미룹시다."
 기자는 아쉬운 표정이었으나 더 이상 조르지는 않았다. 기자가 떠나간 뒤에 무심 선생은 '기자와의 면담'이라는 것이 별로 마음에 내키지 않음에도 불구하고 마음이 약한 탓으로 가끔 응하게 된다고 혼잣말처럼 말하였다. 면담의 결과라고 발표된 것을 보면 기자의 주관이 대부분을 차지한다는 불평도 하였다.
 사모님이 주시는 차를 마시면서 윤 여사가 아까 그 주간지 기자에 의하여 제기된 문제를 다시 거론하였다. '세계화'와 '민족주의' 사이에 어떤 긴장관계가 있다는 것을 그도 어렴풋이 느껴 왔다고 전제한 다음, 윤 여사는 다음과 같이 물음을 제기하였다.

"제 기억에는 김영삼 대통령이 '세계화'라는 말을 어느 모임에서 강조한 것을 계기로 삼고 그 말이 널리 쓰이게 된 것 같습니다. 김영삼 대통령이 그 말을 내세웠을 때만 해도, 우리가 선진 강대국 대열에 진입했다는 착각도 있었고 해서, 그 말이 희망적인 말로 들렸습니다. 그러나 요즈음은 그 말을 들으면 어떤 피해의식의 두려움마저 느낍니다. 도대체 한국인에게 '세계화'라는 것이 어떤 뜻을 가진 말입니까?" 하고 무심 선생을 바라보았다.

"국제 정세에 어두운 나로서는 그 말의 출처도 잘 몰라요. 영어의 'globalization'의 번역어라고 들은 것 같은데, 정치적 개념이기보다도 경제적 개념이 아닌가 싶어요. 옛날 그리스에 '코스모폴리타니즘'이라고 해서 전인류가 하나의 세계공동체를 이루어야 한다고 주장한 사람들이 있었고, 기독교 사상과 칸트 철학에도 그 비슷한 이상주의가 있었던 것으로 알아요. 그러나 요즈음 유행하는 '세계화'는 그런 이상과는 거리가 멀어요."

"그렇다면 '세계화'를 경제적 제국주의(帝國主義)라고 이해해도 좋을까요?"

"글쎄요, 그렇게 단순화해서 단정해도 좋을지는 의문이나, 분명히 그러한 측면이 있다고 생각합니다."

"우리나라가 부강한 나라에 속한다면 '세계화'는 반가운 흐름이 되겠지만, 그렇지 못하니 어떻게 대처해야 옳겠습니까?"

"세계화의 흐름을 거부할 도리는 없겠지요. 대세에 순응하면서 우리의 국력을 쌓아 올리는 길을 찾아야 한다는 것이 일반적 여론 같아요."

"전통이 오랜 민족주의 정신에 호소하여 이 난국을 극복해야 한다는 목소리도 있고, 어린이들의 조기 영어교육을 강조하면서 세계시민의 길을 서둘러야 한다는 의견도 있습니다. 어느 길을 가야 합니까?"

"정치적 국경도 무너뜨리고 세계가 하나의 국가로서 평화롭게 산다는 것은 아직 꿈에 지나지 않는다고 나는 생각해요. 경제적 약육강식이 지속되는 동안은 우리도 강자에게 먹히지 않도록 우리를 지켜야 합니다."

"그렇다면 아직은 우리 한국이 민족주의를 견지해야 한다고 보시는 것입니까?" 하고 이번에는 강 여사가 물었다.

"나는 '민족주의'라는 말에 대해서 일종의 저항감을 느낍니다. 폐쇄적 민족주의를 연상하기 때문이겠지요. 세계화의 추세를 떠나서라도, 폐쇄적 민족주의는 빨리 벗어나야 합니다. 그러나 아직은 민족의 정체성(正體性)을 망각하고 국적 없는 세계시민으로서 마음 편하게 살 수 있는 단계는 아니라고 봅니다. 나는 우리가 아직은 민족주의적 사고(思考)를 완전히 버릴 수 없는 이유로서 두 가지를 말할 수 있다고 생각합니다.

그 하나는 국가와 민족을 따로따로 떼어서 생각하기가 사실상 어려운 우리나라의 역사적 현실입니다. 우리나라가 살아남기 위해서는 세계의 열강 대열에 끼이도록 국력을 키워야 하고, 그렇게 하기 위해서는 한국인의 민족의식 속에 잠재해 있는 응집력을 살릴 필요가 있습니다. 우리나라의 국력을 강대국 수준으로 끌어올리기 위해서는 국민 각자가 개인의 이익을 뒤로 미루고 크게 단결할 필요가 있고, 이 단결을 위해서는 뜨거운 '우리' 의식이 작동해야 합니다. '우리' 의식을 작동시킴에 있어서 큰 힘이 되는 것이 바로 민족의식이구요."

"우리나라가 세계의 강대국 대열로 올라서게 되면 그 뒤에는 민족의식을 버리는 것이 좋다고 생각하십니까?" 하고 이번에는 윤 여사가 물었다.
"그 질문은 내가 말하고자 하는 민족주의적 사고를 깡그리 버릴 수 없는 두번째 이유와 직결됩니다. 지성과 감성이 발달한 인간의 행복을 위해서는 건전하고 아름다운 문화의 창달이 매우 중요하며, 인류가 전체로서 풍부한 문화를 향유하기 위해서는 지구상의 여러 민족이 각각 특색있는 문화를 창달함이 바람직합니다. 그리고 우리 한국인이 우리 민족의 정체성을 존중히 여기는 것은 우리가 세계문화에 크게 기여하는 데 필수적이라고 생각합니다."
여기까지 말하고 무심 선생은 그 다음 말을 잇지 않았다. 침묵의 시간을 단축할 요량으로 나는 이렇게 물었다.
"선생님의 지론이신 '중용'을 민족주의 문제에서도 존중해야 한다는 말씀으로 해석해도 좋겠습니까?"
"지금 국제화의 큰 물결을 타고 새로운 시대가 열리고 있어요. 이러한 시대조류를 무시하고 폐쇄적 민족주의의 미몽에서 깨어나지 않는다면, 우리는 치열한 무한경쟁 속에서 낙오자가 되겠지. 그러나 민족의 정체성을 망각하고 세계시민이 되겠다고 성급하게 경거망동을 해도 안 될 것이오. 예컨대 우리가 우리 말과 우리 글을 버리고 문화 사대주의(事大主義)에 빠진다면, 그것은 한국인을 위해서뿐 아니라 전 인류를 위해서도 불행한 일이 될 것이오."

2. 민족의 정체성(正體性)

대화가 잠시 중단되었을 때, '민족'의 개념이 정확하게 어떠한 뜻이냐는 의문을 윤 여사가 제기했다. 무심 선생도 나도 인류학자가 아니므로 즉각적으로 대답할 용기를 내지 못했다. 그렇다고 언제까지나 서로 미룰 처지가 아니었으므로, 내가 먼저 자신 없는 입을 열었다.

"우리나라에서는 '민족'이라는 것을 같은 핏줄을 나눈 혈연단체로 생각하는 사람들이 많은 듯하나, 내 생각에는 그보다도 의식주의 생활양식, 풍속과 관습, 종교와 언어 등 같은 문화를 오랫동안 함께 나눈 집단이라고 보는 편이 옳지 않을까 합니다. 다만 우리 조상들은 혈통(血統)의 순수성을 존중했고 다른 족속과의 혼혈을 기피하는 경향이 있었으며, 또 우리는 같은 핏줄을 나누었다는 관념이 겹쳐서, 타민족에 비하여 '민족의식'이 강한 것이 아닐까 생각됩니다."

무심 선생도 나와 비슷한 생각이라며 찬동을 표명했다. 두 여인도 별다른 의문을 제기하지 않았고, 이어서 '한국민족의 정체성'을 어떻게 규정할 것이냐 하는 문제로 자연스럽게 넘어가게 되었다. 이것은 더욱 어려운 문제여서 내가 섣불리 나서는 것보다는 무심 선생의 답변을 유도하는 편이 낫겠다는 생각이 들었다.

"선생님, '민족의 정체성'이라는 말을 쓰기 시작한 것이 그리 오래 된 것 같지 않고, 그 뜻도 아주 분명하지는 않습니다. 그러나 우리 민족의 앞날을 논의하는 마당에서 일단 정리하고 넘어갈 필요가 있는 화두가 아닐까 합니다."

"글쎄, 잘은 모르지만 영어의 'identity'라는 말을 '정체성'이라고 번역한 것이 아닐까요. 어쨌든 한국인을 한국인답게 하는 본연의 모습이 있다는 전제 아래, 그 본연의 모습을 지키고 키워야 한다는 발상에서 나온 말이 아닌가 싶어요. 개인에게 뚜렷한 개성이 있는 것이 바람직하듯이, 민족의 경우에도 뚜렷한 특색이 중요하다는 생각도 들어 있겠지요."

"저도 그렇게 생각합니다. 다만 그 '개성' 또는 '특색'은 고유하면서도 자랑거리가 될 만한 것이라야 할 것입니다. 그렇다면 한국인에게 고유하면서 자랑할 만한 것이 무엇이냐 하는 문제를 생각해야 할 것 같습니다. 도대체 그것이 무엇이라고 말할 수 있겠습니까? 생각할수록 막연하기만 합니다."

"이것이 바로 우리 민족의 정체라고 제시할 만한 기정사실이 뚜렷하게 주어져 있다고 말하기는 어렵겠지요. 우리가 막연하게 '민족성'이라고 부르는 무엇이 있다는 전제 아래, 그 가운데서 장점이라고 생각되는 특성들을 묶어서 '정체성'이라고 말하는 것이 아닐까. 그러니 막연할 수밖에 없지요."

"우리 민족생활의 전통 속에 형성된 소중한 기질이나 성격 또는 고유한 생활양식 바탕에 깔려 있는 기본 정신 등을 묶어서 '민족의 정체성'이라고 말할 경우도 있고, 앞으로 함양할 수 있다고 생각되는 우리들의 바람직한 미래상을 염두에 두고 그렇게 말하는 경우도 있을 것입니다."

"민족의 정체성을 말할 때, 반드시 민족의 어떤 기질이나 정신적 특성, 즉 심리적 특성만을 염두에 두는 것은 아닐 거요. 그 민족의 고유한 언어와 문자, 미술과 음악, 종교와 풍습 등 문화적 가치도 널리 포함시켜야 마땅하겠지. 우리 한국의 경우에는 특히 한글과 우리말, 고전음악과 전통적 건축양식 등이 우리 민족의 정체성을 구성하는 중요한 요소라고 보아야 하겠지요. 요컨대 유형·무형의 문화재가 모두 우리 정체성의 중요한 구성요소라고 보아야 하지 않을까?"

"저도 선생님 말씀에 전적으로 동감입니다. 객관적으로 파악하기 어려운 한국인의 심리적 특성보다도 구체적으로 나타나 있는 문화유산이 정체성의 구성요소로서 오히려 더 큰 비중을 차지한다고 보아야 할 것 같습니다. 그런 뜻에서 우리 민족의 귀중한 문화유산을 소홀히 하면서 우리 민족의 정체성을 지키고 키운다는 것은 어불성설(語不成說)이라 하겠습니다."

나의 이 찬조 발언을 듣고 무심 선생은 만족스런 표정을 지었다. 그리고 다시 이렇게 부연하였다.

"실은 막연한 말로 '한국인의 얼'에 해당하는 저 정신적 내지 심리적 특성과 그 얼 또는 정신의 표현인 문화유산은 서로 다른 두 가지가 아니라 표리의 관계를 가진 하나의 두 측면이라고 볼 수 있겠지요."

무심 선생의 이 말은 앞에서 심리적 특성을 강조한 나의 발언에 무게를 실어주려는 배려로 들렸다. 바로 그때 한동안 말이 없었던 강 여사가 입을 열었다.

"두 분 선생님이 주고 받는 말씀을 들으면서 대화(對話)의 묘미를 느낍니다. 토론의 마당에서 서로 상대방의 말을 누르고 자기의 말을 세우려는 갑론을박을 들었을 때 일종의 스릴 비슷한 긴장감을 느낀 경험이 있습니다만, 두 분 선생님의 대화에서는 의견이 맞서는 경우가 별로 없고, 항상 서로 보완하는 자세로 말씀을 나누십니다. 치열한 논쟁이 주는 긴장감과는 전혀 다른 대화의 '아름다움' 같은 것을 느낍니다. 두 분 선생님은 사제지간으로 알고 있습니다만, 사제지간에도 정면에서 대립하는 논쟁을 벌일 경우가 있습니까?"

뜻하지 않은 강 여사의 이 질문에 대해서는 내가 응답하는 것이 좋을 것 같았다. 나는 이렇게 말했다.

"물론 사제지간에도 견해가 정면으로 대립하는 경우가 있습니다. 아리스토텔레스가 그의 스승 플라톤의 이데아설을 신랄하게 비판했다는 유명한 이야기가 그 좋은 예가 되겠지요. 그러나 나는 무심 선생님의 학설을 넘어설 정도의 훌륭한 제자가 아니므로 선생님에게 맞설 경우가 비교적 드물 수밖에 없어요. 그리고 오늘 같은 날은 '민족의 정체성' 문제에 대한 어떤 견해를 미리 준비하고 대화를 시작한 것이 아니라, 별다른 지론(持論)의 배경 없이 새로운 모색을 시도하게 되었으므로, 각자가 자신의 주장을 앞세워서 의견의 대립을 초래할 소지가 적었다고 생각합니다. 뿐만 아니라, 선생님께서는 스스로 해답을 내놓으시기보다는 제자로 하여금 해답으로 접근하도록 유도하시는 마음의 여유를 보이실 경우가 많습니다."

이때 무심 선생은 손을 좌우로 저으며 이렇게 말씀하였다.

"김 선생 말을 그대로 믿지는 마십시오. 이제는 나도 늙어서 좀 까다로운 문제 앞에서는 머리가 잘 돌아가지 않아요. 내가 미처 생각하지 못한 점을 김 선생이 일깨워줄 때가 도리어 더 많다는 것을 나는 잘 알고 있어요. 내가 김 선생을 제자로서보다도 친구로서 대한 지가 이미 오래지요."

"그러시다가 두 분이 정말 정면 대립하시겠어요" 하고 윤 여사가 웃으며 옆길로 흐르는 우리들의 말을 가로막았다. '민족의 정체성'에 관한 이야기를 좀더 계속해야 할 것이 아니냐는 뜻이 담겨 있는 발언 같기도 하였다. 우리는 한국인의 민족적 정체성에 관하여 문제만 제기하고 만 상태였다. 대화를 다시 본래의 궤도로 돌려놓을 요량으로 나는 이렇게 문제를 제기했다.

"아까 우리는 우리 민족의 문화가 한국민족의 정체성의 중요한 구성요소라는 말까지 나누었습니다. 그러나 우리 문화의 모든 것이 '정체성'의 구성요소라고 보기는 어려우며, 그 가운데서 정수(精髓)에 해당하는 것만이 정체성을 이룬다는 의견도 있었습니다. 그렇다면 다음에는 문화에 있어서 정수에 해당하는 것과 그렇지 못한 것을 어떻게 가리느냐 하는 문제를 생각해야 할 것 같습니다."

"그것은 문화를 평가하는 기준이 무엇이냐 하는 문제로 연결되는 문제인데… 이거 문제가 점점 어려워지네요" 하고 무심 선생이 식어빠진 녹차잔을 다시 들었다.

"상식적 수준에서 맴돌더라도, 기왕에 이야기가 나왔으니 간단히 짚고 넘어가는 것이 좋을 듯합니다. 막연하게 '문화' 전반을 가지고 이야기하는 것보다는 하나의 분야를 예로 들어서 접근하는 편이 어떨까요. 우선 음악의 경우를 생각해 보기로 하지요. 우리나라에서도 여러 종류의 음악을 연주도 하고 노래로 부르기도 합니다. 그 여러 가지 음악 가운데는 '한국음악'이라고 불리는 것도 많은데, 우리가 특히 자랑거리로 삼을 만한 '한국음악'이 무엇인가를 생각해 보면 손에 잡히는 것이 있을 듯합니다."

"음악의 문외한으로서 감히 말을 한다면, 우리나라의 판소리와 사물놀이를 자랑할 만한 한국음악으로서 손꼽을 수 있지 않을까 합니다만…" 하고 무심 선생이 내 말에 호응하였다. 두 여인도 공감의 표시로 고개를 끄덕였다. 네 사람 가운데 한국음악에 대한 전문가는 아무도 없었던 것이다.

"그렇다면 판소리와 사물놀이를 자랑거리라고 말할 수 있는 이유가 무엇인지 살펴보면 민족문화를 평가하는 기준에 관한 단서를 얻을 수 있을 것 같습니다." 이렇게 말함으로써 나는 대화의 제자리걸음 탈출을 시도하였다.

"나도 동감입니다. 자아, 우리가 판소리와 사물놀이를 자랑거리로 여기는 까닭을 함께 생각해 봅시다." 무심 선생이 말하며 두 여인에게 시선을 주었다. 그 시선에 자극되었던지 윤 여사가 먼저 반응을 보였다.

"판소리와 사물놀이는 우리나라에 고유하다는 뜻에서 매우 '한국적'이라고 생각됩니다. 궁중음악이었던 아악(雅樂)은 매우 고급스러운 음악이지만 중국에서 받아들인 것이라고 들었습니다. 그러나 판소리와 사물놀이는 우리나라의 서민생활 속에서 형성된 고유한 음악이라고 말할 수 있으므로 가장 '한국적'인 것입니다. '한국적'이면서도 외국인에게 공감을 일으킵니다. 판소리는 그 노래말이나 사설(辭說)의 의미를 모르는 외국인에게도 감동을 느끼게 하는 힘을 가졌습니다. 농악에 기원을 둔 사물놀이는 우리나라 고유의 장단이지만, 외국인도 듣기만 하면 곧 끌려들어가는 매력을 지녔습니다."

"또 어떤 장점이 있을까요?" 하고 무심 선생은 강 여사의 발언을 기대하는 듯한 기색을 보였다.

"저는 판소리나 사물놀이에 대해서 말할 자격이 별로 없습니다만, 두 가지가 모두 '대중적'이라는 특색을 가졌다고 생각합니다. 서민의 생활을 바탕으로 삼고 이루어졌다는 점에서도 그렇고, 출연자와 관객이 함께 어우러진다는 점에서도 대중적입니다. 특히 판소리의 경우는 관객이 '얼쑤'나 '좋다' 등으로 동참하지 않으면 연기가 절정에 달할 수 없다고 들었습니다. 현대인의 감각으로 볼 때, 대중적이라는 것은 음악의 큰 장점이라고 생각합니다."

"그리고 또 판소리와 사물놀이는 힘차고 왕성한 생명력의 발휘를 느끼게 합니다" 하고 윤 여사가 다시 의견을 추가하였다. 나는 그 정도에서 의견을 종합하는 것이 좋겠다고 생각하며 이렇게 말했다.

"음악 전문가에게 물어보면 그 밖에도 더 여러 가지 의견을 들을 수 있겠지요. 그러나 두 분의 말씀만으로도 중요한 점은 대충 언급된 것 같습니다. 판소리와 사물놀이가 우리의 자랑거리가 되는 이유로서 윤 선생은 그것들이 우리나라에 고유한 것으로 독창성이 있다는 것과, 외국인에게도 감동을 줄 수 있는 세계성을 가졌다는 점을 지적했습니다. 그리고 강 선생은 판소리와 사물놀이의 장점으로서 그것들의 대중성을 강조했습니다. 그리고 끝으로 힘찬 생명력을 느끼게 한다는 의견도 있었습니다. 모두 적절한 지적이라고 생각됩니다. 그런데 지금까지는 음악의 경우를 이야기했습니다만, 분야가 달라지면 평가의 기준도 달라질 수 있겠지요. 가령 우리 한글이 탁월한 문자라는 것은 자타가 공인한다고 볼 수 있는데 문자의 탁월성으로서는 어떤 특색을 말할 수 있을까요?"

이때 무심 선생이 내 말을 이렇게 받았다.

"한글의 경우에도 그 독창성과 대중성을 장점으로 들 수 있겠지. 이설(異說)이 전혀 없는 바는 아니나, 한글은 독창적인 우리 나라의 문자임에 틀림이 없고, 그 창제(創製)의 동기로 보나 배우기가 쉽다는 점으로 보나 매우 대중적이라고 말할 수 있지요. 그러나 더욱 중요한 것은 한글이 가진 질적(質的) 우수성이라고 말할 수 있어요. '질적 우수성'이라는 말이 모호한 표현인데, 예를 들자면 글자수가 24자밖에 안 되면서 매우 여러 가지 소리를 나타낼 수 있는 점이라든가 문자의 체계가 논리정연하여 배우기가 쉽다는 점 등은 한글의 질적 우수성으로서 내세울 만하겠지. 그리고 전문가들은, 한글의 글자 모양과 발음할 때의 입 모양 사이에 밀접한 관계가 있어서, 우리 글자가 음성학적으로도 매우 과학적이라고 감탄을 해요."

"선생님, 우리나라의 청자와 백자도 세계적으로 평가를 받고 있는데, 어떤 점에 우수성이 있다고 말할 수 있을까요?" 하고 강 여사가 도자기로 화제를 돌렸다.

"도자기에 대해서도 나는 말할 자격이 없어요. 모르기는 하지만 청자와 백자의 경우에 차이가 있고, 백자라 하더라도 그 종류에 따라서 감상의 요점(要點)이 다르지 않을까요. 정교함과 우아함이 장점인 것도 있고, 소박하고 단순함이 자랑인 것도 있듯이 …. 다만 어떤 경우에나 독자성과 창의성은 모든 예술이 갖추어야 할 공통된 분모(分母) 같은 것이 아닐까요. 그렇지만, 우리나라 청자나 백자의 우수성을 '대중적임'에서 찾기는 어렵겠지요."

나는 무심 선생의 말씀에 대체로 공감을 느꼈지만, 별로 추가할 말은 없었다. 우리나라 예술에 대해서 공부를 하지 않은 점에 내심 부끄러움을 느끼면서, 화제를 이렇게 돌렸다.

"문화의 여러 분야를 이야기하자면 끝이 없을 것 같습니다. 우리가 '민족의 정체성'을 논할 때 더욱 근본적인 것은 민족의 기질이나 정신적 특성이 아닐까 합니다. 민족문화를 창출한 것이 그 민족에 속하는 사람들이고, 사람들의 기질 내지 정신적 특성을 따라서 그 민족문화의 모습이 좌우된다고 볼 수도 있습니다. 그러므로 이제 화제를 바꾸어서 '한국인의 기질 내지 정신적 특성' 또는 '한국인의 의식구조'에 관한 말씀을 선생님과 나누는 것이 좋지 않을까 생각합니다."

3. 한국인, 우리는 누구인가?

나의 제언에 대해서 무심 선생은 즉각적 반응을 보이지 않았다. 침묵의 시간을 어색하게 느낀 듯, 윤 여사가 가볍게 거들었다.

"우리 한국인의 민족성을 주제로 삼은 어느 심리학자의 저술이 있었다고 기억하는데, 저는 아직 읽어보지 않았습니다."

'민족성'이라는 말을 듣는 순간 나는 나의 문제 제기가 엉성했음을 뉘우쳤다. '한국인의 민족성'이라고 부를 수 있는 일정불변한 것은 있을 수 없다는 것이 나의 지론이었기 때문이다.

"저는 '민족성'이라는 말을 우정 피했습니다만, '민족의 기질'이니 '정신적 특성'이니 또는 '의식구조'니 하는 말에도 오해의 소지는 있습니다. 첫째로, 남북한을 합하면 7천만 명이 넘는 한국인이 살고 있는데, 개인적 성격차가 많아서 그들의 기질이나 정신적 특성을 묶어서 말하기가 어렵습니다. 둘째로, 시대의 변천을 따라서 사람들의 기질이나 성격에도 현저한 변화가 있으므로, 옛날의 한국인과 현대의 한국인을 한데 묶어서 이러니저러니 하고 말하기는 더욱 어렵습니다. 그러니까 우리가 말할 수 있는 것은 다양하고 변화하는 한국인의 심성(心性) 가운데서 '주류'라고 말할 수 있는 어떤 경향 또는 대세(大勢)에 불과하겠지요."

"그래서 나도 이 문제를 함부로 다루면 경솔한 담론이 될 염려가 많다고 생각해요. 그러나 한 번은 짚고 넘어갈 필요가 있는 화제임에는 틀림이 없겠지. 조심해 가며 이야기를 나누어 보기로 합시다."

무심 선생의 이 찬조성 발언이 나에게 일종의 안도감을 주기는 했으나, 어떻게 대화를 이어갈지 얼른 가닥이 잡히지 않았다. 우선 문제를 구체적으로 제기해야 되겠다는 생각이 들어서, 나는 겨우 이렇게 말하였다.

"한국인의 '기질'이니 '의식구조'니 하는 말을 제가 사용했습니다만, 마음이나 정신은 직접 보이지 않습니다. 우리는 사람들의 행동 내지 생활태도를 보고 그들의 마음을 짐작할 뿐입니다. 그래서 우리는 한국인의 생활태도에 어떤 뚜렷한 경향이 있는지 구체적으로 살펴볼 필요가 있습니다. 과거의 우리 조상들의 생활태도는 잠시 접어두고 현대 한국인의 생활태도에 국한해서 생각해 보는 것이 어떨까요?"

"나도 김 선생과 같은 생각이오. 나는 한국사람들의 말과 행동을 보고 우리에게 이지(理智)보다도 감정(感情)이 우세한 기질이 완연하다고 평소에 느껴왔어요. 물론 그렇지 않은 경우도 많지만, 한국인은 대체로 이지적이라기보다는 감정적이라고 말할 수 있어요. 이러한 경향은 우리 조상들에게도 있었다고 볼 수 있겠지."

"인간을 '이지적 동물'이라고 주장한 학자도 있지만, 저는 도리어 '감정적 동물'이라는 말이 더 어울리지 않을까 하는 느낌을 가질 때가 많습니다. 물론 다른 동물에 비해서 인간이 더 이지적이라는 것은 부인할 수 없겠지만, 저는 인간의 경우도 마음의 바탕을 이루는 것은 감정이고 이지라는 것은 이를테면 무늬에 해당하는 것이 아닐까 생각합니다. 그런 가운데서도 한국인은 문명의 역사가 오래된 다른 나라 사람들에 비해서 특히 감정이 우세한 편이라고 저도 생각합니다."

"어느 지역에서나 원시사회에서는 감정이 우세했을 가능성이 높겠지. 문명이 진행하면서 자연히 이지가 발달했을 것이며, 교역이나 분배의 문제에 부딪쳐서 계산하고 따질 일이 많은 사회일수록 이지가 더 발달했을 것으로 보여요. 우리 한국은 농업국으로서의 역사가 오래였고 대가족이 집단을 이루고 자급자족하는 생활을 오랫동안 했던 까닭에, 이지보다는 감정이 지배하는 전통사회를 형성했다고 생각하는 거지요."

"그런데 민족의 기질은 쉽게 변하는 것이 아니어서, 농경시대가 산업사회로 변하고 대가족제도가 무너진 현대에 이르러서도 한국인의 감정적 심성은 그대로 남아 있는 것으로 보입니다."

"사람들의 심성 가운데서 감정이 우세하다는 사실은 사회생활을 위해서 장점이 되기도 하고 단점이 되기도 하지요. 대체로 말해서, 옛날 농경시대에는 그것이 장점으로 작용하는 경우가 많았으나, 산업시대가 된 뒤에는 도리어 단점으로 작용하는 경우가 많아서 탈이오."

무심 선생이 여기까지 말하고 잠시 숨을 돌리려 했을 때, 강 여사가 기회를 잡고 대화에 참여했다.

"선생님, 감정의 우세가 옛날의 농경사회에서는 장점으로 작용하고 오늘의 산업사회나 정보화사회에서는 단점으로 작용하는 까닭은 무엇입니까?"

무심 선생이 대답을 시작하기 전에, "저도 한 가지 여쭈어볼 것이 있습니다" 하고 윤 여사도 입을 열었다.

"감정의 우세가 장점으로 작용하기도 하고 단점으로 작용하기도 한다고 말씀하셨는데, 무슨 뜻인지 알고 싶습니다."

"두 분이 매우 좋은 질문을 하셨습니다. 윤 선생의 물음에 먼저 대답하는 것이 좋을 듯하군요" 하고 무심 선생은 이미 준비된 대답이 있는 것처럼 자신있는 어조로 응수하였다.

"우선 우리는 사람의 감정을 '바람직한 감정'과 '바람직하지 않은 감정'으로 나눌 수가 있습니다. '바람직한 감정'이라 함은 사람과 사람의 사이를 가깝게 하는 친화(親和)의 감정으로서 호감(好感)·친애(親愛)·친후(親厚) 등의 감정을 말합니다. '바람직하지 않은 감정'이라 함은 사람과 사람의 사이를 멀리하는 배척의 감정으로서 미움·시기·분노 등이 그 좋은 예가 됩니다. 그런데 자급자족하고 상부상조하는 농경사회에서는 대체로 친화의 감정이 발달하기 쉬운 반면에, 생존경쟁이 치열한 산업사회에서는 대체로 배척의 감정이 발달하기 쉽습니다. '감정의 우세'라는 점에서는 같다 하더라도, '친화'의 감정이 우세할 경우에는 감정의 우세가 장점으로 작용할 공산이 큰 반면에, '배척의 감정'이 우세할 경우에는 감정의 우세가 단점으로 작용할 공산이 큽니다. 요컨대, 사람과 사람의 사이를 가깝게 할 경우에는 '장점'이 되고 그 사이를 멀게 할 경우에는 '단점'이 된다는 뜻입니다.

윤 선생 질문에 대답하는 가운데 강 선생에 대한 대답도 자연히 딸려나왔군요. 농경사회에서는 친화의 감정이 주로 발달했다는 말은 곧 감정의 우세가 장점으로 작용했다는 뜻이 되고, 산업사회에서는 배척의 감정이 주로 발달했다는 말은 곧 감정의 우세가 단점으로 작용했다는 뜻이 되니까요."

무심 선생의 설명은 논리가 정연하게 전개되었다. 그러나 어떻게 들으면 말장난을 한다는 오해를 부를 가능성도 있다고 생각되었다. 그래서 나는 무심 선생을 위해서 사족을 달았다.

"결국 선생님 말씀의 요점은 사람과 사람의 사이가 가까워지는 것은 바람직한 일이요 그것이 멀어지는 것은 좋지 않은 일이라고 보시는 전제에 있는 것으로 보입니다. 그리고 이 전제는 사람과 사람 사이의 갈등을 줄이고 해소하는 것을 인간생활의 기본과제의 하나라고 보시는 선생님의 지론의 또 다른 표현이라고 저는 들었습니다."

"김 선생의 말을 듣는 가운데 내가 빠뜨린 말이 생각났어요. 감정의 우세가 옛날에는 장점으로 작용했으나 지금은 오히려 단점으로 작용하는 까닭을 아까 강 선생이 물었는데, 내 대답이 불충분했어요. 농경시대에서 주로 발달한 감정과 산업사회에서 주로 발달한 감정의 종류가 다르다는 것 말고도 또 하나의 까닭이 있어요. 옛날에는 사회가 비교적 단순하고 사람들이 접촉하는 범위도 좁았던 까닭에, 사회적 갈등의 내용도 단순하고 그 규모도 작았어요. 따라서 그 시대에 발달했던 친화의 감정만으로도 대개는 그 갈등을 해소할 수가 있었지요. 그러나 현대사회는 그 규모가 크고 복잡한 까닭에 사회적 갈등의 내용도 복잡하고 그 규모도 대단히 커졌어요. 따라서 가족주의적 친화의 감정만으로는 사회적 갈등을 해소하기가 어려워요. 이지(理智)의 힘을 발휘하여 냉철한 대화를 나눔으로써 피차의 이익을 도모하는 길을 모색해야 할 경우가 많은 거지요. 뿐만 아니라, 현대사회에서는 배척의 감정이 주로 발달한 까닭에, 감정이 폭발하면 사태가 더욱 악화하는 사례가 많게 마련이지요."

강의에 열중했을 때처럼 무심 선생의 목소리가 커지고 있었다. 이 분위기를 살리되, 대화가 너무 추상적인 길로 가는 것을 막을 요량으로 나는 이렇게 의견을 말했다.

"나누는 말씀이 깊어지는 가운데 이야기가 좀 딱딱해지고 있는 것 같습니다. 이제 잠시 숨을 돌리기 겸하여 구체적인 예를 들어가며 말씀을 나누는 것이 어떨까 합니다. 감정이 우세한 심성의 좋은 점과 나쁜 점의 예를 구체적으로 열거해 보는 것 말입니다. 우선 그 좋은 점부터 말하는 것이 어떨까요."

그러나 나의 이 발언은 부족하고 안이한 생각에서 나온 것이었음이 무심 선생의 다음 말씀에 의하여 곧 일깨워졌다.

"감정이 우세한 심성의 좋은 점과 나쁜 점은 새끼줄처럼 서로 꼬여 있어서 두 갈래로 나누어서 말하기가 쉽지 않아요. 감정이 우세하다는 것은 다정다감하다는 뜻도 포함하는 것인데, 다정다감하다는 것은 좋은 결과와 연결되기도 하고 나쁜 결과와 연결되기도 하므로, 그것을 단순히 좋은 심성이라고 말하거나 나쁜 심성이라고 잘라서 말하기가 어려워요. 다정다감한 사람은 만나는 사람을 따뜻한 마음으로 대하는 좋은 점과 공(公)과 사(私)를 혼동하여 정실에 빠지는 나쁜 점을 아울러 가지고 있어서, 그것을 단순하게 좋다 또는 나쁘다라고 일률적으로 말하기가 어렵다는 뜻이지요. 또 감정이 우세한 기질의 소유자는 화끈한 성격의 소유자이기도 한데, 화끈한 성격의 소유자는 우유부단하지 않은 장점과 속단(速斷)으로 인한 편견에 빠지기 쉬운 단점을 아울러 가지고 있는 것이 보통입니다.

이지가 우세한 사람의 경우에도 그것이 좋은 점이기도 하고 나쁜 점이기도 하기는 마찬가지입니다. 이지적인 사람은 냉철하고 침착하다는 장점과 차갑고 매정하다는 단점을 동시에 가지고 있는 경우가 많아요. 결국 바람직한 것은 이지(理智)와 감정(感情)의 균형이 잡힌 조화로운 성격이라는 말이 되겠지요. 풍부한 감정과 높은 이지 또는 뜨거운 가슴과 차가운 머리가 조화를 이룬 인품이 이상적이라는 생각을 나는 오래 전부터 가지고 있었어요."

이때 윤 여사가 조심스러운 어조로 질문을 던졌다.

"그렇지만 선생님, 같은 사람이 뜨거운 가슴과 차가운 머리를 아울러 갖는다는 것이 실제로 가능할까요. 대개 이지적인 사람은 냉정하여 뜨거운 마음이 부족하고 감정적인 사람은 정열적이기는 하나 냉철하지는 못한 것이 현실적 인간이 아니겠습니까? 두뇌가 좋은 사람은 이해타산엔 밝지만 남을 위하는 정이 약하기 때문에, 옛날부터 '재승덕박'(才勝德薄)이라는 말이 있는 것이 아니겠습니까?"

"좋은 점을 지적했습니다. 재(才)와 덕(德)을 모두 갖추기가 어려운 것은 사실이지요. 그러나 전혀 불가능한 것은 아닙니다. 어렵지만 가능성이 있어야 '이상'이라고 말할 수 있으며, 전혀 불가능하다면 '이상'이 될 수 없어요. 지능이 발달하면 감정은 발달하기 어렵다고 생각하기 쉽지만, 나는 지능과 감정은 병행하여 발달하는 것이 아닐까 생각합니다. 인간은 지상에서 가장 높은 지능을 가지고 있을 뿐 아니라 감정의 발달에서도 가장 앞섰다고 봐야 하지 않을까요. 희노애락의 감정이 인간보다 더 풍부한 동물은 없을 겁니다.

　역사에 기록된 유명한 사람들 가운데는 성격의 균형을 잃은 기인(奇人)도 많지만, 뜨거운 가슴과 차가운 머리를 아울러 가졌던 인격자도 많아요. 우리나라에서는 퇴계(退溪)와 도산(島山)을 그 좋은 본보기로 생각할 수 있을 것이고, 외국사람 중에서는 스피노자와 슈바이처 같은 인물을 손꼽을 수 있을 겁니다."

4. 겉모습의 존중과 부분에 대한 애착

　무심 선생의 말씀이 끝나자 잠시 침묵이 흘렀다. 아직 이야기가 전부 끝난 것 같지는 않은데 침묵의 시간이 길면 공연히 초조함을 느끼는 것이 소심한 나의 심정이다. 좌석의 주인이 아닌데도 그렇게 느끼는 버릇이 있다. 대화의 끈을 이어갈 책임이 나에게 있는 것 같은 강박관념에 밀려서 나는 이렇게 물었다.

　"선생님은 한국인의 의식구조 또는 생활태도의 두드러진 특색으로서 '이지에 대한 감정의 우세'를 첫째로 손꼽으셨습니다. '감정의 우세' 말고 또 다른 특색으로서는 어떤 것이 있을까요?"

　"한국인의 생활태도의 또 다른 특색으로서 나는 '내실(內實)보다도 외형(外形)을 숭상하는' 경향을 지적할 수 있다고 생각해요. 쉽게 말해서 겉치레를 중요시한다는 말이오. 한국사람들은 값을 많이 주더라도 외국의 유명한 상표가 붙은 옷이나 소지품을 선호하는 경우가 많으며, 체면 때문에 값비싼 음식점에 드나드는 것을 자랑으로 여기기도 하지요. 호칭(呼稱)에 민감한 것도 같은 심리라고 볼 수 있는데, 수위에서 대통령까지 '미스터' 하나로 통하는 미국과 '씨'·'아저씨'·'님'·'선생'·'선생님'·'박사'·'박사님' 가운데서 어느 말을 써야 할지 신경이 쓰이는 한국을 비교해 보시오."

"외형의 숭상에도 좋은 점과 나쁜 점이 있지 않겠습니까?" 하고 무심 선생이 숨을 돌리는 틈을 타서 윤 여사가 물었다.

"외형 숭상의 좋은 점으로서는 예절의 존중과 조형미술의 발달을 들 수 있겠지요. 예절의 핵심은 상대편을 존중하는 속마음에 있지만, 예절 그 자체는 외형으로 나타날 때 실현됩니다. 예절의 비중은 형식 쪽에 실려 있는 것이니까요."

"그러나 예절이라는 것은 거추장스러울 뿐 아니라 사람과 사람 사이에 거리를 만드는 무용지물이라는 의견도 있지 않습니까?"

"예절에 부정적 측면이 있다는 것을 부인할 수는 없어요. 그러나 전체로 볼 때 긍정적 측면이 크다고 보아야 합니다. 좋은 음식물은 좋은 그릇에 담아야 하듯이, 아름다운 마음은 적절한 예절에 담을 때 오랫동안 유지됩니다. 뿐만 아니라, 부처님 앞에 깊은 절을 거듭하면 경건한 마음이 우러나는 것으로도 알 수 있듯이, 예절이라는 형식을 존중하는 가운데 상대편을 존중하는 속마음이 생긴다는 사실도 중요합니다. 조형미술의 경우도 근본은 비슷합니다. 탁월한 조형미술의 진가는 그 작품 속에 담긴 정신 내지 사상에 있다고 합니다만, 눈에 보이는 외형을 소홀히 한다면 조형미술의 걸작은 나올 수 없을 겁니다."

"선생님, 다음은 외형 존중의 나쁜 점에 대해서 말씀하실 차례입니다" 하고 윤 여사가 시계를 훔쳐보며 대화의 진행을 재촉했다. 그러나 무심 선생은 서두르지 않고 말했다.

"다음으로 넘어가기 전에 한 가지 첨부할 말이 있어요. '겉모습의 숭상'이라는 특색도 사실은 '감정의 우세'라는 근본적 특색의 곁가지에 해당한다는 말을 해두고 싶어요. 실속을 차리는 태도가 이지(理智)와 깊은 관계를 가진 반면에, 겉모습을 중요시하는 태도는 감정과 직결된다는 점을 말하고 싶은 거지요. 이 자리에서 또 하나 생각난 것은 '감정의 우세'가 예술하는 마음의 바탕이라는 사실이오. 우리 한국은 조형미술뿐 아니라 음악과 문학 등 다른 예술의 분야에서도 자랑스러운 전통을 쌓아오고 있는데, 이는 뜨겁고 깊은 정열이 없었다면 불가능했을 것이오."

여기서 잠깐 숨을 돌리고 무심 선생은 다시 말을 계속했다.

"그러면 이제 '외형 존중'의 나쁜 점을 이야기할 차례군요. 하지만 이 점은 굳이 내가 말하지 않아도 짐작할 수 있을 겁니다. 아까 외형 존중의 알기 쉬운 예로서 값비싼 유명상표를 선호하는 경향을 말했습니다만, 이는 곧 사치와 낭비를 의미하는 것이고, 사치와 낭비의 폐단은 굳이 다시 말할 필요조차 없겠지요. 그리고 외형의 존중은 허례허식과 직결되고, 허례허식은 다시 사치와 낭비로 연결됩니다. 또 외형의 존중이 상대적으로 내실의 빈곤을 의미한다는 사실도 문제점이라고 말해야 하겠지요."

여기서 '외형의 존중'이라는 한국인의 특색에 대한 이야기는 일단락을 지은 것으로 볼 수 있었다. 나는 대화의 진행자를 자청이라도 하듯 이렇게 물었다.

"선생님, 한국인의 의식구조 내지 생활태도의 특색으로서 또 어떤 것이 있습니까?"

"글쎄, 굳이 한 가지 더 말하라면 '전체보다도 부분에 대한 강한 애착'이라는 것을 거론할 수 있을 것 같소만, 별로 자신있는 말은 못 돼요."

"그것이 무엇인지 구체적인 예를 들어서 말씀해 주십시오."

"비근한 예로서는 우리나라의 지방색(地方色)과 가족주의 또는 종중의식(宗中意識) 따위를 들 수 있겠지. 나라 전체를 먼저 생각해야 할 처지에서 자기네 지방의 이익부터 생각한다든지 자기네 가족부터 생각하는 사례는 우리 주변에서 흔히 볼 수 있는 사실 아니겠소?"

"선생님, 요즈음 세계적 추세라고 볼 수 있는 개인주의도 '전체보다도 부분에 대한 강한 애착'의 하나라고 볼 수 없겠습니까?" 하며 윤 여사가 대화의 틈을 비집으며 물었다. 갑작스러운 질문에 얼른 대답하기를 망설이고 무심 선생은 잠시 생각하는 표정을 지었다. 내가 보기에도 그것은 까다로운 질문이었다. 개인이 가족이나 지방단체보다 작다는 사실을 근거로 삼고 '그렇다'고 대답한다면, 부분에 대한 강한 애착은 한국인에게 국한된 현상이 아니라 여러 문명국가 전반에 걸친 현상이 될 것이므로, 그 현상을 한국인의 생활태도의 특색이라고 말한 무심 선생의 앞선 주장에 문제가 있다는 말이 된다. 이 문제를 피하기 위하여 '아니다'라고 대답한다면 그 '아닌' 이유를 밝힐 짐을 지게 될 것이다.

"아주 좋은 질문을 하셨습니다" 하고 무심 선생은 잠시 뜸을 들인 다음에 입을 열었다. 그리고 또 다시 잠깐 생각하고 나서 말씀을 계속하였다.

"'개인주의'라는 말의 뜻을 어떻게 이해하느냐에 문제의 핵심이 있다고 생각되는군요. 만약 '개인주의'를 공동체의 이익보다도 나의 이익을 더욱 소중히 여기는 사상이라고 이해한다면, '개인주의'는 '부분에 대한 강한 애착'의 표본이라고 말할 수 있을 겁니다. 그러나 '개인주의'라는 말의 참된 뜻은 그것이 아니지요. '개인주의'는 개인의 자유와 이익을 중요시하되 '나'와 '남'의 권익을 동등하게 존중할 것을 요구합니다. 그러므로 참된 개인주의자는 '나'와 '남들'의 집합인 공동체의 권익을 '나' 한 사람만의 권익보다 더 중요시합니다. 공동체의 이익보다도 '나'의 이익을 우선시하는 것은 '개인주의'와 구별하여 '이기주의'라고 불러야 할 겁니다. 다만 이기주의적 폐단이 전혀 없는 참된 개인주의자가 실제로 얼마나 있느냐 하는 것은 별개의 문제지요."

"아까 선생님께서 말씀하신 '지방색'이나 '가족주의'에는 이기주의적 요소가 없습니까?" 하고 윤 여사가 다시 물었다.

"솔직하게 말하면, 나는 아까 거기까지 생각하지 않고 그런 예를 들었어요. 그런데 내가 '지방색'이니 '가족주의'니 하는 말을 쓸 때는 무의식중에 비난의 뜻을 담을 경우가 많습니다. 그리고 비난의 뜻이 담긴 '지방색'이나 '가족주의' 또는 '문중의식'에는 이기주의적 요소가 있다고 보아야 하겠지요."

나는 여기서 이야기가 본의 아니게 어려운 수렁으로 빠지지나 않을까 하는 염려를 느꼈다. '전체보다도 부분에 대하여 애착을 가짐'이 비난의 대상이 되는 것이라면, '전체를 우선시함'이 옳은 길이라고 하는 결론을 받아들여야 할 것인가? 그렇다면 전체주의와 개인주의 대립문제는 어떻게 되는 것일까? 이렇게 대화가 발전한다면 무심 선생으로서도 즉석에서 대답하기 어려운 상황에 빠질 염려가 있다. 시계를 보니 시간도 이미 많이 흐르고 있었다. 무심 선생의 노령도 생각하지 않을 수 없었다.

나는 적당한 말로 대화의 마무리를 서둘렀다. 눈치빠른 두 여인도 이의를 달지 않았다. 무심 선생에게 하직인사를 하고 밖으로 나왔을 때, 이미 해는 저물어 가고 쌀쌀한 바람이 소매끝으로 스며들었다.

제 10 장
바람직한 인간상

1. 존경받는 역사적 인물

 늘 그렇게 했듯이, 그날도 무심 선생 댁을 떠나서 사당동 네거리에 오기까지 윤 여사와 나는 강 여사 승용차의 신세를 졌다. 운전석의 강 여사와 그 옆자리의 윤 여사는 무심 선생 댁에서의 대화의 여운이 남은 듯 계속 말을 주고 받았다. 뒷자석에 앉은 나까지 대화에 끌어들이지 않는 것을 고맙게 여기며, 나는 들리는 말만 들었다.
 무심 선생의 말씀 가운데서 특히 인상에 남는 것은 이지와 감정이 균형과 조화를 얻는 인품이 가장 바람직하다고 한 대목이라고 하였다. 두 여인은 차가운 머리와 뜨거운 가슴을 아울러 갖는 것이 과연 가능할까 하는 문제를 다시 거론하기도 하고, 스피노자와 슈바이처 그리고 안도산 선생의 인품에 대한 좀더 자세한 이야기를 듣지 못한 것에 아쉬움을 말하기도 했다. 다음에는 무심 선생을 모시고 바람직한 인품 내지 이상적 인간상에 대한 말씀을 들었으면 좋겠다는 말도 나왔다. 그 말에는 나도 찬동하였다.

무심 선생이 농장생활을 청산하고 서울 근교인 과천으로 온 것을 알았을 때는 자주 찾아뵙겠다고 생각했고 실제로 자주 찾아뵈었다. 그러나 날이 갈수록 발걸음이 게으름을 피우고 있다. 강 여사와 윤 여사의 동행이 아니었다면 그나마 더욱 소원해졌을 것이다. 한국문화의 정체성(正體性)과 한국인의 의식구조 등에 관한 이야기를 하고 돌아올 때는 머지 않아서 다시 무심 선생 댁을 방문하리라고 생각했으나, 실제로 찾아간 것은 거의 두 달 뒤였다.

  약속시간보다 조금 빠르게 나는 무심 선생 댁에 도착하였고, 곧 이어서 윤 여사와 강 여사도 나타났다. 두 여인이 모두 밝은 빛의 정장 차림이었고, 그날따라 얼굴들이 더욱 화사해 보였다. 못 보는 사이에 더욱 젊어졌다고 무심 선생이 농담반 진담반으로 인사를 했을 때 두 여인은 "농담이라도 고맙습니다"로 응수하였다.

  가벼운 신변잡담이 일단락을 지었을 무렵에, 강 여사가 정색을 하고 물었다.

  "무심 선생님, 밖에서는 사람 좋기로 정평이 난 남자가 자기 부인에게만은 야박하게 구는 사람이 있고, 아주 가깝던 사람이 갑자기 낯설게 느껴질 경우가 있습니다. 이런 경우를 '이중인격'이라는 말로 설명할 수 있습니까?"

  "글쎄요, 이상심리학에서 말하는 '이중인격'의 정확한 증상은 잘 모르겠고, '이중인격'이라고까지 말하기 어려운 보통사람들 가운데도 그러한 경우는 흔히 있는 것이 아닐까요. 밖에 나가서는 돈을 헤프게 쓰는 사람이 가정살림에서는 쓸 돈도 안 쓴다거나, 결혼 전에는 매우 자상하던 사람이 결혼 후에는 무뚝뚝하게 되는 경우는 보통사람들 가운데도 흔히 있는 일이지요. 사람의 인격 또는 성격이 매우 복잡한 구조를 가지고 있다는 것을 말해 주는 현상이라고 볼 수 있다고 생각합니다."

"기왕에 '인격' 또는 '성격'이라는 말이 나온 김에 바람직한 인격 또는 바람직한 인간상이 무엇인가에 대한 말씀을 듣고 싶습니다" 하고 강 여사가 화제의 범위를 넓혔다.

"잘만 다루면 뜻있는 대화가 될 좋은 화제이긴 한데, 잘못하면 이야기가 겉돌지 않을까요. 김 선생, 어떻소? 어떻게 접근해야 할지, 나는 좀 자신이 없는데, 김 선생이 대화의 길을 안내해 보시오."

"글쎄올시다. 되도록이면 이야기가 허공에 뜨지 않도록 해야 하겠지요. 우선 세상에서 훌륭한 사람으로 높이 평가되는 사람들의 사례부터 살펴보는 것이 어떻겠습니까?"

"훌륭한 인품으로서 평가되는 사람이 평가자에 따라서 다를 수도 있어서, 문제가 간단하지 않겠지. 문제를 되도록 단순하게 하기 위해서, 평가자로서는 현대를 사는 한국인의 경우에 국한해서 생각하기로 합시다. 그리고 평가자의 주관을 가급적 배제하기 위해서, 평가를 받는 사람들은 우리와 직접적 이해관계가 없는 역사적 인물에 국한하기로 합시다."

"쉽게 말하면, 역사적 인물 가운데서 현대 한국인의 높은 평가를 받는 것은 어떤 사람들인가를 예시적으로 살펴보자는 말씀이시군요. 우선 우리나라의 역사적 인물 가운데서 많은 후손들의 존경을 받고 있는 사람들부터 생각해 보는 것이 어떨까요? 우리네 사람이 각각 역사적 인물 한 분씩을 지명하고, 그분이 존경받는 이유를 간단히 요약해서 말씀하셨으면 좋겠습니다. 우선 강 선생부터 말씀해 주시겠습니까?"

갑작스러운 요구에 강 여사는 얼른 입을 열지 못했다. 우리나라의 역사적 인물 가운데서 다수의 존경을 받을 만한 분이 상당수 있을 것 같으나, 막상 그 이름을 대라고 하니 그것이 쉽지 않

은 모양이었다. 한참 생각한 끝에,

"제 머리에는 장기려(張起呂) 박사의 성함이 떠오릅니다. '역사적 인물'이라고 말할 수 있을 정도로 널리 알려진 사람은 아니지만, 매우 존경스러운 분입니다. 다 아시겠지만, 장기려 박사는 6·25 때 월남한 의사선생님이지요. 부인과는 생이별을 한 결과가 되었는데, 재혼의 권유를 모두 물리치고 40여 년 동안 수절하다 근년에 돌아가셨습니다. 미국 시민권을 가진 그분의 제자가 장기려 박사와 그 사모님이 북경에서 만날 수 있도록 기회를 만들었으나, 특권을 누리기 싫다는 이유로 사양했다는 일화도 있습니다. 장 박사는 불쌍하고 가난한 환자를 위하여 일생을 바쳐서 '한국의 슈바이처'로 불리기도 했습니다. 세상을 떠날 때는 작은 집 한 칸도 남기지 않았다고 합니다."

장기려 박사에 관한 이야기는 다시 들어도 감동적이었다. 다음 발언은 윤 여사에게 부탁하였다.

"한국역사에 대한 지식이 짧은 저에게는 초등학생들도 다 아는 황희(黃喜) 정승의 이름이 떠오릅니다. 고관대직의 자리를 두루 거치고도 평생을 가난하게 살았다는 이야기와 밭갈이를 하던 소의 감정까지 배려했다는 전설 등이 제가 아는 것의 전부입니다. 그리고 또 세자 폐위에 반대하는 의견을 태종에게 직언하여 좌천 당한 이야기도 생각납니다. 요약하면 관후하고 자애로운 청백리(淸白吏)의 귀감이고 또 강직한 선비였다는 것만으로도 후대의 존경을 받을 만하다고 생각됩니다."

"다음은 내가 말할 차례지" 하고 무심 선생이 발언을 자청했다. 그 찰라에 나는 내가 작은 실수를 했다고 느꼈다. 무심 선생에게 제일 먼저 말씀하게 하고 내가 마지막에 말을 하는 편이 자연스러웠을 것을, 무심 선생을 제일 끝으로 돌리려 했던 까닭에,

대화의 진행자 격이 된 내 운신이 어색하게 되었음을 깨달은 것이다. 그 점을 자연스럽게 넘기도록 도와주기 위해서 무심 선생이 발언을 자청한 것임에 틀림이 없었다.
"아니올시다. 이번은 제 차례입니다."
"아니야, 내가 말하려고 마음먹은 인물을 김 선생이 먼저 말하면 내가 어려워져요. 나는 알기 쉽게 김구 선생을 내세울까 해요. 백범을 나는 참으로 사심 없는 애국자라고 믿어요. 해방 전부터 김구 선생과 이승만 박사 이야기는 자주 들었고, 무슨 이유 때문인지는 몰라도 이승만 박사가 더 위대한 지도자라는 선입견을 가지고 있었어요. 그러나 해방이 되고 두 지도자가 귀국해서 한 언행을 신문과 그 밖의 정보로 가까이했을 때, 김구 선생이 더 큰 인물이라는 생각으로 변했어요. 이승만 박사에게는 권력에 대한 욕심이 강했으나, 김구 선생에게는 사사로운 욕심을 느낄 수가 없었어요. 물론 이것은 나의 편견인지도 모르지만, 지금도 김구 선생은 사심 없는 애국자로서의 인상이 강해요."
"저는 도산(島山) 안창호 선생도 많은 사람들의 존경을 받는 분의 하나라고 생각합니다. 안창호(安昌鎬) 선생은 사심없는 애국자였다는 점에서 김구 선생과 비슷합니다. 다른 점이 있다면, 김구 선생이 과감한 행동가로서 독립운동에 생애를 바친 분인 데 비하여, 안창호 선생은 국민의 의식개혁이 급선무라는 견지에서 민족의 스승으로서 60 평생을 헌신했다는 사실을 지적할 수 있겠지요. 물론 안창호 선생도 단순한 이론가는 아니며, 당신의 이론을 실천에 옮기는 과정에서 옥고를 치루었고, 옥중에서 얻은 병환으로 돌아가셨다는 것도 널리 알려진 사실입니다. 그리고 전일에 무심 선생님이 말씀하셨듯이, 안창호 선생은 뜨거운 가슴과 차가운 머리를 아울러 가졌던 분으로도 존경을 받을 만하다고 생각합니다."
 여기서 대화가 일단락을 지었을 때, 윤 여사가 문제를 제기했다.
 "아까부터 제 머리에는 의문 하나가 떠오르고 있습니다. 세상에서 훌륭하다는 평가를 받는 사람들이 반드시 바람직한 인격이 아닐 수도 있지 않을까 하는 의문입니다."
 이 말을 들었을 때 무심 선생의 입가에 가벼운 미소가 지나갔다. 그러나 아무 말도 하지 않았다. 입가의 미소는 윤 여사의 문제 제기가 적절하다는 뜻일 것이며, 아무 말도 하지 않은 것은 나더러 대답하라는 뜻일 것이다.
 "좋은 지적입니다. 우선 세상에서 훌륭하다고 평가되는 인물을 골라낸 다음에 그들이 존경받는 까닭을 비판적으로 검토하자는 것이지요. 그렇게 함으로써 윤 선생이 제기한 문제에 대한 해답으로 접근할 수 있으리라고 본 겁니다."
 "훌륭한 인물로서 존경을 받더라도 그 존경하는 이유가 정당하지 못하면 그 사람은 진정으로 존경받을 만한 인물이 못된다는 말씀 같습니다. 그런데 존경받을 만한 이유 없이 존경을 받는 사람의 예로서 구체적으로 어떤 경우를 들 수 있을까요?"
 "히틀러와 무솔리니가 정권을 장악했을 당시에 그들은 독일과 이태리에서 각각 국가적 영웅으로서 존경을 받았습니다. 그러나 그들이 받은 존경에는 객관적 타당성이 없었습니다. 또 우리나라 정치인 가운데는 갑이라는 지역 사람들에 의해서는 대단한 존경을 받고 있으나 을이라는 지역에서는 별로 평가를 받지 못하는 사람이 있습니다. 이 경우에 만약 평가하는 사람들이 지역적 이기주의 때문에 평가가 엇갈렸다면, 그들의 평가에는 객관적 타당성이 없을 가능성이 많을 것입니다."

"그렇다면 한국인에 의해서 높이 평가되는 한국인의 민족주의자의 경우에도 그 평가가 한국인의 민족적 이기주의에 의해서 왜곡되었을 가능성은 없습니까?"

"물론 그런 가능성도 있습니다. 다만 아까 우리가 예시한 네 분의 경우는 그들의 행적을 잘 아는 사람이라면 외국인도 높이 평가할 것이라는 기대가 있습니다. 안중근 의사의 경우는 그를 가까이서 지켜본 일본의 검사와 교도관까지도 존경심을 느꼈다고 전해집니다."

"아직도 좀 막연하다는 느낌이 듭니다. 아까 높이 평가되는 역사적 인물에 대해서 그들이 존경받는 이유를 비판적으로 검토한다는 말씀을 하셨는데, 그렇게 하면 분명하게 될는지요?"

"글쎄요. 어느 정도까지 분명하게 될는지, 우선 실제로 그 검토를 해보는 것이 어떨까요?" 나는 나 자신에 대한 확고한 믿음이 없기에 이렇게 일단 직격탄을 피했다. 내가 몰리고 있는 꼴에 동정을 느낀 것일까, 무심 선생께서 다시 차라도 마셔가며 차근차근 이야기해 보자고 말씀하였다.

2. '나'에 대한 사랑과 '남'에 대한 사랑

새로 끓인 차를 마시며 숨을 돌린 나는 이렇게 다시 대화의 길을 열었다.

"아까 말이 나온 네 분에 대하여 그분들이 존경받는 이유가 무엇인지 함께 생각해 보기로 하지요. 시간을 단축하는 뜻에서, 무심 선생님께서 핵심적인 말씀을 먼저 해주셨으면 합니다."

"나더러 핵심적인 말을 하라고…. 나도 준비가 없기는 마찬가지요. 어쨌든 함께 생각해 봅시다. 내가 보기에는 그 네 분에게

커다란 공통점이 있는 것 같아요. 네 분이 모두 작은 '나' 즉 소아(小我)를 넘어서서 큰 '나' 즉 대아(大我)를 위하여 살았고, 우리가 그분들을 높이 평가하는 가장 큰 이유가 그 점에 있는 것이 아닐까요? 그리고 소아를 넘어서서 대아를 위하여 산다는 것은 깊고 큰 사랑을 가졌음을 의미하지요. 우리가 이야기하고 있는 네 분의 역사적 인물은, 그들이 주로 사랑한 대상이 서로 다른 면이 있으나, 사랑하는 마음이 남달리 컸다는 공통점도 가지고 있어요."

"선생님, 큰 사랑을 품고 대아를 위하여 살았다는 사실이 높은 평가를 받기에 적합한 이유가 된다는 것을 어떻게 증명할 수 있습니까?" 따지기 좋아하는 윤 여사가 물었다.

"우리가 이야기하고 있는 문제의 성질 때문에 엄밀한 '증명'은 불가능합니다. 여기서 납득이 갈 만한 '설명' 이상의 것을 요구한다면, 우리의 대화는 벽에 부딪칩니다."

"그 설명을 듣고 싶습니다. 대아(大我)를 위해서 산다는 것은 보통 말하는 '나'의 희생을 무릅쓰고 '남'을 위하는 마음 즉 애타심(愛他心)이 강하다는 것을 의미한다고 볼 수 있습니다. 애타심이라는 것은 타인들에게는 유리한 심성임에 틀림이 없습니다. 애타심이 강한 사람을 타인들은 좋아하고 존경도 합니다. 자기들에게 유리한 행동을 하는 사람에 대한 높은 평가는 평가하는 사람들의 이기심에서 나온다고 볼 수는 없을까요? 만약 이기심에서 나온 평가라면 그 평가의 객관적 타당성을 인정하기가 어려울 것 같습니다."

"매우 중요한 지적을 했습니다. 우리의 모든 평가(評價)에는 주관(主觀)의 심정이 참여합니다. 쉽게 말해서, 자아(自我)에게 유리한 것을 좋게 여기고 불리한 것을 나쁘게 여기는 마음이 반영되지 않은 평가는 찾아보기 어렵습니다. 여기서 매우 중요한 것은 작은 '나' 즉 소아를 위해서 유리하냐 불리하냐 하는 것만을 염두에 둔 평가와 큰 '우리' 즉 대아를 위해서 유리하냐 불리하냐를 염두에 둔 평가는, 비록 주관이 관여했다는 점에서는 같다 하더라도, 근본적으로 다르다는 사실입니다. 우리의 일상생활에서는 큰 '우리' 즉 대아의 견지에서 내린 평가에 대해서 흔히 '객관성이 있다'는 말을 쓰는 반면에, '작은 나' 즉 소아의 견지에서 내린 평가에 대해서는 '객관성이 없다'고 흔히 말합니다."

"결국은 큰 '우리'를 위해서 작은 '나'를 희생하는 사람이 훌륭한 사람이라는 결론으로 귀착하지 않습니까? 그렇다면 현대 민주주의의 바탕을 이루고 있는 개인주의는 옳지 않다는 뜻이 되지 않겠습니까?"

"큰 자아 즉 '우리' 안에는 '나'도 포함되므로, '우리'를 위함은 곧 '나'의 희생을 의미한다는 논리는 성립하지 않습니다. 그리고 '우리'를 '나'보다 중요시하면 바로 집단주의자(集團主義者)가 되는 것인지, 개인주의를 버리지 않고도 '우리'를 우선시할 수 있는 것인지에 대해서는 좀더 깊이 생각해 보아야 하겠지요."

무심 선생의 대답에 아직도 납득이 가지 않은 듯, 윤 여사가 다시 물었다.

"'우리' 안에 '나'가 포함되어 있다고는 하지만, '나'보다 '우리'를 더욱 중요시한다면 실제로는 '나'가 손해를 볼 수밖에 없는 것이 아닐까요?"

"여기서 중요한 것은 '손해'니 '이익'이니 하는 말을 좁은 의미로 이해하지 말아야 한다는 사실입니다. 어머니가 아기에게 젖을 빨리면 '나'의 영양이 손실되고 젖 모양에도 불리하니, 좁은 의미로는 '손해'를 보는 셈이 되겠지요. 그러나 좋은 어머니는 이때 손해를 본다고 생각하지 않습니다. 어머니가 아기를 '남'이라고 생각한다면 그리고 '이익'을 좁은 의미로 이해한다면, 젖을 먹이는 것은 '나'의 '손해'가 되겠지요. 그러나 어머니는 아기를 '남'으로 보지 않고 아기가 모유로 얻는 보람이 크다는 것을 아는 까닭에, 자신이 '손해'를 본다고 생각하지 않습니다."

이때 "선생님!" 하고 강 여사가 발언의 의사를 밝혔다.

"선생님, 어머니들은 젖먹이 아기를 '남'이라고 느끼지 않습니다. 그러나 자식이 품안을 떠난 뒤에는 '남'으로 느껴질 때가 많습니다. 자식이 '나'의 분신으로 의식되는 동안은 그 자식은 자아(自我)의 일부라고 말할 수 있겠습니다만, '남'으로 느껴지는 경우에는 자식을 자아의 일부라고 해야 할지 아니라고 해야 할지 아리송합니다."

"아주 좋은 점을 지적했습니다. 자식이 '나'의 일부로 의식될 때만 그 자식은 부모의 자아체계 속으로 들어옵니다. 그러나 '남'으로 느껴질 때는 자아체계 밖으로 떨어져 나간다고 나는 생각합니다."

"그렇다면 자아의 범위는 일정한 것이 아니고 수시로 변동한다는 말이 되지 않습니까?"

"자아(自我)를 육체의 체계가 아니라 의식(意識)의 체계로 본 윌리엄 제임즈의 주장이 옳다고 나는 생각합니다. 자아의식은 나선형(螺旋形) 모양으로 컸다 줄었다 하는 일종의 흐름이므로 자아의 범위는 수시로 변동한다고 볼 수밖에 없습니다. 그 범위가 가장 작을 때는 제 몸뚱이와 몸에 걸친 의복과 신발 정도가 자아의 전부가 되고, 가장 클 때는 국가와 민족 또는 인류와 자연 전체를 자아의 범위 안으로 포섭할 수도 있습니다.

'자아'라는 것이 시시각각으로 컸다 줄었다 하는 의식의 체계라는 말을 했습니다. 그러나 모든 사람들의 자아가 육체의 크기 정도로 줄기도 하고 인류와 자연을 모두 포섭할 정도로 크기도 하는 것은 아닙니다. 사람들의 자아가 컸다 줄었다 하는 범위에는 개인차가 많아서, 어떤 사람의 자아는 제 몸뚱이 하나 밖으로 크게 벗어나지 못하는가 하면, 다른 소수의 사람의 자아는 자기의 일신과 가족 정도의 작은 범위로 축소되는 경우가 드물고 평상시에 국가와 민족 또는 인류를 그 범위 안에 포섭합니다. 우리가 아까 이야기한 네 분의 역사적 인물은 평소에 국가와 민족 또는 병고에 시달리는 무수한 사람들을 '자아'로서 의식한 소수의 인물입니다. 평소에 자아가 작은 범위를 벗어나지 못하는 사람을 '소인'(小人)이라고 부른다면, 평소에 넓은 범위를 '자아'로서 의식하는 사람을 '대인'(大人)이라고 부를 수 있을 겁니다."

"그 대인들은 '나'에 대한 사랑을 부정적으로 보는 반면에 '남'에 대한 사랑을 크게 중요시한다고 쉽게 생각해도 좋겠습니까?"

"언뜻 그러한 생각이 들기 쉽지요. 그러나 너무 단순화해서 생각하는 것은 좋지 않습니다. 우리가 화제로 삼은 역사적 인물의 한 분인 안창호 선생이 남긴 붓글씨 가운데 '애기 애타'(愛己愛他)라는 것이 있습니다. 민족을 위해서 평생을 바친 선생이 '애타' 앞에 '애기'를 나란히 놓은 것은 '나'에 대한 사랑의 중요성을 강조한 것으로 해석됩니다. 물론 그 붓글씨에서 말한 나(己)와 남(他)은 상식적인 의미의 '나'와 '남'을 뜻하는 것이라고 보아야 하겠지요.

사실을 말하면, '나'에 대한 사랑은 매우 중요합니다. '작은 나'에 대한 사랑이 씨가 되어 그것이 점점 자람으로써 '큰 나'에 대한 사랑에 이르는 것입니다. 그러므로 '작은 나'에 대한 사랑이 없으면 '큰 나'에 대한 사랑도 있을 수 없지요. 세상에 태어난 어린이는 본능적으로 '작은 나'를 사랑하게 마련이고, 그 '작은 나'가 여러 차례의 탈피를 거치는 가운데 '큰 나'로 성장하면서 '큰 나'에 대한 사랑을 갖게 되는 거지요."

이때 뭔가 납득이 가지 않는다는 표정을 짓고 있던 윤 여사가 대화에 뛰어들었다.

"선생님 말씀 가운데는 '작은 나'에 대한 사랑의 테두리를 벗어나서 '큰 나'에 대한 사랑으로 발전하는 것이 바람직하다는 뜻이 은연중에 포함되어 있는 것으로 느껴집니다. 그것은 '작은 나'의 껍질을 깨고 '큰 나'로 거듭나야 한다는 뜻도 되겠지요. 그런데 '작은 나'의 껍질을 고수하는 것이 '나'를 사랑하는 올바른 길이 아니라는 것을 어떻게 설명할 수 있습니까?"

이 만만치 않은 질문에 무심 선생은 약간 긴장하는 기색을 보였다. 잠시 생각을 가다듬기 위한 침묵이 있은 다음에, 선생은 침착한 어조로 대답하였다.

"만약 로빈슨 크루소처럼 우리가 제각각 떨어져서 산다면, 굳이 '작은 나'의 껍질을 깨고 밖으로 나가지 않아도 좋을지 모르지요. 그러나 인간의 현실은 집단을 이루고 살게 마련이고, 집단생활은 타인에 대한 적극적 배려를 요구합니다. 바꾸어 말해서, 소아(小我)의 껍질을 지킨다 함은 이기주의에 머묾을 의미하며, 우리 모두가 이기주의를 생활의 신조로 삼을 때, 필경 집단 전체가 파국을 맞게 되고 그 안에 사는 '작은 나'도 불행을 면하기 어렵게 됩니다. 내가 나를 사랑하는 것은 나의 행복을 염원하기 때문인데 나에게 결국 불행을 안겨주는 '나에 대한 사랑'은 그릇된 사랑일 수밖에 없습니다."

"그러나 김구 선생과 안창호 선생의 경우는, 민족의 광복을 위해서 크게 이바지한 대가로, 본인들은 천수를 채우지 못하고 비명에 가셨습니다. 그것은 본인들을 위해서 영광스러운 최후였다는 해석도 가능할지 모르나, 제 느낌에는 역시 아쉬움이 큽니다. 흔히 말하는 '살신 성인'(殺身成仁)에 대해서 저는 항상 아쉬움을 느낍니다. '중용'(中庸)의 길을 벗어났다는 아쉬움입니다. 여기서 저는 당돌한 질문 하나를 드리고자 합니다. '김구 선생과 안창호 선생 또는 장기려 박사 같은 분을 모든 사람이 거울로 삼아야 할 이상적 인간상이라고 볼 수 있습니까?' 하는 단적인 질문입니다."

윤 여사가 적절한 시기에 적절한 질문을 던졌다고 생각하면서 나는 그의 우아하고 품위있는 옆얼굴을 나도 모르게 훔쳐보았다. 그리고 나쁜 짓을 하다가 들킨 어린이처럼 얼른 시선을 무심 선생 쪽으로 돌렸다. 무심 선생의 입에서 태연한 어조의 대답이 흘러나왔다.

"모든 사람들이 모방의 거울로 삼아야 할 하나의 이상적 인간상이 있다고 나는 생각하지 않습니다. 무수하게 많은 인간상이 거울이 될 만한 바람직한 인간상으로서의 자격을 가지고 존재할 수 있다고 봅니다. 사람은 누구나 각기 다른 개성을 타고 세상에 태어납니다. 따라서 어떤 위인을 그대로 모방할 수도 없고, 또 그렇게 할 필요도 없습니다. 우리는 성장의 여러 단계에서 여러 사람을 존경하고 그 사람들을 거울로 삼고 자신의 인격을 형성하는 것이 보통입니다. 더러는 어떤 한 인물만을 평생의 거울로 삼는 사람도 있을 수 있겠지요. 그러나 모든 사람이 마땅히 거울로 삼아야 할 하나의 이상적 인간상이 있다고는 보기 어렵습니다."

"그런데 선생님, 처음에 강 언니가 '바람직한 인격' 또는 '바람직한 인간상'이 무엇이냐는 문제를 제기했고, 그 문제에 대한 말씀을 나누다가 여기까지 왔습니다. 우리가 거울로 삼아야 할 하나의 이상적 인간상은 없다고 하신 지금의 말씀을 결론으로서 받아들인다면 오늘의 대화가 용두사미에 가까운 것이 되지 않을까 하는 생각이 듭니다."

"아까 내가 한 말을 결론이라고 생각해서는 안 되지요. '바람직한 인간상'의 그림을 어떤 위대한 개인의 모습에서 찾아서는 안 됩니다. 그리고 '바람직한 인간상'이 오직 한 가지뿐이라고 단정할 필요도 없어요."

대화가 어려운 수렁으로 빠지지나 않을까 하는 염려가 생겼다. 이에 대화의 순조로운 진행을 위하여 나는 이렇게 제언하였다.

"선생님, 차 한 잔 더 주십시오. 잠시 쉬고서 다시 이야기를 시작하는 것이 좋겠습니다."

3. 대아적(大我的) 태도와 합리적 태도

차 끓이는 일은 사모님에게 부탁하고 그 동안에 바깥바람을 쏘이자는 무심 선생의 말씀을 따라서 네 사람은 집 밖으로 나와 잠시 거닐었다. 무심 선생의 아파트는 1층에 있다.

머리를 식히고 다시 들어온 다음에 우선 해야 할 일은 앞서 이야기한 바의 대강을 요약하는 일이었다. 그것은 내가 할 일로 느껴졌다. 나는 이렇게 말문을 열었다.

"바람직한 인간상으로 접근하는 방법으로서 많은 사람들의 존경을 받는 역사적 인물을 살펴보자고 한 저의 제안이 크게 성공한 것 같지는 않습니다. 그러나 아주 실패했다고 생각되지도 않습니다. 이제까지의 고찰을 통해서 '바람직한 인간상'의 물음에 대답하는 데 도움이 되는 어떤 결론을 이끌어낼 수 있을까요?"

두 여인을 둘러보았으나 입을 열 기색을 보이지 않았다. 나는 무심 선생에게로 시선을 돌렸다. 잠시 생각한 끝에 무심 선생의 말씀이 시작되었다.

"삶에 대한 욕망을 자연의 섭리로서 긍정적으로 받아들여야 한다는 전제가 암암리에 동의를 얻었다고 우선 생각할 수 있겠지. 그리고 삶에 대한 욕망은 '자아'에 대한 본능적 사랑을 필연적으로 수반하게 마련이니, 자아에 대한 사랑도 긍정적으로 받아들일 수밖에 없을 것이오. 쉽게 말해서, 자아에 대한 사랑이 없거나 약한 사람은 '바람직한 인간'의 범주 안에 들어갈 수 없다는 뜻이오. 그런데 '자아에 대한 사랑'에도 여러 가지 갈래가 있다는 사실 때문에, 자아에 대한 사랑의 여러 갈래 길 가운데서 어느 길이 가장 바람직하냐 하는 문제가 생기게 마련이고, 이로 인하여 삶의 문제가 어려운 문제로서 다가오게 되오. 지금 우리가 문제로 삼고 있는 '어떤 인간상이 바람직한 인간상이냐?' 하는 문제도 결국은 '자아에 대한 여러 가지 사랑의 길 가운데서 어느 길이 가장 바람직하냐?' 하는 문제로 귀결한다고 볼 수 있어요. 왜냐하면 어떤 개인의 인격의 유형을 결정함에 있어서 가장 큰 요인이 되는 것은 그가 어떤 방식으로 자아를 사랑하느냐 하는 선택 즉 자애(自愛)의 태도 선택이기 때문이오."

무심 선생의 말씀이 우리가 바깥바람을 쏘이기 이전에 나눈 대화의 대강을 요약하는 설명으로서는 핵심을 벗어나는 것이 아닐까 하는 생각이 들었다. 적어도 두 여인에게는 핵심을 벗어난 설명으로 들릴 염려가 있었다. 아니나 다를까 윤 여사가 성급하게 물었다.

"선생님, 자아를 포기한 사람이 가장 곤란한 사람이고, 자아를 사랑하되 되도록 큰 범위의 자아를 사랑하는 사람이 바람직한 인품이라고 단순화해서 생각해도 좋겠습니까?"

"아까 우리가 나눈 대화는 대략 거기까지 말했다고 볼 수도 있겠지요. 다만 자아의 크기만이 중요한 것의 전부가 아닙니다. 자아의 크기 이외에도 고려해야 할 사항이 많은 까닭에, 전체의 결론을 단순화해서 말하기는 어려워요."

"고려해야 할 다른 사항으로서 어떤 것이 있습니까?" 하고 이번에는 강 여사가 물었다.

"글쎄요. 우리 차근차근 생각해 봅시다. 우선 자아의식의 체계가 순리(順理)에 맞느냐 안 맞느냐를 따져보아야 합니다. 무슨 말인가 하면, 자아의 범위 안에 끌어안게 되는 타아(他我)들 가운데는 마땅히 먼저 해야 할 것과 뒤로 해도 무방한 것의 차등이 있습니다. 먼저 끌어안아야 할 것은 뒤로 미루고 뒤로 해도 무방한 것을 먼저 '자아' 속으로 끌어들여서 사랑을 베푸는 것은 사리(事理)에 어긋난다는 말입니다."

"말씀이 어렵습니다. 구체적인 예를 들어서 설명해 주십시오" 하고 강 여사가 솔직하게 말하였다.

"예를 들기 전에 다시 확인해야 할 것이 있습니다. 우리는 보통 '나'가 '남'을 사랑한다고 말합니다만, '나'가 '나' 밖의 무엇을 사랑하는 순간에 있어서 그 '나 밖의 무엇' 즉 타아는 '나'의 자아 안으로 포섭된다고 보는 것이 내 말의 전제가 되고 있습니다. 즉, 모든 사랑은 넓은 의미의 '자아'에 대한 사랑이며, 넓은 의미의 '자아'에 포함되지 않는 것에 대한 사랑은 존재하지 않는다는 것이 내 주장에 전제가 되고 있어요. 이 전제를 무시하면 내 말은 이해하기 어렵겠지요.

그러면 이제부터 아까 한 말에 대한 예를 들어보겠습니다. 어느 강도가 혼자 사는 사람의 집에 침입하여 돈과 귀중품을 강탈하고 그 집 주인까지 살해한 사건이 있었습니다. 그 흉악범이 집

밖으로 달아나려 했을 때, 새장 안에서 두 마리의 새가 사랑을 속삭이는 광경을 발견했습니다. 새장 안을 살펴보았더니 모이 그릇은 텅텅 비어 있고 아무것도 먹을 것이 없었습니다. 그 집에는 새에게 모이를 줄 사람이 없으니 새가 굶어죽게 되었다고 생각되어 몹시 가슴이 아팠습니다. 강도는 온 집안을 뒤져서 새들에게 모이를 충분히 준 다음에 그 집을 탈출했습니다.

범인이 조롱 속의 새가 굶어죽는 것을 가슴 아파했을 때 새들은 그 강도의 '자아' 안으로 포섭된 것이고, 살해당한 주인은 그의 '자아' 밖에 머물러 있었던 것이지요. 여기서 새는 '자아' 안으로 끌어안고 사람은 '자아' 밖에 머물게 한 것은 사리에 어긋난 순서입니다. 인간의 견지에서 볼 때는 같은 종족인 인간을 종족이 다른 조류보다 앞서서 '자아' 품안에 끌어안아야 한다는 것이 나의 생각입니다.

비슷한 예를 우리 주변에서도 찾아볼 수 있어요. 제 자식이 타락의 길에서 방황하는 것을 내버려두고 고아원 아이들을 위하여 사회봉사하는 어머니들의 경우도 그것이고, 제 부모는 돌보지 않고 양로원에 가서 '좋은 일' 많이 하는 젊은이들의 경우도 그것입니다. 사실은 이러한 순서의 중요성을 강조한 것이 공자의 '인' (仁)인데, 나는 공자의 '인' 사상에 공감을 느끼는 사람의 하나입니다."

"자아의 범위 이외에 고려해야 할 사항으로서 또 다른 것은 없습니까?" 하고 이번에는 윤 여사가 물었다.

"우리의 궁극적 목표는 행복한 삶 또는 보람된 삶이라고 볼 수 있겠지요. 그리고 자아에 대한 사랑을 포함한 모든 행위는 저 궁극목적의 달성을 위한 수단으로서의 성격을 가졌습니다. 그러므로 아무리 넓은 범위의 자아를 사랑한다 하더라도 그 사랑이 행복한 삶이라는 목적 달성에 부합하지 않는다면 그러한 인품에는 결함이 있다고 보아야 하겠지요. 여기서 우리는 '자아에 대한 사랑의 행위가 행복한 삶이라는 궁극목적 달성에 부합하느냐 아니냐' 하는 것도 '바람직한 인간상'의 그림을 추구하는 마당에서 고려해야 할 사항이라는 결론을 얻게 됩니다."

이 때, "구체적인 예를 들어서 설명해 주십시오." 이렇게 윤 여사가 물었고, 잠시 생각한 다음에 무심 선생의 설명이 이어졌다.

"알기 쉬운 예로서는 자녀에 대한 부모의 어리석은 사랑을 들을 수 있어요. 어린 자녀가 원하는 것이면 무엇이든지 들어주고 마치 왕자나 공주처럼 떠받드는 부모들이 있는데, 자녀에 대한 사랑 때문에 하는 행위이지만, 결과적으로는 자녀를 포함한 가문의 불행을 초래하는 어리석은 태도입니다. 그리고 좁은 의미의 '나'에 대한 사랑에도 어리석은 경우가 흔히 있어요. 과음과 과식 또는 과색(過色)은 '나'의 욕망을 충족시키는 행위이고 '나'를 위해서 하는 행위이지만, 길게 볼 때는 '나'의 행복에 역행하는 어리석은 행위라고 보아야 하겠지요. 우리 고장을 위해서 하는 일 또는 우리나라를 위해서 하는 일도 넓은 의미의 '자아'를 위한 행위라고 볼 수 있습니다만, 결과적으로는 고장이나 나라의 이익에 위배되는 경우가 있습니다."

"그러나 선생님, 행위의 결과만을 가지고 그 행위 또는 행위자의 인품을 평가하는 것은 무리가 아닐까요? 전지전능한 신이 아닌 까닭에 인간은 아무도 자기가 하는 행위의 결과를 정확하게 예측할 수가 없습니다. 최선을 다했음에도 불구하고, 예상할 수 없었던 불운 때문에 불행한 결과에 이르는 경우도 있습니다."

"윤 선생은 가끔 좋은 질문을 해서 나를 당황하게 만드네요. 나무랄 데 없는 인격의 소유자가 언제나 반드시 자신이 의도한 결과를 얻는다는 보장이 없을 뿐 아니라, 대개의 경우는 의도(意圖)와 다른 결과에 이르는 것이 우리의 현실입니다. 그러므로 행위의 결과만을 가지고 그 행위자의 인품을 평가하는 데는 무리가 있습니다. 그렇다고 아까 내가 한 말을 전부 취소할 필요는 없을 것 같고, 부분적으로 수정해야 할 것 같습니다.

예상하지 못한 돌발적인 사태로 인하여 뜻밖의 결과에 이르는 경우가 있기는 하나, 건전한 상식으로 판단할 때 과잉보호나 과음과 과식 또는 과색이 어떤 결과를 부를지 대략적 예상은 가능하다고 볼 수 있겠지요. '나'와 '우리'의 행복을 위하여 도움이 될 것으로 예상되는 행위를 하기 위하여 항상 최선을 다하는 것은 '바람직한 인간상'에 도달하기 위한 조건의 하나이다. 이렇게 고쳐서 정리하면 어떨까?"

이대로 가다가는 이야기가 또다시 어려운 길로 빠질 염려가 있었다. 그것을 막을 요량으로 나는 이렇게 말머리를 돌렸다.

4. 삶의 궁극목적으로서의 행복

"지금까지 선생님이 하신 말씀의 초점을 제 나름대로 요약해 보겠습니다. 잘못된 점은 지적해 주시기 바랍니다. 바람직한 인간상이 갖추어야 할 조건으로서 선생님께서는 두 가지를 말씀하셨습니다. 첫째는 되도록 넓은 범위의 자아를 위해서 사는 태도 즉 대아(大我)의 태도이고, 둘째는 대아를 위해서 하는 언행이 실제로 대아를 위하여 좋은 결과를 가져오도록 하는 합목적적(合目的的) 태도 즉 합리적 태도입니다. 첫째로 '대아를 위해서 산다' 함은 사랑의 정이 크고 깊을 것을 요구합니다. 그리고 합리적 태도를 위해서는 높고 냉철한 이지(理智)를 요구합니다.

알기 쉬운 말로 한다면, 선생님께서는 깊고 뜨거운 정열과 높고 차가운 이지를 아울러 가지는 것을 바람직한 인품이 갖추어야 할 두 개의 큰 기둥으로서 제시하셨습니다. 지난번 모임에서 '한국인의 의식구조'의 특성을 이야기했을 때, 같은 사람이 뜨거운 가슴과 차가운 머리를 아울러 가질 수 있느냐 하는 문제가 제기되었던 생각이 납니다. 그때 선생님께서는 그것이 가능하다고 말씀하셨습니다만, '가능하다'는 말씀이 쉽다는 말씀은 아닌 것으로 저는 들었습니다.

 대아적 태도(大我的 態度)와 합리적 태도라는 두 기둥이 선 것만으로는 '바람직한 인간상'의 그림으로서 불충분하다는 생각이 듭니다. 오늘 이 자리에서 그 완전한 그림을 작성하기는 어렵겠습니다만, 좀더 보완할 수는 있을 것으로 봅니다. 그 보완작업의 실마리를 찾기 위하여, 대아적 태도와 합리적 태도를 '바람직한 인간상'의 필수조건으로서 중요시하는 이유를 다시 살펴보는 것이 어떨까 합니다. 이 점에 대해서 선생님께서 하실 말씀이 있으리라고 생각합니다."

 "'꿈보다 해몽'이라는 말이 있지요. 내가 두서없이 늘어놓은 말을 김 선생이 잘 보완해 가면서 그 핵심을 부각했습니다. 이제 대아적 태도와 합리적 태도를 바람직한 인간상의 필수조건으로서 중요시하는 이유를 밝히라는 것인데, 우리의 문제가 논리적으로 빈틈 없는 설명이 불가능한 궁극적 문제라는 점을 우선 말하고 다음 말을 해야 할 것이오.

 바람직한 인간상의 문제에 관하여 이제까지 내가 한 말의 배후에는 하나의 가설이 전제되고 있었어요. 인간이라는 것은 행복한 삶을 추구하는 사회적 동물이라는 가설이 배후에 있었다는 말이오. 나는 행복한 삶을 추구한다는 것과 사회적 집단을 이루고 산다는 것을 우리 인간의 피치 못할 존재방식(存在方式)이라고 믿고 있어요. 첫째로 행복을 추구함이 인간의 피치 못할 존재방식이라면 우리는 행복 추구를 외면할 수 없을 것이고, 행복의 추구가 실패하는 삶보다는 성공하는 삶이 바람직하다고 보아야 할 것이오. 따라서 자신이 추구하는 행복의 실현이 가능하도록 최선을 다하는 합리적 생활태도가 바람직한 인간상을 위한 필수조건이라는 결론을 얻게 됩니다. 둘째로 우리가 사회적 집단을 이루고 살게 마련이라는 사실은, 개인이 좁은 자아의 껍질을 깨고 타아(他我)를 자아의 품으로 끌어안음으로써 대아(大我)의 길을 밟아야 한다는 결론으로 우리를 인도합니다. 왜냐하면 집단생활을 하는 사람들은 서로가 서로를 위하는 사랑과 융화의 관계 속에서만 번영하기 쉽고, 각각 작은 나에 집착하는 대립과 경쟁의 관계 속에서는 파멸을 면하기가 어렵기 때문이오."

무심 선생의 논리전개가 명료한 것으로는 느껴지지 않았다. 나보다도 두 여인에게는 더욱 석연치 않은 점이 있을 것 같았다. 무심 선생의 말씀을 이해하는 데 도움이 될까 하여, 나는 이렇게 물었다.

"선생님, 행복의 추구가 성공하기 위해서는 고도의 합리적 태도가 필수적이고, 사회적 존재로서 원만하게 살기 위해서는 대아적 태도 즉 크고 깊은 사랑이 필수적이라고 줄여서 말할 수도 있겠습니까?"

"음, 그렇게 단순화해서 말하기는 어려울 것이오. 인간으로서의 행복 추구가 성공하기 위해서도 고도의 합리적 태도뿐 아니라 크고 깊은 사랑의 정서가 필요할 것이며, 복잡한 인간사회가 원만하게 돌아가기 위해서도 크고 깊은 사랑뿐 아니라, 고도의 합리적 태도가 필요할 것이오."

무심 선생이 여기까지 말했을 때, 이번에는 윤 여사가 물었다.
"선생님, 고등동물에 대해서도 행복하니 불행하니 하는 말을 사용할 수 있을까요?"
"글쎄요, 유인원 같은 고급동물에게도 '행복'이라는 복잡한 관념은 없지 않을까요. 다만 희・노・애・락 따위의 단순한 감정은 그들도 가지고 있겠지요. 식생활과 성생활에 만족하며 즐겁게 사는 것을 인간이 바라보고 그들을 '행복하다'고 말한다 해도 별로 이상할 것은 없겠지요."
"그렇다면 고등동물의 경우에는 고도로 발달한 지성과 '대아' 의식의 바탕이 되는 크고 깊은 사랑의 감정이 없어도 행복할 수 있다는 말씀이 됩니다. 제가 궁금하게 생각하는 것은, 다른 고등동물들은 고도로 발달한 지성과 크고 깊은 사랑의 감정이 없어도 행복할 수 있는데, 왜 인간만은 그렇지 않은가 하는 점입니다."
이 둘째 질문을 받고 무심 선생이 어떻게 대답할지 호기심도 생기고, 또 쩔쩔 매지나 않을까 하는 걱정도 생겼다. 그러나 무심 선생은 별로 당황한 기색 없이 대답하였다.
"두 가지 이유를 생각할 수 있겠지요. 첫째로, 사자나 코끼리 같은 고등동물도 집단생활을 하지만, 그 집단의 규모가 작고 구조도 단순합니다. 그러나 인간의 사회는 그 규모가 방대하고 구조가 매우 복잡합니다. 쉽게 말하면, 인간이 살아가는 문제상황은 고등동물의 경우보다 훨씬 더 복잡하고 어렵습니다. 따라서 그 문제상황을 극복하기 위해서 인간은 다른 동물들보다 월등하게 높은 수준의 지능과 월등하게 크고 깊은 사랑의 감정을 필요로 합니다. 그리고 문제 상황의 극복은 행복을 위해서 필요한 가장 기본적인 조건이지요.
둘째로, (사실은 이 둘째 이유도 첫째 것에 포함시킬 수 있는 것인데) 다른 동물들의 경우는 생물학적 욕구만 충족시키면 만족하고 살 수 있지만, 인간의 경우는 생물학적 욕구 이외에 '문화적'이라고 말할 수 있는 방대한 욕구의 체계를 가지고 있어요. '만족'이라는 것이 행복의 필요조건이라는 상식을 받아들일 때, 인간이 삶에서 만족을 느끼고 행복하기 위해서는 다른 동물들의 경우보다 높은 수준의 지능과 순화된 감정을 가질 필요가 있는 이유가 드러나게 되지요."

이제 대화의 마무리를 서둘러야 할 단계가 왔다는 생각이 들었다. 그래서 나는 이렇게 말머리를 돌렸다.

"지금까지의 선생님 말씀을 종합하면 대략 다음과 같이 요약할 수 있을 것 같습니다. 인간은 '자아'의 행복을 추구하며 집단적으로 생활하도록 마련되어 있다. 그리고 인간은 그 삶의 과정에서 항상 크고 작은 문제상황에 봉착하며, 이 문제들을 슬기롭게 해결하느냐 못 하느냐에 따라서 그들의 행불행(幸不幸)이 크게 좌우된다. 그러므로 그들은 그들이 부딪치는 문제들을 슬기롭게 해결할 수 있는 능력을 갖출 필요가 있다. 그 필요한 능력 가운데서 가장 중요한 것은 높은 수준의 지능과 크고 깊은 사랑의 감정이다. 대략 이상과 같은 요지가 아니었을까 생각합니다만, 제가 선생님 말씀을 제대로 파악했는지 모르겠습니다."

"아주 잘 요약해 주었어요."

"그러시다면 이제부터 우리들의 사회적 내지 시대적 여건 속에서 행복한 삶을 실현하기 위해서, 높은 수준의 지능과 크고 깊은 사랑 이외에, 또 어떤 능력 또는 어떤 덕목을 추가해야 할는지를 생각해 보는 것이 좋겠습니다."

"말을 하다보니 나도 모르게 지(知)와 정(情)을 지나치게 떼어서 말한 것 같은 흠이 있었소. 사실은 높은 수준의 지성에는 그

안에 이미 크고 깊은 사랑이 배어 있고, 크고 깊은 사랑에는 본능을 반성하는 지성의 작용이 스며 있다고 보아야 하지 않을까? 어쨌든 바람직한 인간상을 위해서는 지성과 감성의 조화와 균형이 매우 중요할 것 같아요. 바꾸어 말하면, 바람직한 인품이 갖추어야 할 중요한 덕목으로서 '중용'(中庸)을 손꼽아야 하지 않을까 하는 생각이오."

"그리고 '대아'의 개념과 밀접한 관계가 있는 덕목으로서, 선생님께서 늘 강조하시는 '원대한 안목'도 중요하지 않을까 합니다. 특히 현대는 '지구촌'이라는 말이 현실에 어울릴 정도로 세계가 좁아지고 있으며 시대의 양상이 급속도로 변화하고 있으므로, 공간적으로나 시간적으로나 원대한 안목을 갖는 것이 매우 중요할 것으로 보입니다."

"나도 김 선생 말에 동감이오. 그리고 현대사회의 문제상황을 감안하여 '공정'(公正)의 덕도 강조해야 할 것으로 생각되오. 현대는 과거의 어느 때보다도 개인적으로나 집단적으로나 갈등이 매우 심한 시대이기도 하지요. 이 극심한 갈등의 해결을 위해서는 욕심에 흔들리지 않는 '공정'의 덕이 필수적이오."

"사람들이 사는 곳에서는 어디에나 갈등이 생기게 마련이지만 특히 현대사회에서 그것이 더욱 극심한 까닭은 물질과 향락에 대한 지나친 욕심 때문입니다. 그러므로 현대인에게 요구되는 주요 심성으로서 배금사상(拜金思想)과 향락주의를 극복하기에 필요한 덕목을 추가하는 것이 좋을 듯합니다. 그런 덕목의 이름을 무엇이라고 해야 할지 얼른 생각이 나지 않습니다만, 이를테면 '풍류심'(風流心), 무욕(無慾), 청렴(淸廉) 따위의 덕목도 중요하지 않을까요?"

"풍류는 우리 조상들이 숭상한 정신세계였는데, 지금은 속물근성이 판치는 세상이 되고 말았지. '무욕'까지는 아니더라도 '자족'(自足)의 덕이 아쉽다는 생각이 드오. 맹자(孟子)는 '이'(利)보다 '의'(義)가 소중함을 역설했으나, '이'를 추구하는 마음에 압도되어 '의'의 정신이 자취를 감추게 되었으니 안타까운 일이오. 신의(信義)의 덕목도 강조할 필요가 있지 않을까?"

"거짓이 팽배한 풍조가 지배하여 서로가 서로를 믿지 못하는 세상이 되었고, 믿지 못하는 까닭에 협동이 어렵습니다. '정직' 내지 '성실'의 덕목도 빼놓을 수 없을 것 같습니다. 너무 각박하고 여유로움이 없는 세상입니다. 저는 '해학'도 매우 귀중한 미덕이라고 생각합니다."

"그 밖에도 바람직한 인품이 갖추어야 할 능력 또는 덕목으로서 여러 가지를 더 말할 수 있겠지. 그런데 그 많은 덕목들이 결국은 모두가 높은 수준의 지성과 크고 깊은 사랑의 결합에서 나오는 것이라고 볼 수 있어요."

"선생님, 오늘도 좋은 말씀으로 많은 것을 가르쳐주셨습니다. 대단히 감사합니다."

시계를 보았더니 바늘이 오후 다섯 시 가까운 곳을 가리키고 있었다.

제 11 장
전통문화와 외래문화

1. '민족 최대의 명절'

　무심 선생과 비교하면 한참 젊다고 말할 수 있지만, 나도 이제는 별수없는 '할아버지'가 되고 말았다. 늙은 뒤에 일이 더 많아졌을 리야 없겠지만, 늘 시간에 쫓기는 기분으로 살고 있다. 일을 처리하는 속도가 떨어진 까닭으로 시간이 부족하다는 것을 아는 까닭에, '바쁘다'는 말도 못하고 바쁘게 살고 있는 형편이다.
　지난 늦봄에 해외여행을 다녀온 것이 더욱 시간에 쪼들리는 결과를 불렀다. 여행기간은 10여 일 정도였지만, 시차 적응 문제 등으로 또 며칠 동안 어물어물 허송세월을 하게 되었고, 뒤로 미루었던 일들이 달려변처럼 시간을 잡아먹었다. 이상이 내가 근 반년 동안 무심 선생을 찾아뵙지 못한 이유라면 이유이고 변명이라면 변명이다.
　차일피일 미루던 차에 추석이 다가왔다. '추석'이라는 명절에 특별한 의미를 두지 않는 것이 무심 선생과 나의 공통점이기는 하지만, 겸사겸사 찾아간 것은 추석을 이틀 앞둔 청명한 오후였다. 전화연락도 없이 불쑥 찾아간 것인데, 예상대로 무심 선생은 댁에 계셨다. 한동안 격조해서 죄송하다는 인사부터 드렸더니, 세상살이가 워낙 바쁘니 그럴 수밖에 없지 않느냐고 무심 선생은 담담하게 받아넘겼다. 왜 그렇게 소식이 없었느냐고 섭섭하다는 말 따위는 안 하는 것이 무심 선생의 성격이다.

나보다 조금 늦게 강 여사와 윤 여사가 모습을 나타냈다. 나와는 사전 연락 없이 찾아온 것인데, 이것은 이심전심이 아니고 순전한 우연의 일치였다. "추석 연휴가 시작되는 날이라 그런지 차가 많이 막혀서…"라고 강 여사가 변명처럼 말하였다. 이 말이 씨가 되어 '추석'이 자연스럽게 화제가 되었다. "선생님이 젊으셨을 때도 추석 때면 사람들이 요즈음처럼 떼를 지어서 고향으로 돌아갔습니까?" 하고 윤 여사가 무심 선생에게 물었던 것이다.

"내가 어렸을 때는 고향을 떠나서 산 사람은 극소수였지요. 서울이나 일본으로 유학을 간 젊은이들은 고향을 떠났지만 그 수가 적었고, 교통이 불편했으니 연휴도 아닌 추석이나 설에 귀성하기가 어려웠어요."

"그때는 추석이나 설 때에 연휴가 없었습니까?"

"일제치하에서 조선의 명절을 연휴로 만들 리가 없었지요. 그리고 일본의 명절의 경우에도 3일이나 4일 연달아 쉴 경우는 별로 기억이 없어요. 어쩌면 '연휴'라는 말 자체가 없었을지도 모르지. 우리 잠깐 찾아봅시다" 하고 무심 선생은 그가 학생시절에 사용했던 낡은 일어사전을 찾아냈다. 그 두툼한 헌책을 한참 뒤져 보더니, "여기는 '연휴'(連休)라는 단어가 보이지 않아요" 하였다.

"선생님께서는 이번 추석에 고향을 방문하지 않으십니까?" 하고 이번에는 강 여사가 물었다.

"이번뿐 아니라 다른 때도 특별한 볼일이 없으면 고향을 찾지 않아요."

"고향에 대한 그리움 같은 것 느끼지 않으십니까?"

"왜 나라고 그런 감정이 없겠어요. 다만 어린이 시절을 보낸 고향땅에 대한 애착이 그리 강한 편은 아닙니다. 서울에 와서 산 지가 벌써 50년이 지나서 그런지 서울에 있어도 타향이라는 생각이 들지 않아요. 한국 땅은 모두가 나의 고향이라고 생각할 때도 있구요."

"선생님은 우리 한국인이 추석이나 설 명절을 성대하게 보내는 것이 못마땅하다고 생각하십니까?"

"그럴 리야 없지요. 다만 양력 과세가 정착단계에 이르렀을 때, 군사정권이 민심을 사기 위하여 '설'의 의미를 다시 부각시켜서 이중과세를 유발한 것은 잘못이라고 생각해요. 그리고 장사꾼들과 대중매체가 한편이 되어 추석을 '민족 최대의 명절'이라고 추켜세움으로써 과소비에 부채질을 하는 것도 좋지 않다고 생각하지요."

"선생님께서는 우리나라의 전통문화를 우리 자신이 아끼고 가꾸어야 한다는 주장에 대해서 크게 공감을 느끼지 않으시는 겁니까?" 하고 윤 여사가 다시 추궁하였다.

"나도 한국인입니다. 한국민족의 전통문화를 계승하고 발전시켜야 한다는 여론에 전적으로 공감을 느끼지요. 그렇지만 윷놀이나 그네뛰기 또는 널뛰기 같은 전통민속에 대해서 지나친 비중을 두는 편은 아닙니다."

"그렇다면 전통문화의 어떤 점에 중요성을 인정하십니까?"

"전통문화 속에 담긴 삶의 지혜 또는 귀중한 정신이 중요하다고 나는 봅니다. 그네뛰기나 널뛰기는 옛날의 우리나라 상류층의 여성들이 즐길 수 있던 아주 소수의 스포츠였지요. 운동부족이

전통문화와 외래문화 • 269

되기 쉬운 양반계급 아낙네들을 위해서 그것은 매우 소중한 놀이였습니다. 윷놀이에도 사실은 스포츠로서의 요소가 많았어요. 마당이나 헛간 같은 넓은 장소에 멍석을 깔고 큰 윷의 한 가치를 높이 던지고 다른 세 가치는 힘차게 굴리는 순간에 놀이꾼은 '모야!'를 외치며 벌떡 일어납니다. 그러니까 본래의 윷놀이에는 상당한 운동량이 따랐지요. 요즈음 안방에 방석을 깔아놓고 소꿉질처럼 노는 윷에는 스포츠의 요소가 전혀 없으니, 전통놀이의 껍데기에 불과합니다. 요즈음은 그네나 널뛰기보다 더 좋은 스포츠도 많으니, 반드시 옛것만을 고집할 필요는 없어요. 일가친척이나 이웃사람들이 모여서 친목을 도모하며 함께 즐길 수 있다면, 등산도 무방하고 배드민턴도 무방하다는 것이 내 생각입니다."

2. 무엇을 지키고 무엇을 버릴 것인가?

추석과 고향 이야기를 하다가 전통문화에 언급하게 된 기회를 윷놀이나 그네뛰기 따위의 자잘구레한 대화로 몰고 갈 일이 아니었다. 기왕이면 전통문화와 관련된 근본적인 문제에 대한 무심선생의 말씀을 듣는 편이 의미가 있을 것이라는 생각이 들었다. 그래서 나는 대화의 방향을 이렇게 유도하였다.

"선생님, 요즈음 전통문화의 중요성을 강조하는 사람들과 서구의 외래문화로 성급하게 달리는 사람들의 의견이 분분합니다. 오늘은 이 문제에 대한 말씀을 나누고 싶습니다."

이 같은 나의 말에 대하여 무심 선생은 즉각적 반응을 보이지 않았다. 선생이 입을 다물고 있자, 강 여사가 이렇게 말길을 열었다.

"저는 전통(傳統)이라는 말의 의미도 잘 모릅니다. 우선 '전통'의 의미부터 말씀해 주셨으면 합니다."

"글쎄요. 늘 사용하는 말도 그 뜻을 정확하게 밝히기 어려운 경우가 많아요. '전통'이라는 말의 뜻을 나는 이렇게 이해하고 있어요. 즉, 앞의 시대로부터 전해 내려오는 생활양식, 사고방식, 가치관념, 예술의 수법, 그리고 학설 내지 사상 등의 유산 가운데서, 현재의 생활과 문화의 존속 내지 발전에 대하여 적극적 영향력을 가진 것을 묶어서 '전통'이라는 말로 부른다고 생각해요. 그러나 비록 오랜 역사를 가진 행동양식 또는 생활양식이라도 전 인류에게 공통된 것이며 또 변화도 발전도 없이 같은 모습으로 지속되는 것은 '전통'이라고 부르지 않아요. 예컨대 모든 나라의 인간은 예나 지금이나 기어다니지 않고 서서 다니지만, 서서 다니는 행동양식을 '전통'이라고는 말하지 않지요. 또 모든 인간은 음식을 먹을 때, 직접 입을 음식물로 접근시키는 새나 짐승과는 달리, 그릇과 손을 사용하지만, 이러한 식생활의 양식을 '전통'이라고 말하지 않습니다. 요컨대 어느 민족이나 지역에 있어서 고유한 것 또는 비교가 되는 다른 양식이나 방식을 찾아볼 수 있는 것에 한하여 '전통'이라는 말을 쓰는 것이 보통이지요."

무심 선생이 여기까지 말했을 때, 이번에는 윤 여사가 물었다.

"연세가 드신 분들은 대개 전통문화의 중요성을 강조합니다. 전통문화를 중요시하는 이유는 무엇인지요?"

"일반적으로 말해서, 전통은 선조들의 경험이 쌓이고 쌓여서 얻어진 지혜의 유산이지요. 그것은 오랜 세월을 두고 실험적으로 얻은 지혜인 까닭에, 오늘에 와서도 우리의 생활을 이끄는 지침의 구실을 할 수 있어요. 삶의 지혜를 담고 있는 까닭에 소중하다고 보는 것이지요."

"우리들의 전통문화뿐 아니라 외국의 문화에도 삶의 지혜가 담겨 있다고 보아야 하지 않겠습니까?"

"물론 그렇지요. 따라서 남의 나라 문화도 소중히 여겨야 한다는 논리가 성립합니다. 다만 우리 한국인에게는 한국의 전통문화가 우리에게 더 적합할 경우가 많은 까닭에 우리의 것을 더욱 중요시하는 것이 사리에 맞을 수가 있지요. 그뿐 아니라 개인에게 개인적 정체성(正體性)이 중요하듯이 민족에게도 민족의 정체성이 중요하다는 이유에서 민족의 전통문화를 특별히 존중하는 사람들도 많아요. 어려서부터 먹어버릇한 음식이 입에 맞는 경우와 같이, 전통적인 것을 더욱 선호하는 심리도 작용하겠지요."

"요즈음 한국 어린이들 가운데는 우리나라 음식보다 서양 음식을 더 좋아하는 아이들도 많습니다. 이를테면 밥보다 피자를 더 좋아하는 아이들이 있어요." 이것은 강 여사의 발언이었다.

"물론 그런 어린이도 있습니다. 그러나 어쩌다 외식할 때 피자를 먹고 싶어하는 것만 가지고는 밥보다 피자를 좋아한다고 결론 짓기는 어렵겠지요."

"그렇지만 요즈음 우리나라 어린이들이 외국의 음식뿐 아니라 음악이나 옷차림에서도 외국 것을 모방하는 풍조가 심합니다."

"그것이 일시적 호기심이나 일시적 허영심에서 오는 현상이라면, 크게 걱정할 필요는 없을 겁니다. 전통문화를 존중하는 기성 세대의 정신풍토만 건전하다면, 젊은이들은 조만간 제자리로 돌아옵니다. 김 선생, 김 선생은 학생시절에 서양말이나 서양노래 좀 아는 것을 자랑한 적이 없소?"

"왜 없겠습니까. 저희가 중고등학교에 다녔을 때에도 학생들은 서투른 영어나 독일어로 노래 부르는 것을 큰 자랑으로 여기는 풍조가 있었습니다. 저도 '들장미'나 '보리수'를 독일어로 불러보려고 남몰래 연습을 한 기억이 남아 있습니다. 그러나 나이가 좀 든 다음에는 그것이 유치한 허영으로 느껴졌고, 그 대신 우리나라의 '보리밭'이나 '한오백년'을 불러보고 싶은 생각으로 바뀌더군요. 본래 음치라 어느 것도 소망을 이루지 못했습니다만. 그러나 오늘날 '랩'이니 '댄스 뮤직'이니 하는 서양음악에 심취한 한국의 젊은이들도 나이가 들면 반드시 우리나라의 국악이나 가곡으로 관심을 돌릴 것이라고 예상하는 것은 아닙니다."

"저도 한국의 젊은이들이 서구나 일본의 문화를 선호하는 현상에 대하여 우려의 감정부터 느낍니다" 하고 이번에는 윤 여사가 대화에 뛰어들었다. "그러나 그 감정을 정당화할 만한 어떤 이론을 가진 것은 아닙니다. 한국의 젊은이들이 서구나 일본의 문화로 빠져들어가서는 안 된다는 것을 이론적으로 어떻게 설명할 수 있습니까?"

"적어도 두 가지 이유를 말할 수 있겠지요" 하고 무심 선생이 즉각적 반응을 보였다.

"첫째로 한국의 젊은이들이 외국문화의 진수(眞髓)에 심취하는 것이 아니라 상업성이 강한 말단문화에 빠져들어가는 것을 걱정스럽게 생각하는 것이지요. 그리고 둘째로 우리나라의 자랑할 만한 전통문화를 지키고 발전시키는 데 가장 적합한 소질을 가진 것은 한국인일 터인데, 한국의 젊은이들이 우리의 전통문화를 외면한다면, 한국의 고유한 문화가 역사의 뒤안길로 묻혀버릴 염려가 있다고 보는 것이지요."

"그리고 선생님께서 자주 말씀하신 문화적 사대주의 문제도 있다고 봅니다" 하고 나도 대화에 뛰어들었다. "우리나라의 역사에서 가장 수치스러웠던 시기는 고려 말기에 원(元)의 부마국이 되어 속방으로서의 대접을 감수했을 때와 20세기 초엽에 일본의 침공을 받고 그 식민지가 된 때라고 생각합니다. 그 가운데서도 가장 수치스러운 것은, 몽고나 일본의 군사력에 밀려서 정치적으로 지배당했다는 사실보다도, 일부의 우리나라 사람들이 몽고와 일본의 문화에 동화되기를 자청했다는 사실이라고 봅니다. 부마국이 된 뒤의 역대 고려 세자들은 원나라의 공주를 정비(正妃)로 삼았을 뿐 아니라, 왕실은 몽고의 풍속을 따라서 생활하고 몽고어를 사용하였으며, 이 풍습은 왕실 밖에까지 전파되어 나라 전체가 '몽고풍'의 영향을 받았지요. 일제시대에는 일본정부가 조선 문화 말살정책을 썼다는 사실은 널리 알려졌으나, 일부의 지식층이 솔선해서 일본말을 사용하고 일본옷을 입고 살았다는 사실은 아는 사람들만 알고 있습니다. 무력에 굴복하고 속국이 된 것도 부끄러운 일이지만, 문화적 속국을 자청한 태도는 더욱 수치스러운 일입니다. 요즈음도 우리말보다 영어를 더 잘한다고 자랑하는 사람을 간혹 봅니다만 문화적 사대주의는 지구촌화 시대에도 경계해야 한다고 생각합니다."

나도 모르는 사이에 내 억양이 높아지고 있었다. 그리고 나는 내 말에 이론(異論)의 여지가 없으리라는 자신감까지 느꼈다. 그런데 이때 무심 선생이 의외의 발언으로 내 열변에 찬물을 끼얹었다.

"나도 문화적 사대주의는 배격해야 한다고 믿어 왔고, 지금도 김 선생의 말을 들으면서 공감을 느끼고 있어요. 그럼에도 불구하고 문제가 그렇게 간단하지 않을지도 모른다는 생각이 방금 떠올랐어요."

이런 말을 강 여사나 윤 여사가 했다면 나는 그 복잡한 문제가 무엇이냐며 당장에 반격의 태세를 취했을 것이다. 그러나 상대가 무심 선생이므로 신중을 기하지 않을 수 없어서 다음 말씀을 조용히 기다렸다. 강 여사와 윤 여사도 약간 어리둥절한 표정으로 무심 선생을 바라보았다. 한참 뜸을 들인 끝에 무심 선생이 다시 입을 열었다.

"구한 말기에 고종황제가 단발령(斷髮令)을 내린 적이 있었지요. 남자는 상투를 자르고 서양식으로 짧은 머리를 하라는 명령이었는데, 유생들은 '비록 목이 잘리는 한이 있더라도 머리를 깎을 수는 없다'며 크게 반발했어요. 이 반발은 반일감정과 결부되어 전국으로 확산되었고, 당시의 영의정 김홍집(金弘集)이 피살되고 말았지요. 단발령과 함께 양력을 사용하라는 명령도 내려졌는데 모두 흐지부지하게 되었어요.

구한 말기의 유생들의 정서로 말한다면 머리를 짧게 깎는다는 것은 도저히 용납할 수 없는 일이었고, 유생뿐 아니라 농부나 어부들도 같은 생각이었겠지요. 그 당시에는 양복을 입은 모습도 꼴보기 싫어서 손가락질을 당했어요. 그런데 그 뒤로 불과 80년 정도밖에 흐르지 않았는데 지금은 상투를 올린 사람이 도리어 이상해 보이고, 한복은 명절 같은 특수한 경우에만 어울리게 되었어요.

50년 전만 하더라도 일반 한국인촌에서 양옥은 보기 어려웠으나, 지금은 우리 모두가 양옥에 살고 있으며, 여간 부자가 아니면 한옥을 새로 짓고 살기가 어려운 세상이 되었어요. 식생활도 많이 달라졌어요. 앞으로 전통적 한국음식을 일상생활에서 접하기가 점점 어렵게 되지 않으리라는 보장이 없어요. 이러한 변화는 의식주 이외의 다른 분야에서도 일어날 수 있다고 보아야 하겠지요.

요컨대, 내가 의문을 느끼는 것은 '전통문화는 귀중한 것이므로 지켜야 한다'는 믿음의 근거가 얼마나 확고하냐 하는 문제라고 할 수 있겠지요. 일반적으로 평가(評價)라는 것은 삶의 조건과 그리고 사람의 정서와 깊은 함수관계를 가지고 있어요. 전통문화에 대한 평가도 예외가 될 수는 없을 터인데, 삶의 조건과 우리들의 정서에도 근본적 변화가 올 수 있다는 사실이 전통문화의 가치를 근본적으로 흔들 수도 있지 않을까 하는 생각을 하는 것이지요."

무심 선생의 말씀은 논리가 정연하였다. 전통문화를 아끼고 지켜야 한다는 우리들의 상식을 거부하는 뜻을 담은 말씀이어서 반박하고 싶은 기분을 느끼기도 했으나, 어떻게 반박해야 할지 말을 찾기가 어려웠다. 생각하다 못해 겨우 이렇게 어설픈 반응을 보였다.

"문화적 사대주의로 인해서 전통문화가 파괴되는 것은 용납할 수 없다고 하신 선생님의 신념은 그대로 살아 있다고 저는 생각합니다. 그러나 삶의 조건의 변화 즉 생활의 필요로 인하여 전통문화가 무너지는 것은 인력으로 막을 수 없고 막을 필요도 없다는 말씀을 추가하신 것으로 저는 들었습니다. 그리고 저는 선생님의 말씀에 원칙적으로 찬동합니다. 다만 한 가지 의문점이 남아 있습니다. 선생님께서 말씀하신 '삶의 조건' 또는 '생활의 필요'라는 것이 일방적으로 주어지는 것인지, 또는 우리들의 의지를 따라서 어느 정도 선택할 여지가 있는 것인지, 그 점이 궁금합니다."

"나는 아직 그 문제까지는 생각 못하고 그저 생각나는 대로 말을 했어요. 그러니까 김 선생이 제기한 문제의 요점은 전통문화를 지키고자 하는 사람들의 의지 여하에 따라서 '삶의 조건' 또는 '생활의 필요'가 달라질 수 있지 않겠느냐 하는 것이지요?"

"예 그렇습니다. 인간의 삶이란 생물학적 생존만으로 이루어지는 것이 아니라, 그 가운데서 문화생활이 큰 비중을 차지합니다. 그러므로 사람들이 어떤 문화를 갖고자 원하는가 하는 그 의지가 생활의 필요 즉 삶의 조건을 좌우하는 큰 요인이 될 수 있으리라는 것입니다."

"알겠어요. 요컨대 삶의 조건의 변화가 일방적으로 전통문화의 존폐를 결정하는 것이 아니라, 반대방향으로 전통문화에 대한 사람들의 의지 여하에 따라서 삶의 조건이 달라질 수 있다는 뜻이지. 매우 좋은 지적이요."

"그렇다면 우리 전통문화 가운데서 무엇을 지키고 무엇을 버려야 하느냐에 대한 올바른 인식은 여전히 중요하다는 결론을 얻게 됩니다. 여기서 다음에 부딪치는 문제는 전통문화 내지 문화 일반을 평가하는 기준을 어떻게 정하느냐 하는 그것이 되겠습니다."

3. 문화의 평가, 문화의 도구적 가치와 본래적 가치

문화 평가의 기준 문제에 대한 무심 선생의 의견을 듣고 싶었다. 그 문제에 대하여 강 여사와 윤 여사가 어느 정도의 흥미 내지 관심을 가질 것인지 짐작이 가지 않아서, 나는 대화의 진행을 망설였다. 나의 그러한 망설임을 눈치챈 것일까, 윤 여사가 이렇게 거들었다.

"문화를 평가하는 문제라면 지켜야 하고 가꾸어야 할 좋은 문화와 그 반대의 좋지 않은 문화를 어떻게 구별하느냐 하는 문제가 아니겠습니까. 그 문제에 관해서라면 저희 같은 가정주부도 기초적 식견은 가질 필요가 있습니다. 아이들이 만화나 비디오에 심취하는 것을 말릴 때 아이들은 그것이 왜 나쁘냐고 반발합니다. 그런 경우에 조리있게 대답하기 위해서라도 선생님들의 말씀을 듣고 싶습니다."

"좋은 화제이기는 하지만 제대로 이야기하자면 너무 시간이 많이 걸릴 겁니다" 하고 무심 선생이 소극적 태도로 나왔다.

"대강만이라도 말씀해 주시지요."

"글쎄 무슨 말부터 해야 할지 갑자기 생각을 정리하기가 쉽지 않아요. 우선 문화가 도대체 무엇 때문에 중요한가부터 생각해야 하겠지요. 문화에는 생활을 위한 도구로서 중요한 것이 있고, 그 자체가 목적으로서 중요한 것이 있어요. 예컨대 자동차나 가전제품을 만드는 기술은 일상생활과 돈벌이의 수단으로서 가치를 가지고 있으며, 예술과 학문은 실생활을 위한 도구로서의 가치와 그 자체가 목적으로서의 본래적 가치를 아울러 가지고 있을 경우가 많지요. 문제를 단순화하기 위해서 우선 문화의 도구적 가치를 평가하는 문제부터 생각해 보기로 합시다.

전통문화 가운데는 현대에도 도구적 가치, 즉 쓸모가 많은 것이 있고 그렇지 않은 것이 있어요. 예컨대 『동의보감』이나 사상의학(四象醫學)을 위시한 한의학에는 오늘도 쓸모가 많지만 도포나 두루마기에는 실용가치는 적다고 봐야 하겠지요. 두레나 품앗이도 쓸모가 많은 민속이고 김치와 된장찌개도 쓸모가 많은 전통음식입니다."

"선생님, 도구적 가치가 높은 전통문화는 지키고 발전시켜야 한다는 결론이 여기에 따르겠지요. 그렇지만 쓸모라는 것은 상대적입니다. 만약에 서양의학이 한의학보다 더욱 효과적이라고 밝혀지거나 김치나 된장찌개보다 외국음식이 더 경제적이고 맛도 좋다면, 우리나라의 것은 버려야 한다는 결론에 이르게 됩니까?" 이것은 윤 여사의 질문이었다.

"굳이 버려야 한다고 강조할 필요는 없겠지요. 여기에는 우리의 전통에 애착을 느끼는 정서의 문제도 있고, 한의사나 식품상의 이해관계도 있어서, 문제가 그리 단순하지는 않아요. 다만 세월이 오래 흐르는 동안에 쓸모가 없는 것들은 자연히 도태당할 가능성이 크다고 보아야 하겠지요."

"그렇지만 현재의 한의학을 더욱 연구 개발하여 양의학에 대한 경쟁력을 키울 수도 있고, 종래의 한복이나 한국음식을 더욱 개량함으로써 세계적인 것으로 만들 수도 있지 않습니까?"

"매우 좋은 점을 지적했습니다. 옛 전통을 단순하게 고수하는 것보다도 더욱 발전시키고자 하는 창의적 노력 없이는 우리 문화를 지키기 어렵습니다" 하고 무심 선생은 윤 여사의 발언에 칭찬으로 대응하였다.

대화가 지엽적 문제로 흐르는 듯한 느낌이 들었다. 더욱 근본적인 문제로 말머리를 돌릴 필요가 있다는 느낌이 들기에, 잠시 대화가 끊어진 틈을 비집고 나는 이렇게 말하였다.

"선생님께서는 알기 쉽게 설명하시기 위하여 매우 구체적인 예를 들어서 문화의 도구적 가치를 말씀하셨습니다. 그러나 문화의 도구적 가치 가운데서 정말 크게 문제가 되는 것은 거시적이며 추상적인 삶의 문제에 관련된 것이 아닐까요. 예를 들어서 말씀드리자면, 지금 우리나라는 흥망이 걸린 여러 가지 문제에 당면하고 있습니다. 우리나라의 정치와 경제, 학문과 교육은 물론이요, 우리들의 가치관과 사고방식까지도 이 공동의 문제들을 해결하는 도구로서의 구실을 해야 합니다. 다시 말하면, 우리나라가 당면한 공동의 과제들을 만족스럽게 해결할 수 있는 정치와 경제 그리고 학문과 교육 등을 우리는 실현해야 하며, 그러한 정치문화와 경제문화 그리고 학문과 교육문화를 실현하기 위해서는 우리 현실에 적합한 사고방식과 가치관을 몸에 익혀야 합니다." 내가 여기까지 말했을 때, 강 여사가 질문 하나를 던졌다.

"가치관이나 사고방식도 '문화' 가운데 포함됩니까?"

"개개인의 가치관 내지 사고방식을 따로따로 떼어서 볼 때, 그것을 '문화'라고 말하지는 않습니다. 다만 대부분의 한국인이 집단으로 가지고 있는 어느 정도 공통된 가치관 내지 사고방식은 한국문화의 일부입니다. 그것은 한국문화 가운데서도 기본적인 것이어서, 정치와 경제 그리고 교육 등 다른 분야의 문화에 결정적 영향을 줍니다."

"예를 들어서 설명해 주셨으면 합니다."

"가령 지연(地緣) 또는 학연(學緣)을 중요시하는 가치관 내지 사고방식이 옳으냐 그르냐보다도 이로우냐 해로우냐를 먼저 생각하는 경향이 한국인에게 일반적이라면, 그것은 한국문화의 중요한 부분이라고 보아야 합니다. 그리고 한국인의 그러한 심성은 정치와 경제 등 다른 문화 영역에도 막대한 영향을 미칩니다."

"지금 김 선생과 강 선생은 매우 중요한 문제에 대해 언급하고 있어요" 하며 무심 선생이 발언의 기회를 자청하였다. "소리나 춤 또는 전통 공예 부문에서 달인의 경지에 이른 명인(名人)을 '무형 문화재'라고 부르지만 사람에게는 형태가 있지요. 엄밀한 의미의 '무형'(無形)문화는 가치관 내지 사고방식입니다. 그런데 김 선생이 말했듯이 이 진정한 무형 문화가 문화의 기본 또는 핵심이라는 점을 나도 강조하고 싶어요. 국민 대다수의 가치관 내지 사고방식만 바르게 서면 다른 영역의 문화는 저절로 바르게 섭니다. '가치관'이니 '사고방식'이니 하는 말 대신 '정신자세'라는 말을 썼더라면 더 이해하기 쉬웠을지 모르지요. '올바른 가치관'이라는 말과 '올바른 정신자세'라는 말은 결국 동전의 앞면과 뒷면 같은 것인데 '정신자세'라는 말은 과거의 권위주의적 정치가들에 의해서 적잖이 오염되었기 때문에, 나는 그 말을 피했던 것이지요."

"선생님, 올바른 가치관과 그릇된 가치관을 구별하는 기준에 대해서 말씀해 주십시오. 이 경우에도 역시 가치관의 도구적 가치가 중요한 기준이 됩니까?" 한참 듣고만 있던 윤 여사가 물었다.

"그런 의문을 갖게 되는 것은 '가치관의 도구적 가치'라는 말이 귀에 익숙하지 않기 때문일 겁니다. 예컨대 공익(公益)보다도 사리(私利)를 선호하는 가치관이 옳으냐 그르냐를 판단하기 위해서 그런 가치관이 바람직한 정치와 바람직한 경제를 위해서 적합하냐 아니냐부터 따지는 것은, 가치관의 도구적 가치를 중요시하는 것에 해당합니다. 일반적으로 말해서, 가치관의 옳고 그름을 판단할 때 그 가치관이 국가의 안녕질서와 국민의 행복을 위해서 적합하냐 아니냐부터 고찰하는 것은 가치관의 도구적 가치를 가치관 평가의 중요한 기준으로 삼는 것에 해당합니다."

"행위가 옳으냐 그르냐를 묻는다면 그 뜻을 알기 쉬울 것 같으나, 가치관이 옳으냐 그르냐를 묻는다고 할 때는 그 뜻이 선명하게 떠오르지 않습니다. 이 기회에 '가치관'과 '행위'의 관계를 알기 쉽게 말씀해 주십시오."

"우리가 무엇을 좋아하거나 싫어하는 마음 또는 무엇을 원하거니 원치 않는 마음을 전체로 묶어서 '가치관'이라고 말합니다. 원하는 것이 여러 가지 있을 경우에는 가장 강하게 원하는 것에서 가장 약하게 원하는 것에 이르는 소망의 서열이 생기게 마련이지요. 이 소망의 서열은 복잡한 체계를 이룹니다만, 그 소망 서열의 복잡한 체계가 그 사람의 가치관에 해당합니다. 소망하는 것이 저절로 얻어질 경우는 드물며, 소망하는 것을 얻기 위해서 하는 동작이 행위에 해당합니다.
 한 순간에도 우리가 원하는 것은 여러 가지가 있지만, 그것들을 얻기에 필요한 행위들을 동시에 여러 가지 할 수는 없어요. 따라서 한 가지 행위를 선택하게 되는데, 가장 강하게 원하는 것을 얻기에 적합하다고 생각하는 행위를 하게 마련입니다. 각 순간에 선택하는 행위들을 한데 묶어서 '생활태도'라고 부르지요. 그러므로 생활태도를 면밀하게 분석해 보면 그 사람의 가치관을 짐작할 수 있습니다. 쉽게 말하자면, 눈에 보이지 않는 가치관을 겉으로 드러내는 것이 바로 행위 내지 생활태도라고 이해하면 됩니다."
 "그렇지만 '돈보다도 인격이 더 중요하다'고 말하면서 실천의 순간에는 인격에 먹칠을 해가며 돈을 추구하는 사람도 있지 않습니까?"
 "좋은 지적입니다. 넓은 의미로는 말도 일종의 행위지만 아까 내가 말한 '행위'는 말 아닌 실천적 행위를 가리킨 것입니다. 말에도 가치관이 나타나기는 하나, 그때 나타나는 가치관은 실천적 행위에 나타나는 가치관과는 차이가 있습니다. (말과 행동이 일치하는 사람의 경우는 그 차이가 없지만, 언행이 완전히 일치하는 사람은 거의 없지요.) 말에 나타나는 가치관을 나는 '관념적 가치관'이라 부르고 행위에 나타나는 가치관을 '실천적 가치관'이라고 부릅니다만, 후자가 훨씬 더 중요하다고 나는 생각합니다."
 여기서 대화가 잠시 중단되었다. 윤 여사의 질문으로 인하여 무심 선생이 이야기의 큰 줄기를 놓친 것 같기에, 내가 이렇게 거들었다.
 "가치관 내지 사고방식이 문화의 기본이라는 말씀에 이어서 가치관 내지 사고방식의 시비(是非)를 어떻게 가리느냐 하는 문제가 나왔고, 이 경우에도 가치관의 도구적 가치가 중요하다는 말씀까지 하셨습니다. 결국 국가의 건실한 발전과 국민의 행복 증진에 적합한 가치관 내지 사고방식을 정립해야 한다는 뜻의 말씀도 하셨구요. 그런데 문제가 점점 어려운 골목으로 빠지는 것 같습니다. 국가의 건실한 발전이 어떤 것이며 국민의 행복 증진을 어떻게 규정하느냐 하는 것도 어려운 문제이고, 또 국가의 발전과 국민의 행복을 위해서 어떠한 가치관이 적합하냐 하는 것도 쉬운 문제가 아닙니다."

"나도 아까부터 우리가 너무 거창한 문제를 다루고 있다는 것을 느꼈어요. 학술적 토론모임도 아니니 지나치게 엄밀한 규명을 꾀하지 말고 상식적인 이야기로 만족해야 하겠지. 상식적 수준에서는 한국이 앞으로의 국가목표를 어떻게 정해야 할지, 또 국민을 위한 행복의 조건이 무엇인지에 대하여 개략적인 이야기를 나눌 수도 있겠지요. 그러나 오늘은 전통문화에 대한 의견을 나누던 참이므로 그쪽으로 다시 화제를 돌리는 것이 좋겠지요. 이제까지 나눈 이야기에서 의미를 찾는다면, 문화의 도구적 가치가 중요하다는 것과 가치관 내지 사고방식도 문화의 중요한 부분이라는 것에 언급한 정도에서 찾아야 하겠지."

"그리고 선생님께서 아까 문화에는 도구로서의 가치뿐 아니라 그 자체가 목적이 되는 본래적(本來的) 가치도 있다는 말씀을 하셨습니다. 그 점에 대해서 조금 더 말씀해 주셨으면 합니다."

"알기 쉽게 말하자면 학문과 예술 또는 사상 같은 분야를 예로 드는 것이 좋겠지요. 학문과 예술은 다른 생활영역을 위하여 도움을 주는 실용적 가치뿐 아니라, 그 자체가 중요한 가치를 가지고 있지요. 학문을 위해서 학문에 종사하는 학자나 예술을 위해서 예술에 몰두하는 예술가도 있다는 사실이 그것을 말해 줍니다."

"그런데 문화의 본래적 가치는 그 평가의 기준을 밝히기가 더욱 어렵지 않습니까?"

"문화의 도구적 가치는 국가의 발전목표에 대한 밑그림만 가지고 있으면 인과율적 고찰을 통해서 어느 정도 판정할 수가 있지만, 그 본래적 가치는 인과율적 추리 따위의 힘을 빌어서 판정하기가 어렵지요. 학문의 본래적 가치의 경우는 학설의 타당성 여부를 논리적으로 따질 여지라도 있지만, 예술의 경우는 주로 직관에 의존해야 하므로 그 본래적 가치를 이론적으로 다루기가 더욱 어려워요. 결국 주관을 배제할 수 없는 문제이므로, 이 자리에서 파고들어도 합의된 결론을 얻기는 어려울 것이오."

문화의 평가의 문제로 더 많은 이야기를 나누고 싶은 생각도 없지 않았으나, 그날 화제의 중심인 전통문화의 문제로 되돌아가는 것이 더 중요하다는 생각이 앞섰다. 전통문화를 어떻게 이어받을 것이냐 하는 문제와 아울러서 외래문화를 받아들이는 문제도 언급할 필요가 있다는 생각도 들어서, 앞길을 재촉하지 않을 수 없었다.

4. 우리나라 정신풍토의 문제점

대화의 진행을 조절하는 일은 나의 임무처럼 생각하는 버릇이 생겼기에, 나는 이렇게 말머리를 돌렸다.

"이제 본래의 화제로 돌아가서 전통문화 계승의 문제와 외래문화 수용의 문제에 대한 선생님의 말씀을 듣는 것이 좋겠습니다."

"뭐 내 말을 듣는다기보다는 함께 생각을 나누는 것이 더 중요하겠지. 내 생각 같아서는 전통문화와 외래문화를 갈라서 생각하기에 앞서서 우리나라 미래문화의 과제부터 이야기하는 것이 순서가 아닐까 해요. 바꾸어 말하면, 현재 우리 문화가 안고 있는 문제가 무엇인가를 우선 살피고, 그 문제를 해결하기 위해서 전통문화를 어떻게 계승하고 외래문화를 어떻게 수용할 것인가를 이야기하자는 것이지." 이때 "그렇지만 선생님," 하고 강 여사가 의문을 제기할 어조로 가로막았다.

"정치와 경제, 학문과 예술, 종교와 윤리 그리고 교육 등 여러 분야의 문제점을 모두 이야기하자면 끝도 없이 많은 시간이 걸리지 않겠습니까?"

"강 선생의 말이 옳아요. 그것은 시간이 많이 걸릴 뿐 아니라 현실적으로 불가능하지요. 예술만 하더라도 음악, 미술, 연극, 영화, 문학 등 여러 분야로 다시 나누어지는데, 전문가도 아닌 우리들이 그 문제와 해결책을 이야기한다는 것은 엄두도 낼 수 없어요. 내 뜻은 불가능한 일을 해보자는 것이 아니구요, 문화의 여러 분야에 공통된 문제점을 이야기해 보자는 것입니다."

"문화의 여러 분야에 공통된 문제점을 말하기는 더욱 어렵지 않을까요?"

강 여사는 여전히 납득이 가지 않는다는 표정을 지었다.

"모든 문화는 인간정신을 반영하고 인간이 만들어냅니다. 한국문화는 한국인의 정신을 반영하고 한국인이 만들어냅니다. 그러므로 예술과 학문, 교육과 체육 등 모든 분야의 한국문화는 한국인의 정신풍토를 반영하게 마련이고, 한국인의 정신풍토에 문제점이 있으면 그것은 한국의 여러 가지 문화 분야에 그대로 반영되어 문제점으로 나타나게 마련이지요."

"구체적으로 말씀해 주시면 이해가 더욱 빠르겠습니다. 저는 가정대학을 다닌 사람이어서 추상적인 말씀에 대한 이해능력이 부족합니다."

"그러면 우리나라 정신풍토의 문제점부터 구체적으로 생각해 봅시다. 정신풍토가 건실하냐 부실하냐를 결정함에 있어서 기본이 되는 것은 사람들의 가치관입니다. 가치관이 건실해야 정신풍토 전체가 건실하다는 말이지요. 가치관이 건실하기 위해서는 사람들이 높은 가치는 높게 대접하고 낮은 가치는 낮게 대접해야 하는데, 우리나라에서는 낮은 가치가 높은 대접을 받고 높은 가치는 도리어 낮은 대접을 받고 있어요. 이제 구체적인 예를 들어서 설명하겠습니다. 돈보다는 예술과 학문 또는 사상 등이 더 높은 가치를 가졌다고 보아야 하는데, 우리나라에서는 일반적으로 돈이 가장 높은 대접을 받고 있어요."

"돈보다 예술이나 사상의 가치가 높다는 것을 어떻게 증명할 수 있습니까? 그리고 예술이나 사상보다 돈을 더 높이 대접한다는 말씀의 정확한 뜻은 무엇입니까?" 이것은 한동안 말이 없었던 윤 여사의 질문이었다.

"돈을 예술보다 높이 대접한다 함은 예를 들어서 예술성이 높은 영화를 만들기보다는 돈벌이가 잘되는 영화를 만드는 일에 열중하는 경우가 그것이지요. 그리고 가치의 높고 낮음을 평가하는 문제는 좀 어려운 문제입니다. 알기 쉽게 설명하자면 가치 비교의 척도부터 말해야 하겠지요. 가치 비교의 척도가 몇 가지 있는데, 그 가운데서 가장 알기 쉬운 것은 '가치의 수명'과 '가치있는 것이 주는 혜택의 크기'라고 말할 수 있어요.

공자나 그리스도의 사상은 2천 5백 년 전 또는 2천 년 전에 생긴 문화유산인데, 현재도 아직 살아 있고 앞으로도 오래 생명을 유지할 것입니다. 그러나 돈으로 대표되는 부(富)의 수명은 백 년을 지속하기가 어렵지요. 또 학문과 예술과 고귀한 인격 등은 수명이 길고, 권력과 관능적 쾌락은 그 수명이 돈보다도 짧아요. 그리고 '가치의 수명'만을 가지고 말한다면, 수명이 긴 가치는 그것이 짧은 가치보다도 상위(上位)에 자리매김하는 것이 사리에 맞습니다.

다음에는 가치비교의 다른 척도로서 '가치있는 것이 주는 혜택의 크기'에 대한 예를 들어보겠습니다. 돈, 지위, 건강, 학식 등 가치있는 것은 사람들에게 혜택을 주는데, 어떤 것은 여러 사람에게 큰 혜택을 나누어주고, 어떤 것은 오직 소수에게만 혜택을 줍니다. 예를 들어서, 공자나 예수의 사상은 무수하게 많은 사람들에게 혜택을 주며 그것을 나누어 갖는 사람의 수가 늘어도 각자의 몫이 줄지 않아요. 그러나 일정한 액수의 돈은 그것을 소유한 소수에게만 혜택을 주며, 그것을 나누어 갖는 사람의 수가 늘면 각자의 몫은 반비례적으로 줄게 됩니다. 그리고 '혜택의 크기'만을 가지고 말한다면, 그 혜택의 양과 범위가 큰 것일수록 가치체계에서 상위를 차지해야 사리에 맞지요."

무심 선생이 여기까지 말하고 멈추었을 때, 윤 여사가 대화의 흐름을 이어갔다.

"이제 선생님 말씀의 뜻을 알 것 같습니다. 우리나라 정신풍토의 두드러진 특색의 하나는 사람들이 돈을 지나치게 좋아한다는 사실이며, 돈에 대한 지나친 욕심은 문화의 여러 분야를 병들게 하고 있다는 말씀이지요. 세속을 초탈한다는 스님들도 절의 재산 때문에 서로 싸우고, 대학교수나 소설가가 좋은 책보다도 잘 팔리는 책을 쓸 궁리만 하는 경우가 있습니다. 얼마 전 신문에는 국제배구연맹에서 여자선수들에게 유니폼을 야하게 입으라고 요구했고, 노출이 부족한 배구팀에 대해서는 벌금을 물렸다는 기사도 있었습니다. 우리나라 여자팀은 그 지시를 잘 지켜서 벌금을 물지 않았답니다. 돈에 대한 과욕은 우리나라에만 국한된 것이 아닌가 보죠. 돈에 대한 과욕 말고 우리나라 정신풍토에 또 어떤 문제점이 있습니까?"

"방금 윤 선생이 말하지 않았오? 운동장에서 여자의 몸매를 볼거리로 삼는다고. 옷을 벗기는 것은 운동장에서만이 아니지요. 술집은 말할 것도 없고, 극장과 음악무대에서도 벗기고, 소설에서도 벗기지요. 돈 때문에 벗기는 것이지만, 벗기면 돈이 나온다는 것은 향락에 대한 욕구가 지나친 정신풍토임을 말해 주는 것이지."

"하지만 선생님, 돈과 향락에 대한 욕심이 압도적으로 강한 가치풍토가 나쁘다는 것을 논리적으로 설명할 수가 있습니까? 그래서는 안 된다는 이유 말씀입니다."

"기본생활의 안정에 쓰이는 돈은 매우 중요하지만, 그 이상의 거액의 돈을 욕심내는 사람들이 많으면 사회경쟁이 지나치게 치열하게 되어 공동체를 위한 협동이 어려워져요. 그리고 학문과 예술, 종교와 체육 등이 순수성을 잃는 동시에 그 질이 떨어지게 되지요. 지나친 향락의 폐단은 더욱 분명하게 나타나요. 미각에 대한 욕심이 지나치면 급기야 음식의 즐거움을 모르게 되고, 여색을 너무 밝히면 마침내 체력의 한계에 부딪치는 현상은 흔히 있는 일이고, 이 현상을 심리학에서는 '쾌락주의의 역리(逆理)'라고 부르지요."

무심 선생의 얼굴과 음성에 피로의 기색이 보였다. 그분의 연세를 고려해서 적당히 대화의 마무리를 지을 요량으로 나는 이렇게 재촉하였다.

"금전만능과 향락추구 이외에도 우리 정신풍토의 문제점은 또 있을 것으로 압니다. 그러나 어차피 모든 이야기를 다 할 수는 없습니다. 지금까지 말씀하신 것에 입각하여, 이제는 전통문화를 계승하는 문제와 외래문화를 수용하는 문제에 대한 말씀으로 넘어가는 것이 어떨까요?"

"그 말로 넘어가기 전에 한 가지만 더 지적합시다. 정신풍토 전반에 화합과 친애의 분위기보다 대립과 갈등의 거친 분위기가 우세하다는 사실말이오. 돈과 향락에 대한 지나친 욕심에서 유래하는 치열한 사회경쟁 때문이겠지만, 일상생활에서도 전쟁터와 같은 살벌함을 느낄 때가 많아요. 심지어 부부간에도 싸우고, 부자간에도 싸우며, 사제간에도 싸우는 일이 도처에 다반사로 널려 있어요. 어느 시대 어느 사회에나 갈등은 있게 마련이지만, 우리나라의 경우는 그 정도가 지나쳐요. 정도가 지나쳐서 폭력이 난무하는 세상이 되었어요. 폭력이 난무하는 갈등의 문화, 이것도 근본적인 문제의 하나라는 점을 강조하고 싶어요."

"우리 사회가 이토록 황폐해진 것은 유교적 전통윤리가 무너졌기 때문이라고 말하는 사람들이 있습니다. 선생님은 유교의 가르침을 되살림으로써 문제를 해결해야 한다는 견해를 어떻게 보십니까?" 나의 이 물음에 대하여 무심 선생은 잠시 생각한 다음에 입을 열었다.

"유교 윤리를 어떻게 이해하느냐가 문제겠지. 자식은 부모의 말에 절대 복종해야 하고 아내는 남편의 보조자로서 만족해야 한다는 식의 옛날식 유교윤리는 별로 도움이 되지 않을 거야. 그러나 공자의 근본정신으로 되돌아가서 그분의 가르침을 현대에 맞도록 해석한다면, 많은 도움을 얻을 수 있다고 나는 생각해요."

"예를 들어서 말씀해 주십시오."

"공자 사상에 있어서 매우 중요한 자리를 차지하는 '인'(仁)은 부모와 자식 사이와 같은 가까운 사이의 '자연스러운 사랑'을 그 출발점으로 삼고 있지. 내 부모에 대한 사랑을 남의 부모에게까지 확대하고 내 자녀에 대한 사랑을 남의 자녀에게까지 확대하는 식으로 점차 사랑의 범위를 넓혀서 모든 사람을 사랑하기에 이르는 것을 이상으로 삼는 것이 바로 '인'의 사상 아니겠소? 자연의 정에서 출발한 '인'의 사랑이 집안이나 이웃까지만 미치는 데 그친다면, 그것이 현대사회를 위한 귀중한 덕으로서 높이 평가되기는 어렵겠지요. 그러나 육친애에서 출발한 '인'의 정이 지구촌화 시대의 원대한 안목을 가진 지성과 결합함으로써 광범위한 인간애에 이른다면, 현대를 위해서도 큰 도움이 될 것이오.

그리고 '효' 사상의 근본을 자녀의 일방적 의무를 강조하는 것으로 보지 않고, '부자 유친'과 같은 정신에서 부모와 자녀의 서로사랑을 강조한 것으로 해석함으로써, '효'를 '인'의 출발점으로 삼는다면, '효'도 현대를 위해서 매우 소중한 덕이 될 것이오."

"공자의 '군자'(君子) 개념 안에는 현대사회를 위하여 도움이 될 만한 가르침이 없겠습니까?"

"'군자'의 반대되는 것이 '소인'(小人)인데 현대는 소인들이 활개를 치는 세상이지. '군자'도 '인'과 불가분의 관계를 가졌어요. '인'의 덕을 어느 수준 이상 체득한 사람이 군자에 해당하지. 쉽게 말해서, 군자는 인간에 대한 사랑의 정서가 넉넉한 열린 마음의 큰사람이라고 볼 수 있어요. 그러니 현대사회는 어느 때보다도 많은 군자들의 출현을 대망하고 있다는 말이 되지. 내가 '많은 군자들'이 나타나기를 바란다고 강조하는 까닭은 현대라는 시대가 소수의 힘으로는 움직이기 어려운 군중의 시대라는 사실에 있소."

"전통윤리에 대한 선생님의 말씀을 다음 기회에 느긋한 마음으로 많이 듣고 싶습니다. 이제 끝으로 외래문화의 수용에 대한 선생님의 말씀을 들었으면 합니다."

"문화라는 것이 본래 형태가 없어서 옛날부터 국경을 넘나들었지만, 현대에는 각국의 문화가 방송매체의 전파를 타고 더욱 자유롭게 들어오고 있어요. 이런 상황에서 문화적 국수주의의 태도를 취한다면 어리석기 짝이없는 노릇이 되겠지. 다만 강대국에 대한 문화적 예속을 피하기 위한 문화적 자주의식은 견지해야 할 것이오.

더욱 경계해야 할 것은 상업주의의 물결을 타고 외국의 저질 문화가 여과없이 밀려드는 일이오. 특히 금전 만능과 향락주의를 조장하는 저질 문화와 폭력을 찬양하거나 영웅시하는 영상물과 만화 등도 경계해야 할 것이오. 지금까지 우리나라의 청소년층이 주로 받아들이고 있는 외국문화에 외설과 폭력을 담은 것이 많다는 사실에 신경이 쓰여요. 늙은이의 기우에 불과할 수도 있겠지만, 정도가 지나치면 고치기가 어렵지 않을까 걱정이 되오.

외국의 문물을 활발히 받아들이는 가운데서도 우리의 말과 글만은 깨끗하게 지켜야 된다는 것이 나의 변함 없는 생각이오. 국제화 시대에 외국어에 능통한 것은 살아가는 데 매우 유리한 조건임에 틀림이 없지만, 그것이 우리말을 소홀히 여겨도 좋다는 이유가 될 수는 없어요. 대학강의나 학술회의에서도 우리말이 있음에도 불구하고 외국어를 섞어서 사용하는 경우가 많은데, 듣기에 거북해요. 공사장에서 땅을 팔 때 사용하는 '굴착기'(掘鑿機)를 공영방송에서 고집스럽게 '굴삭기'라고 말하면서, 그것이 '굿삭기'라는 일본어의 영향이라고 지적해도 곧이듣지 않는 것이 우리의 현실이오."

"언어 이외에 우리의 것을 꼭 지키고 싶은 것을 하나 더 드신다면 무엇을 말씀하시겠습니까?"

"반드시 우리의 것이라고 말할 수 있을지는 의문이나, 개인을 넘어서는 '우리'로서의 가족을 지켜야 한다고 말하겠소."

나는 가족을 지키면서 가족적 이기주의를 극복하는 길을 묻고 싶었으나, 그만두고 귀가를 재촉했다.

제 12 장
멋있는 삶

1. 겉모습의 멋과 속마음의 멋

　무심 선생으로부터 책 한 권이 우송되어 왔다. 최근 10여 년 동안에 여기저기 발표했던 것을 한데 묶은 산문집이다. 목차만 훑어보아도 대충 내용을 짐작할 수 있었다. 일상생활에서 보고 느낀 바를 간결한 문장으로 정리한 소품(小品)들 70여 편을 한데 묶은 것이다.
　그 책을 받고 2~3일 지났을 때 윤 여사로부터 전화가 왔다. 무심 선생의 친필 사인이 적혀 있는 책을 자기도 받았다는 기쁨을 전하면서, 출판을 축하하는 식사모임을 갖자고 제안하였다. 물론 강 여사와는 이미 의논이 되었다고 한다. 제자인 나보다도 두 여인의 정이 앞섰던 것이다.
　무심 선생 댁에서 멀지 않은 일식집 방 하나를 얻어서 네 사람이 회동한 것은 안개비가 내리는 어느 날 점심시간이었다. 식사가 끝난 뒤에 두 여인은 무심 선생의 산문집을 열심히 화제에 올렸다. 나는 아직 댓 편밖에 읽지 않았는데 그들은 벌써 끝까지다 읽었다고 하였다.

 전체가 다섯 묶음으로 나누어진 산문집의 대부분은 수상류의 짧은 글로 짜여져 있으나, 마지막 부분만은 논설류의 비교적 긴 글 네 편을 묶은 것이다. 이 네 편은 모두 '삶의 설계', '행복' 또는 '멋있는 삶' 등을 주제로 삼은 글이다. 두 여인 가운데 강 여사는 특히 삶의 문제에 대하여 깊은 관심을 표명하였다. 식사 도중에 너무 무거운 이야기를 나누는 것은 적절하지 않을 듯하기에, 나는 점심부터 먹고 그 뒤에 차분하게 이야기를 하자고 제언하였다.

 '삶의 설계'와 '행복'의 문제에 관해서는 그 전에도 무심 선생과 대화를 나눈 적이 있었으나, '멋있는 삶'에 관한 이야기는 들은 적이 없었다. 식사가 끝난 뒤에 이런저런 말들이 오고 가는 가운데 '멋'이 화제로 떠올랐을 때, 나는 그 기회를 포착하여 이렇게 대화를 유도하였다.

 "선생님께서 '멋'을 주제로 삼은 글을 쓰셨다는 사실이 저에게는 신선하게 느껴집니다. 오늘은 '멋'에 관한 선생님의 말씀을 듣고 싶습니다. 그러나 저는 아직 그 글을 읽지 않은 상태여서 함부로 말을 하기가 조심스럽습니다. 선생님의 글을 읽으신 강 선생과 윤 선생이 좋은 질문을 하셔서 선생님이 글에서 말씀 안 하신 부분을 보완하는 결과를 얻도록 해 주시기 바랍니다."

 그러나 두 여인은 서로 바라볼 뿐 입을 열지 않았다. 초조해진 나는,

 "내가 끝까지 선생님의 책을 읽고 왔어야 하는데…" 하며 혼자 말처럼 자책하였다. 그러한 내 모습을 딱하다고 생각한 듯, 윤 여사가 조심스러운 어조로 이렇게 물었다.

"이 글에서 선생님께서는 '멋있는 사람'이 한국인의 이상형(理想型)이라는 말씀을 하셨습니다. 그리고 우리 조상들 가운데서 '멋있는 삶'을 가졌던 사람들의 예화도 소개하셨습니다. 그러나 '멋'의 정의랄까, 멋이 무엇인가에 대한 이론적인 설명은 하지 않으신 것으로 압니다. '멋'이라는 말의 뜻을 알기 쉽게 말씀해 주셨으면 합니다."

"그렇지 않아도 그 질문이 나오지 않을까 걱정하고 있던 중이오. 그 뜻을 알기 쉽게 풀이하기 어려운 말들이 많이 있는데, '멋'은 그 가운데서도 정의를 내리기가 더욱 어려운 편에 속하지요. 우리말 사전에는 무엇이라고 풀이했는지 찾아봅시다" 하고 무심 선생은 두툼한 사전 한 권을 우리 앞에 가져다 놓았다. 눈 밝은 사람이 찾아보라는 선생의 뜻이었다. 윤 여사가 사전을 뒤적인 끝에 이렇게 읽어내려갔다.

"옷차림새, 행동, 됨됨이 등이 세련된 상태나 아름다움."

"그것밖에 또 없습니까?"

"'운치나 흥취'라는 풀이도 있습니다."

"짐작한 대로군" 하고 무심 선생이 불만스러운 표정을 지으면서도 자기의 예상이 적중했다는 점에는 만족을 느끼는 기색이었다.

"혹 우리나라 국어학자의 연구 가운데 '멋'의 뜻을 밝혀놓은 것은 없을까요?" 하고 윤 여사가 다시 물었다.

"연구라고까지 말할 수 있을지 모르겠으나, 신석초(申石艸), 조윤제(趙潤濟), 이희승(李熙昇), 조지훈(趙芝薰) 등이 '멋'의 의미를 밝히려고 시도한 기록이 남아 있어요. 그분들의 견해에도 조금씩 차이가 있어서 '멋'이라는 말의 정의를 내리기가 어려움을 나타내고 있어요. 다만 그들은 '멋'을 일종의 미적 개념(美的 槪念)이라고 본 점에서 의견을 모으고 있더군요. '멋'은 한국인의 의식에 나타난 일종의 아름다움이라는 거지요.

선배들의 의견을 참고해 가며 조지훈은 '멋의 연구'라는 논문을 쓴 적이 있어요. 조지훈에 따르면, 극히 정상적이고 규격에 들어맞는 것, 빈틈 하나 없이 질서정연한 것에서도 흔히 아름다움을 느끼나 그것은 '멋'의 아름다움은 아닙니다. 정규(正規)와 정상(正常)을 약간 벗어나서 파격적이면서도 전체로서는 조화를 잃지 않는 것의 아름다움이 바로 '멋'에 해당하는 거지요. '멋'이 풍류(風流) 또는 여유로움과 깊은 관계를 가졌다는 뜻도 되지요. 깜찍하게 예쁜 인형이나 기준에 맞추어서 뜯어 고친 성형수술의 미인에 대하여 우리는 멋을 느끼기 어렵지 않습니까."

생각의 필름이 끊어진 것일까, 무심 선생이 잠시 말을 멈추었다. 도움이 될까 싶어서 나도 한마디 하였다.

"멋과 풍류 사이에 밀접한 관계가 있다는 말이 가슴에 와 닿습니다. 바람풍(風)과 흐를류(流)가 합쳐서 만들어진 '풍류'라는 말 자체에서도 멋의 분위기를 느낍니다. 바람과 흐름은 모두 움직이는 것인데, 멋도 움직임과 깊은 관계가 있는 것이 아니겠습니까?"

"김 선생이 아주 좋은 점을 지적했어요. 멋은 정지한 것의 아름다움이 아니라 움직이는 것의 아름다움이라고 할 수 있어요. 화병에 꽂힌 장미에서 우리는 아름다움을 느끼지만 멋은 느끼지 않아요. 걸어가는 여인의 가슴에 꽂힌 장미에서라면 멋을 발견할 수 있지요. 코스모스가 멋있게 보이는 것은 넓은 들판에 무리를 짓고 바람에 하늘거릴 때가 아니겠소?"

"우리는 멋을 말할 때 흔히 물체나 사람의 외형(外形)을 염두에 둘 경우가 많습니다. 그런데 피천득 선생은 그의 '멋'이라는 수필에서 외형의 멋보다도 내심(內心)의 멋이 더욱 소중하다고 역설한 바 있습니다."
 "김 선생의 그 말을 들으니 나도 그 수필을 읽은 기억이 되살아나오. 피천득 선생은 골프채를 휘두른 여인의 스커트가 바람에 날리는 모습과 승무(僧舞)에 열중하는 무희의 미끄러지는 장삼자락을 멋있는 모습이라고 쓴 다음에, 그러나 진정한 멋은 시적 윤리성(詩的 倫理性)을 내포한다고 말했지. 우리나라의 국어학자들보다도 오히려 피천득 선생이 '멋'의 진수를 더 깊이 파악했다는 생각이 들어요."
 "'시적 윤리성'을 내포한다는 것은 무슨 뜻입니까?" 하고 한동안 침묵을 지키던 강 여사가 물었다.
 "글쎄요. '시적'(詩的)이라는 형용사의 의미가 좀 모호하기는 하나, 윤리적 행위나 인품의 감동적인 아름다움을 부각시키기 위하여 그런 표현을 쓴 것이 아닐까요. 피 선생이 내심의 멋을 예시한 행위가 있었지요. 그것이 무엇이더라? 무슨 테니스 이야기를 예로 들은 것 같은데 읽은 지가 오래 되어서… 김 선생은 생각이 나오?"
 "예, 테니스 경기에서 심판의 오심으로 한 포인트의 득을 보게 된 선수가 그 다음 순간에 고의로 실수를 범함으로써 그 부당한 득점을 자연스럽게 포기했다는 일화가 소개되었습니다. 그리고 거금을 주고 중국 소저를 청루에서 벗어나게 한 다음 그의 정조를 건드리지 않고 곱게 집으로 돌려보낸 조선조의 역관(譯官) 홍순언(洪淳彦)의 이야기도 예로서 들었습니다."
 "그 두 예화는 모두 보통사람으로서는 실천하기 어려운 미담이지요. 그 감동적인 미담의 주인공이 보여준 마음씨의 아름다움 속에 진정한 멋이 깃들어 있다는 주장이지요."
 "멋있는 사람들의 일화는 듣는 이의 마음에 큰 기쁨을 줍니다.

그 밖의 멋있는 삶을 산 옛사람들의 이야기를 더 듣고 싶습니다.” 이것은 윤 여사의 부탁을 겸한 발언이었다.

“단천령(端川令)이라는 피리의 명수가 임꺽정의 부하에게 붙들려서 그들의 소굴로 끌려간 일이 있었어요. 도적들은 단천령에게 한 곡조 불어보라고 요구했으며, 단천령은 계면조(界面調)를 구성지게 불었지요. 그 슬프고 처절한 가락에 도적들은 울어버렸고, 두령 임꺽정은 피리불기를 중지시켰어요. 우악스럽고 거칠어야 할 도적들이 감상에 젖는 것은 금물이었기 때문이지요. 부하들은 단천령이 자기네의 소굴이 있는 곳을 관변에게 알릴 것을 걱정하여 그를 잡아두려고 했으나, 임꺽정은 신표(信表)까지 주어서 그를 집으로 돌려보냈어요. 예술가를 대접한 임꺽정은 멋있는 사람이었던 것이지요.”

“윤리적인 행위에만 내심(內心)의 멋이 있는 것입니까?”

“반드시 그런 것은 아니지요. 옛날 선인들이 음악이나 문학으로 풍류를 즐긴 행위는 좁은 의미로 ‘윤리적’은 아니지만 역시 멋있는 태도였지요. 옛날의 기방에서 남녀가 수작을 했을 때, 시(詩)를 주고 받았으며 글씨와 사군자를 주고 받은 예술적 행위에도 깊은 멋이 깃들었다고 보아야 하겠지요.”

“아까 선생님께서 멋을 한국적인 가치라는 말씀을 하셨는데, 외국인 가운데도 내면의 멋을 보여준 사람들이 있습니까?”

“‘멋’이라는 말이 한국적 정서와 깊이 관련되어 있다고 볼 수는 있으나, ‘멋’이 한국에만 고유한 가치라고 볼 수는 없어요. 내 말이 그런 오해를 불렀다면 내 표현이 잘못된 것이지요. 외국인 가운데도 내면의 멋을 가진 사람은 많이 있다고 봐야 하겠지요. 아까 말이 나왔던 테니스 선수의 일화도 실은 외국인의 이야기입니다.

나는 네덜란드의 철학자 스피노자를 매우 멋있는 사람이라고 생각합니다. 스피노자는 그의 민족적 종교인 유태교로부터 파문을 당하고 무력한 상태에 처했을 때, 그의 아버지로부터 받은 거액의 상속권을 지키기 위하여 누이와 맞서 법정투쟁을 감행한 일이 있었어요. 그러나 재판에서 승소하자 그는 유산의 대부분을 누이에게 주고 말았지요. 정의를 지키기 위하여 법정투쟁을 불사했을 뿐이고, 재산을 누이에게 줌으로써 남매의 정을 살린 그는 멋있는 사람이라고 생각됩니다. 렌즈를 갈아가며 가난하게 살고 있었을 때 하이델베르크 대학에서 철학 교수로 초청을 받은 적이 있었으나, 스피노자는 사상의 자유가 침해당할 것을 염려하여 그 초빙을 사절하기도 했어요."

　다시 이야기가 우리나라로 돌아왔고 역사에 길이 남을 멋있는 인물들의 이름이 잠시 화제에 올랐다. 그리고 요즈음은 세상이 각박하고 마음의 여유가 없어서, 정말 멋있는 사람을 만나기 어렵다는 말도 있었다. 겉모습의 멋은 도처에 지천으로 널렸으나 그것은 크게 자랑할 일이 아니라고 무심 선생은 부정적 견해를 보였다.

2. 무심 선생이 만나본 멋있는 사람들

　각자의 취향을 따라서 차 한 잔씩을 다시 주문하였다. 차를 기다리는 동안에 나는 사사로운 질문 하나를 던졌고, 이것이 계기가 되어 대화는 새로운 국면으로 옮겨가게 되었다.
　"선생님께서 대학에서 강의하셨을 때는 '멋'에 대하여 언급하신 일이 거의 없었습니다. 그 전에는 글로도 '멋'에 대하여 쓰신 적이 별로 없었다고 기억합니다. 근래에 와서 '멋'에 대한 새로운 관심을 보이셨다고 생각됩니다만, 이러한 관심의 변화를 일으키게 되신 이유 같은 것이 있는지 궁금합니다."

"나는 젊었을 때 우리나라가 전근대성(前近代性)을 탈피해야 한다는 생각에 사로잡혔고, 그러기 위해서는 서구적 개인주의와 서구적 합리주의를 익혀야 한다고 굳게 믿었어요. 따라서 나는 '한국적'이니 '우리나라에 고유한 것'이니 하는 말에 대해서 반사적 거부감을 느끼는 편이었어요.

그러나 나이가 든 뒤에 서구적 개인주의와 합리주의가 가장 바람직한 철학이 못 된다는 생각을 갖게 되었고, '한국적인 것'을 강조하는 사람들의 의견에도 긍정적 측면이 있을 법하다는 생각을 하게 되었어요. 서구적 개인주의와 합리주의가 초래한 결과가 각박하고 냉랭한 사회라는 생각에 밀리면서, 옛날 우리 조상들이 가졌던 것으로 알려진 여유롭고 훈훈한 생활을 부러워하게 된 것이지.

우리나라의 전통문화 속에 살아 있는 것 가운데서 앞으로 소중하게 가꾸어야 할 것의 하나로서 머리에 떠오른 것이 '멋'이라는 이름의 한국적 가치였어요. 우리가 장차 실현하고자 하는 목표로서 '멋있는 사람'과 '멋있는 사회'를 마음속에 그려볼 수 있다는 생각을 갖게 된 것인데, '멋'이 무엇인지 정확하게 설명할 재간도 없으면서, 그저 막연하게 '멋'이라는 말에 매력을 느낀 것에 불과하지요."

마치 나의 질문을 미리 예상이라도 한 듯이, 무심 선생은 여기까지 한숨에 말하였다. 그리고 잠시 멈추었을 때, 강 여사가 새로운 질문 하나를 던져서 대화가 자연스럽게 이어지도록 도왔다.

"선생님께서는 그 글 가운데서 한국인에게 최고의 찬사는 '당신 정말 멋있는 사람이오'라는 말씀을 하셨습니다. 그러나 그 말이 왜 최고의 찬사가 되는지에 대한 설명은 하지 않으셨습니다.

그 말이 최고의 찬사라는 것은 자명하다고 생각하신 것인지요?"
"학술적 논문이 아니라 그저 생각을 따라서 쓴 글이니까 엄밀하게 따지면 허점이 많겠지요. '멋있는 사람이오'가 최고의 찬사라는 말에는 내 주관이 많이 들어 있어요. 내가 '멋있다'는 찬사를 선호하므로 다른 한국인도 그럴 것이라는 주장에는 무리가 있을 수 있어요. 다만 확실한 것은 나는 '착하다', '능력이 있다', '잘생겼다' 등보다도 '멋있다'를 더 큰 찬사라고 느낀다는 사실입니다. 여자분들 가운데는 '아름답다' 또는 '예쁘다'를 최상의 찬사로 여기는 사람들이 많을지도 모르지요."
이어서 무심 선생은 어느 여배우의 여고시절 이야기를 들려주었다. 이름을 말하면 모를 사람이 없을 정도로 유명한 모 여배우가 고등학교에 다녔을 때 그의 성적은 바닥에서 가까웠다. 어느 날 그의 담임선생이 "나는 여학교 선생을 오래 했지만, 너같이 공부 못하는 놈은 처음 보았고 너같이 예쁜 놈도 처음 보았다"고 말했다. 그 순간에 여학생은 기분이 좋아서 활짝 웃었다는 이야기를 하며 무심 선생 자신도 빙그레 웃었다.
나도 젊어서 읽은 일본의 어느 여류 작가의 수기 이야기를 했다. 그는 일본에서는 널리 알려진 소설가였으나 용모는 특출한 편이 아니었다. 그는 자신의 작품에 대한 어떤 칭찬보다도 '아름답다'는 말이 듣고 싶다고 실토했던 것이다. 내 말이 끝나자 윤 여사가 다소 불만스러운 어조로 말했다.
"두 선생님의 말씀은 남성 위주의 시대를 배경으로 하고 나온 이야길 겁니다. 요즈음은 한갓 아름다운 꽃으로 대접받는 것을 불쾌하게 여기는 여자들이 많습니다."
"그러니까 남녀를 불문하고 '당신 참으로 멋있는 사람이오'가 최고의 찬사라고 하신 무심 선생님의 말씀이 옳다는 것이 증명된

셈입니다." 나는 이렇게 말함으로써 수세에 몰린 불리한 상황으로부터의 탈출을 시도했다. 이때 강 여사가,

"김 선생님은 순발력이 대단하시네요" 하며 발언의 기회를 잡았다. 그리고 이어서,

"무심 선생님께서는 '멋있다'는 찬사 듣기를 항상 갈망했지만 그 찬사를 실제로 듣지는 못했다고 쓰셨습니다. 정말 '멋있다'는 찬사를 들은 적이 없으십니까?"

"내 기억에는 그런 찬사를 들은 기억이 거의 없어요. 만약 나에게 '멋있다'는 찬사를 보낸 사람이 있다면, 그는 '멋있다'는 말의 뜻을 잘 몰랐을 가능성이 크다고 봐야 하겠지요."

"겸손이 지나치신 것 아닙니까?"

"아니지요. 앞에서도 말했듯이 '멋있다'는 말은 여유로움 또는 한가로움을 가진 것에만 적합한데, 나에게는 그것이 부족합니다. 네모 반듯하고 빈틈 없는 성격도 '멋'과는 거리가 있고, 철학하는 사람에게서 일반적으로 볼 수 있는 따지는 버릇도 멋을 해칩니다."

"선생님, 멋을 그렇게 일방적으로 규정하는 것은 잘못이 아닐까요? 네모 반듯하고 빈틈 없는 것이 멋있을 경우도 있고, 따져야 할 때는 따지는 것이 도리어 멋이 있을 수도 있다고 생각됩니다." 이것은 윤 여사의 발언이었다.

"그 말도 옳아요. 요는 정도의 문제이고 중용(中庸)에서 멀지 않은 곳에 멋이 깃드는 것인데, 나는 그 점에서 부족함이 많았다고 자기 진단을 하는 것이지요."

"그렇다면 흠잡을 데 없는 인격에만 '멋있다'는 찬사가 적합하다는 말씀이 될 것 같습니다. 완벽한 것보다는 조금은 부족한 곳도 있어야 인간적이고 멋있는 것이 아닐는지요?"

"말씨름으로 윤 선생을 당하기가 쉽지 않네요. 어쨌든 나는 솔직한 심정을 말한 것이고, 멋있어 보이려고 애를 쓰는 것도 멋대가리 없는 어리석음이니, 결국 진정한 멋을 가진 경지에 이른다는 것이 쉽지 않다는 이야기가 되는 것 같습니다."

"기준을 그토록 높게 잡으면 멋있는 사람 되기가 매우 어려울 수밖에 없겠지요. 선생님께서 직접 만나본 사람 가운데서 정말 멋있는 사람이 있었습니까?"

"해방되던 그 다음해에 '한미친선 권투대회'라는 것이 서울운동장 특설 링에서 열린 적이 있어요. 나도 아직 젊었을 때라 구경을 갔지요. 옥외에 임시로 만든 특설 링이 어설프기 짝이 없는 초라한 분위기였으나, 출전하는 한국선수들은 이미 이름이 널리 알려진 프로선수였고, 상대는 주한미군에서 뽑혀온 흑인 선수들이었어요. 그런데 그 링사이드에서 생각지도 않은 김구 선생의 모습을 보게 되었어요.

권투경기가 시작되기 직전에 주최측으로 보이는 어떤 남자가 '오늘 이 자리에는 김구 선생님이 와 계십니다. 모처럼 오셨으니 격려의 말씀을 부탁드리겠습니다' 하더군요. 뜨거운 박수가 터졌고, 내가 서 있는 자리에서 불과 10여 미터밖에 떨어지지 않은 앞자리에 앉았던 한복차림에 듬직한 체구가 일어서더니,

'여러분, 운동경기도 싸움이오. 싸움에는 이겨야 하오!' 이렇게 우렁찬 목소리로 한마디 하곤 도로 앉았어요. 한 5초 걸렸을까요. 세상에서 가장 짧은 격려사였다고 생각되는 그 장면이 50여 년이 지난 지금도 눈과 귀에 생생해요. 선입견의 영향도 있었겠지만 정말 멋있어 보였어요. 그날 미국선수와 싸운 한국선수들인 정복수, 박형권, 임방현 세 사람 모두가 쉽게 이겼다는 기억은 남았으나, 그들이 싸운 모습이나 그 밖의 장면은 전혀 생각이

나지 않는데, 김구 선생의 모습만은 뚜렷한 인상으로 남아 있어요."

"김구 선생의 어떤 점이 그토록 멋있게 보인 것일까요?"

"글쎄요, 분명하게 집어서 말하기는 어려우나, 우선 그분이 풍긴 분위기가 소박하고 친근감을 주었어요. 그리고 그 간단명료한 짧은 격려사가 아주 인상 깊었어요. 보통 같으면 '한미친선'이니 '조국광복'이니 하며 장황하게 떠들며 자기를 과시하기 쉬운데, 김구 선생의 말씀은 짧고도 함축이 컸어요."

"역사적 인물 말고, 선생님에게 가까운 사람들 가운데서 멋있는 사람을 보신 적은 없습니까?" 하고 강 여사가 지체하지 않고 물었다.

"물론 있지요. 인물 전체가 항상 멋있다고 말할 수 있는 사람은 흔하지 않지만, 때때로 멋있는 행동을 하는 친구는 가까운 주변에서도 흔히 찾아볼 수 있습니다. 내 가까운 친구 한 사람은 흥분하거나 화내는 모습을 보인 적이 거의 없고 항상 편안한 표정으로 일관하니, 그만하면 멋있다고 말할 수 있겠지요. 그러나 자기 부인에 대해서는 자주 짜증도 내고 화를 내기도 한다니, 언제나 멋있는 인물의 경지에는 못미친다 하겠습니다.

내 친구 중에서 어느 모로 보나 멋있다고 말할 수 있는 사람이 떠올랐어요. 그는 의사가 직업인데 돈벌이보다는 환자를 위해서 청진기를 드는 전형적인 인술가(仁術家)입니다. 악기도 다루고 노래도 부르며 그림까지 그리는 풍류도 겸했으니, 그만하면 멋있는 사람으로서 손색이 없지요."

이때 "외모와 옷차림은 어떻습니까?" 하고 윤 여사가 장난끼를 섞어서 물었고, 무심 선생은, "백문이 불여일견이라 하였으니, 원하신다면 내가 그 친구에게 소개장을 써 드리지요" 하며 지갑에서 명함을 꺼냈다. 명함 뒷면에 의사의 성명과 전화번호를 적은 것이 '소개장'의 전부였다. 무슨 소개가 그렇게 소홀하냐는 불평이 나왔고, 무심 선생은 감기나 몸살이 찾아왔을 때 그 명함 하나면 충분하다고 응수하였다. 이어서 강 여사가 자기에게도 소개장 하나 써달라고 부탁했으며, 무심 선생은 명함 한 장을 더 꺼내어 똑같이 적어서 건네주었다. 반은 농담이고 반은 진담이었을 것이다. 무심 선생에게서 가끔 찾아볼 수 있는 농담적 분위기는 해학 또는 유머로 통하는 것이고, 이 '유머'라는 것과 멋 사이에 밀접한 관계가 있을 것 같았다. 그래서 나는 물었다.

"우리 한국인에게는 본래 해학이 많은 것으로 알려져 있습니다만, 이 해학과 멋 사이에 어떤 상관관계가 있는 것이 아니겠습니까?"

"해학도 해학 나름이겠지요. 흔히 '익살'이라는 말로 지칭되는 해학 가운데는 누군가에게 심적 상처를 주는 따위가 있는데, 그런 종류의 해학은 멋과 별로 관계가 없을 것 같아요. 다만 따뜻한 마음이 바탕을 이룬 해학은 멋을 조장한다고 볼 수 있겠지요. 이를테면 따뜻한 해학 또는 절제된 해학은 멋으로 연결될 경우가 많아요."

"따뜻한 해학이라면 예를 들어서 어떤 것입니까?" 하고 윤 여사가 물었다.

"글쎄요. 좋은 예가 갑자기 생각나지 않네요. 이를테면 『춘향전』 가운데 방자가 이도령을 골려주는 해학적인 대목이 있는데, 방자의 본심은 이도령을 위하는 따뜻한 정을 떠나지 않은 것임을 느낄 수 있지요. 서양말의 '유머'라는 것은 자기가 사랑하는 것을 웃음거리로 삼는 마음의 여유에서 나온다고 하지요. 그것은 자기가 사랑하는 것을 웃어주는 것이니 '따뜻한 해학'의 전형(典型)이라고 볼 수 있겠지요. 해학은 나 자신 또는 나의 측근을 대상으로 삼는 따뜻한 웃음이라고 설명한 미국의 심리학자가 있었어요.
 퇴계 선생 집안에 제사가 있던날 제례를 막 올리려고 제상을 차리고 있었을 때, 퇴계 선생의 부인이 제상 머리에 다가와서 차려놓은 밤을 달라고 졸랐다는 일화가 있어요. 제례를 올리기 전에 차린 것에 손을 댄다는 것은 있을 수 없는 일이어서, 대소가에서 모인 제객들이 아연실색하고 있었을 때, 퇴계는 주저없이 생률 한웅큼을 집어서 주었습니다. 모두가 어안이 벙벙해서 퇴계의 행위를 나무랐으나, 선생은 태연하게 "자손이 맛있게 먹는 모습을 보시고 조상의 영혼께서 얼마나 대견하게 여기시겠습니까?" 하고 어색한 장면을 웃음으로 처리했다고 합니다. 퇴계의 이 기지는 유머의 일품으로서 인구에 회자되고 있지요. 제사를 앞에 두고 먹을 것을 달라고 보채는 아내의 바보스러운 태도에 당황하지 않고 웃음으로 처리한 마음의 여유와 따뜻함은 멋의 귀감이라고 해도 과언이 아닐 겁니다."

3. 선비와 풍류와 멋

 퇴계 선생의 일화로 이야기가 일단락을 지었을 때, 윤 여사가 새로운 화제를 제기하였다.
 "멋이라면 풍류(風流)를 연상하기 쉽고, '풍류'라는 말은 옛날의 '선비'를 연상시킵니다. 선생님, 멋과 선비 사이에 어떤 특별한 관계가 있다고 말할 수 있겠습니까?"
 "글쎄요. 선비 가운데도 멋이 없는 사람들이 있고 선비 아닌 사람들 가운데도 멋있는 사람이 있으니, 둘 사이에 필연적 관계가 있다고 보기는 어렵겠지요. 다만 멋과 풍류 사이에 밀접한 관계가 있고 조선시대의 선비들 가운데 풍류를 즐긴 경우가 많은 것은 사실이니, 그 사이에 전혀 관계가 없다고 말하기도 어려울 것 같군요."

평소에 말씀의 조리가 분명하기로 알려진 무심 선생의 대답치고는 좀 흐리멍텅하다고 느껴졌다. 갑작스러운 질문을 받았을 때 무심 선생은 가끔 시간을 벌기 위하여 무해무득한 말을 하는 버릇이 있다. 한숨 돌리고 나서 다시 무심 선생의 대답이 강의처럼 계속되었다.

"선비라는 것은 본래 유학을 공부한 식자층을 말한 것이지요. 유학이란 본래 지식만을 목적으로 삼는 것이 아니라 수기(修己)와 치인(治人)의 실천을 궁극의 목적으로 삼는 것이므로, 단순한 학식만으로는 선비의 범주에 들어갈 수 없었어요. 유학이 요구하는 실천행위가 주로 언행을 바로하는 윤리적 성질의 것이므로, 선비는 대개 옷차림이나 몸가짐에 흐트러짐이 없어야 한다는 통념이 있었어요. 그러므로 선비에게서 파격(破格)에서 나오는 멋을 기대하기가 어렵다는 생각도 들어요.

그러나 유학에서는 본래 학문만을 힘쓴 것이 아니라 시와 서화(書畫) 등 예술도 숭상하고 활쏘기와 말타기 등 무예도 존중했으므로, 엄격한 도덕에서 오는 숨막힘을 벗어날 수 있는 장치도 있었던 것으로 알아요. 따라서 선비도 원숙한 경지에 이르면 시화도 즐기고 가무도 즐기는 여유로움을 가졌어요. 선비들은 청빈하고 검소한 생활을 한 것이 일반적 현상이었고, 가난한 가운데서 절제있는 풍류를 즐겼으니, 그것은 높은 경지의 멋이었다고 말할 수 있겠지요. 물론 선비들 가운데는 강직함이 지나치고 꼬장꼬장함에만 얽매어서 멋과는 거리가 먼 답답한 사람도 있었을 겁니다."

"전통사회에서는 이상적 인간형으로서 '선비'를 말했다 하고, 유교에서는 '군자'(君子)가 되라고 가르쳤다고 들었습니다. 선비와 군자는 어떻게 다릅니까?" 이것은 강 여사의 질문이었다.

"나도 잘은 모릅니다만, 고대 중국에서 '군자'라는 말은 본래 지배계층 즉 '사농공상'(士農工商)할 때의 '사'(士) 계급을 가리키는 말로 사용되었다고 합니다. 그러니까 어원으로 따지면 '군자'와 '선비'는 매우 비슷한 뜻을 가졌다고 볼 수 있겠지요. 그러나 시대가 지나면서 중국에서는 '군자'라는 말을 유교적인 덕을 높이 쌓은 인격자의 뜻으로 쓰게 되고, 우리나라에서는 '선비'라는 말을 지조가 있는 학인(學人)의 뜻으로 쓰게 되었으니, '군자'와 '선비'는 그 강조점과 어감이 다르다고 생각됩니다. 그러나 무가(武家)가 정권을 장악했던 역사가 오래인 일본에서 '선비사(士)' 자를 '사무라이'라고 읽어서 무인(武人)의 뜻으로 쓰는 것에 비하면, 중국의 '군자'와 우리나라의 '선비' 사이에 공통점이 많다고 말할 수 있겠지요."

무심 선생이 여기까지 말했을 때, 이번에는 윤 여사가 발언의 기회를 잡았다.

"선생님, 선비와 군자, 둘다 매력적인 인간상이라는 느낌이 듭니다. 이 두 가지 인간상의 같은 점 또는 다른 점에 대해서 좀더 구체적인 말씀을 듣고 싶습니다."

"두 단어에 대한 엄밀한 정의(定義)가 있는 것이 아니어서 윤 선생이 만족할 만한 말을 할 수 있을 것 같진 않아요. '선비'라는 말은 '강직'(剛直), '청빈', '지조'(志操) 등의 덕목을 연상하게 하는데, '군자'라는 말은 '인후'(仁厚), '중용'(中庸), '신중'(愼重) 등의 덕목을 연상하게 합니다. 사람에 따라서 연상하는 덕목이 다를 수도 있겠으나, 나의 경우는 그렇습니다. 이 말은 군자다운 군자 되기가 선비다운 선비 되기보다 더욱 어렵다는 뜻을 함축하는 것이며, 군자가 선비보다 높은 경지의 인품이라는 뜻도 포함합니다.

현대인을 위해서도 군자는 이상적 인간형이라고 말할 수 있으나 선비의 경우는 그렇게 말하기가 어렵다는 생각도 듭니다. '군자가 되라'는 말은 어떠한 일에 종사하는 사람에게나 의미있는 충고가 될 수 있으나, '선비가 되라'는 말은 오직 지식인에 대해서만 적절한 충고가 될 수 있을 것 같습니다. 지식인의 경우에는 '멋있는 선비'라는 말은 최고의 찬사가 될 수 있다고 나는 생각합니다. 강직하고 자신에게 엄격한 선비에 대해서 나는 존경심을 느낄 수는 있으나 친구로서의 매력은 느끼지 않습니다. 풍류도 알고 마음이 너그러워서 멋있는 선비라면 평생의 친구로서 손색이 없겠지요."

"아까 선생님께서는 선비와 멋 사이에 필연적 관계는 없다고 말씀하셨습니다. 글공부를 못한 사람들 가운데도 멋있는 사람이 많다는 뜻으로 저는 들었습니다. 제 머리에는 지금 엉뚱한 의문 하나가 떠오릅니다. 현대사회에서 글공부가 내심의 멋을 조장하는지 또는 저해하는지 아리송하다는 의문입니다."

윤 여사의 이 색다른 질문에 대해서 무심 선생은 즉각적 반응을 보이지 않았다. 그것은 단순한 질문이 아니라 윤 여사 자신의 어떤 의견을 말하기 위한 준비라고 보았기 때문일 것이다. 무심 선생이 대답을 하지 않고 기다리자 윤 여사가 말을 계속하였다.

"옛날의 글공부는 문학과 역사와 철학에 대한 공부였으므로, 마음의 여유와 삶을 관조하는 안목을 기르는 데 도움이 되었고, 따라서 풍류와 멋이 따르기 쉬웠을 것 같은 생각이 듭니다. 그러나 요즈음에 학교 공부는 직업을 구해서 먹고살기 위한 기술을 배우는 것이어서, 영리하고 계산이 빠른 소인(小人)을 길러내는 결과를 부르지 않을까 걱정이 됩니다. '멋있는 소인'이라는 말은 어감이 이상합니다."

"먹고사는 문제가 가장 중요하기는 예나 지금이나 다를 바가 없어요. 다만 요즈음은 소비수준이 필요 이상 높아져서 많은 돈을 벌기 위한 치열한 경쟁을 강요당하고 있다는 점이 옛날과 다릅니다. 삶의 질의 수준이 소비생활의 수준에 비례한다고 생각하는 사람들이 많으니, 한마디로 말해서 멋없는 세상이지요."

"전체가 멋없는 세상이라면 그 속에 사는 어떤 개인이 멋있는 삶을 추구한다는 것은 무리가 아닐까요."

"시대의 풍조에 순응하느냐 또는 자신의 소신에 충실하게 사느냐 하는 문제는 모든 시대에 지성인이 고민하는 문제지요. 가장 어려운 것은 지배계층이 부당한 권력을 휘두를 경우에 어떻게 처신하느냐 하는 문제이고, 물질주의적 풍조에 동조하느냐 안 하느냐 하는 것은 자신과의 싸움의 문제에 해당하므로 불의(不義)의 폭력과 싸우는 문제보다는 수월하지 않을까요."

이 말을 들으며 무심 선생도 이제 많이 늙었구나 하는 생각을 하면서 나는 이렇게 말했다.

"저는 문제가 그렇게 단순하지 않다고 봅니다. 지금 우리가 이야기하고 있는 문제는 문화 풍토의 문제이고 개인의 문제가 아닙니다. 눈에 보이지 않는 폭력이 우리 사회를 온통 경영논리의 지배하에 두려고 휘몰아치고 있습니다. 심지어 교육행정을 맡은 사람들까지도 모든 문제를 경영학의 논리로 접근하는 판국입니다. '경쟁력'이 없다는 이유로 인문학(人文學)을 돌보지 않는 일반적 풍조가 우리의 심각한 현실을 단적으로 말해 줍니다. 이것은 결코 '나 자신과의 싸움'의 문제로서 간단하게 보아넘길 문제가 아닙니다."
 "김 선생의 말이 옳아요. 나도 이제는 늙어서 사회적인 문제로부터 도피하려는 경향으로 기울고 있어요."
 무심 선생의 어조에는 쓸쓸함이 역력하였다. 나는 내 표현이 지나쳤음을 뉘우쳤고, 좌석의 분위기를 바꿀 책임이 나에게 있음을 느꼈다.

4. 삶의 슬기로운 끝마무리

 "옳지 않은 사회풍조와 맞서서 싸우는 문제는 젊은 사람들이 맡아야 할 몫입니다. 연세 높으신 분들이 걱정하실 필요가 없도록 젊은 사람들이 앞장서서 사회를 바로잡아야 하는데, 그것이 전혀 안 되고 있습니다." 나의 이 말은 무심 선생에게 별로 위로가 되지 못한 듯하였다.
 "우리나라가 갑자기 이 모양으로 된 것은 아니고, 좋지 않은 씨를 뿌린 책임은 오히려 늙은이들이 져야 옳겠지. 그러니 오늘의 사회풍조를 바꾸는 일에 늙은이들도 적극적으로 참여하는 것이 사리에 맞을 것이오. 하지만 실제로 되는 일이 없어요. 나이살이나 먹은 사람들이 무슨 모임을 만들기도 하고 '우리의 의견' 따위를 발표하기도 하는데, 별로 실효가 없어요. 신문이나 방송의 기자들이 더러 와서 사진을 찍어 가지만, 유력한 인사가 끼인 동창회 소식보다도 작게 보도되고 말아요. 늙은 세대와 젊은 세대의 협동이 필수적인데 우리나라에서는 그것이 전혀 안 되고 있는 형편이지."
 "이를테면 '세대간의 단절'을 느낄 때가 있습니다. '단절'(斷絶)도 일종의 '갈등'이 아니겠습니까?"

"단절이든 갈등이든 결국은 생존경쟁의 나타남이겠지. 서로 다 같이 살 수 있는 길을 찾기보다는 각각 저부터 살아남겠다는 욕심이 앞서는 것일까? 늙으면 조연(助演)으로 만족해야 할 처지인데 여전히 주연(主演)의 자리를 고집하니, 아예 조연의 자리도 줄 수 없다고 맞서게 되는 것이겠지. 나이값을 한다는 것이 생각보다 어려워요."

"선생님들의 말씀을 들으면서 젊지도 늙지도 않은 저희 중간세대는 마음이 착잡합니다. 물론 세대간의 갈등 내지 단절도 있는 것이 사실이지만, 그것이 전부라고 볼 수는 없습니다. 선생님들과 저희가 이렇게 만나서 이야기를 나누고 있지 않습니까." 이것은 윤 여사의 위로와 항변을 섞은 말이었다.

"이야기를 하다보니 말의 논리에 끌려서 내 발언이 좀 지나치게 된 것 같군요." 무심 선생이 이렇게 누그러지자, 이번에는 강 여사가 발언의 기회를 잡았다.

"나이드신 분이 도리에 어긋나는 행동을 했을 때 '나이값도 못한다'는 비난을 받습니다. 그런데 두 분 선생님의 경우는 도리에 어긋나는 언행은 없는 것으로 알고 있습니다."

"도리(道理)라는 것을 엄격하게 이해한다면, 전혀 없다고 말하기는 어려워요. 그리고 도덕적으로 비난받을 파렴치한 짓을 하지 않는 것만으로는 부족하고, 더욱 적극적으로 뭔가 젊은이들의 모범이 될 만한 구석이 있어야 정말 나이값을 한다고 말할 수 있겠지요. 곱게 늙는다는 것이 생각보다 어려운 것이 삶의 현실이 아닐까요? 괴테의 시(詩)에 오래 살면 자연히 수치스러움을 범하기 쉽다며 장수(長壽)를 부정적으로 말한 것이 있었다고 기억해요. 어쨌든 '개혁'이니 뭐니 하고 분수에 넘는 일을 꾀하다 보면 예상 못한 덫에 걸릴 수 있는 것이 우리의 현실이니, 늙으면 자연히 움츠러들게 되지요. 그렇다고 죽은 목숨처럼 가만히 있는 것은 무의미한 일이고, 젊은이들이 좋은 일 많이 하도록 조연의 구실을 잘해야 할터인데 그것이 말처럼 쉽지 않다는 말이지요."
 "괴테가 장수를 부정적으로 말했다 하더라도, 선생님들은 오래 오래 사셔야 합니다." 이것은 강 여사의 말이었다. 이 말에 이어서 윤 여사는 이렇게 이야기했다.
 "말년의 행적만을 가지고 사람의 일생을 평가하는 것은 지나치다고 생각합니다. 일제시대에 민족운동을 줄기차게 하다가 늘그막에 친일(親日)로 돌아선 사람들이 있었는데, 그들을 가혹하게 매도하는 것이 과연 옳은지 의심이 갈 때가 있습니다."
 "당시의 상황으로 볼 때, 국내에 머물면서 끝까지 지조를 지키기가 매우 어려웠던 것은 사실이나, 역시 좀더 버텨야 했어요. 과거의 역사를 거울삼아서 우리 모두 삶의 끝마무리에 실수가 없도록 해야 한다고 생각합니다."
 "선생님, 저희들에게도 멀지 않아 노년기가 찾아올 것입니다. 지금부터 마음을 가다듬어야 한다는 생각이 드네요. 삶의 끝마무리를 슬기롭게 하기 위해서, 특히 유의해야 할 점에 대해서 말씀해 주셨으면 합니다."
 "윤 선생, 너무 서두를 것 없어요. 아직 새파랗게 젊은데 벌써부터 그런 걱정하는 것은 어울리지 않아요."
 "저는 그렇게 생각하지 않습니다. 선생님께서도 언젠가, 바둑의 고수(高手)가 정석 단계에서부터 종국(終局)을 내다보듯이, 인생도 미리부터 멀리 내다보며 살아야 한다고 말씀하셨습니다."
 "슬기로운 삶의 끝마무리를 위한 준비의 문제는 윤 선생이나 강 선생을 위해서보다도 늙은 나 자신을 위해서 생각하고 다짐해야 할 문제겠지요. 삶의 끝마무리를 잘하기 위해서는 우선 건강관리부터 잘해야 한다고 나는 생각해요. 나이가 든 뒤에 건강을 해치면 회복이 어렵고, 건강이 나쁘면 마음도 약해져서 문제를 앞에 놓고 올바른 판단을 하기가 어려워요.

 그리고 둘째로 욕심을 줄여야 해요. 젊은이에게도 지나친 욕심은 금물이지만, 특히 노욕은 추하게 보이지요. 욕심을 부리게 되면 자연히 젊은이들과 충돌하게 마련이어서 모양새도 나쁘고 일도 그르치기 쉬워요."

 "선생님, 대체로 말해서 건강이 좋은 사람들에게 욕심이 많은 것이 아닙니까? 건강이 나쁘면 모든 의욕을 잃게 되고 욕심도 따라서 줄어드는 것이 인간의 심리가 아닐까 합니다."

 "가정학을 공부한 강 선생이 그 점에 대해선 나보다 더 잘 알겠지요. 다만 건강이 몹시 나빠서 아무 의욕도 욕심도 느끼지 못하는 것은 바람직한 상태가 아닐게고, 건강하면서 욕심을 부리지 않아야 한다는 뜻이지요. 여기서 우리는 '의욕'과 '욕심'을 구별할 필요가 있어요. 지나친 의욕 또는 부당한 목표를 달성하고자 하는 의도를 '욕심'이라고 이해한다면, 좋은 건강을 유지하는 것과 욕심을 부리지 않는 것은 양립할 수 있다는 생각을 갖게 될 것입니다. 그러나 실제에 있어서 늙은이가 건강을 유지하면서 욕심이 아닌 의욕을 잃지 않는다는 것이 쉽지 않아요. 그러기에 곱게 늙기가 어렵다는 것이겠지요.

 삶의 끝마무리를 위해서 중요한 것이 또 하나 있어요. '늙음'이라는 자연현상을 순순히 받아들이는 것이 가장 중요하지 않을까 해요. 불로 장생을 바라는 것은 진시황 이전부터의 인간적 소망이겠지만, 세월이 가면 누구나 늙게 마련이라는 자연의 섭리를 순순히 받아들여야 늙은 삶에도 늙은이 나름의 값이 있다는 것을 긍정하리라는 생각이 들어요."

이렇게 말하는 무심 선생의 모습은 삶 속에 본래부터 들어있는 쓸쓸함을 확대경으로 들여다본 그림 같다는 느낌이 들었다. 나는 분위기를 바꾸고 싶은 생각에 쫓겨서 지극히 세속적인 발언으로 무심 선생의 말의 여운을 지워버리려 했다.
　"옛날 같은 효사상(孝思想)이 살아 있는 것도 아니고 선진국처럼 노년을 위한 복지제도의 마련이 있는 것도 아닌 우리들의 경우는, 노후의 의식주를 자력으로 보장하기에 필요한 경제력을 미리부터 마련해 둘 필요도 있습니다."
　그러나 무심 선생은 내 말에 대하여 별로 관심을 보이지 않고 자신의 말을 계속하였다.
　"물론 경제력도 필요하겠지. 그러나 가장 중요한 것은 마음의 자세라고 생각해요. 고래로 우리 조상들은 고종명(考終命)을 오복의 하나로 꼽았고, 고종명을 위해서 가장 긴요한 것은 삶을 대하는 올바른 마음의 자세와 죽음을 조용히 바라보는 슬기와 용기라고 나는 믿어요."
　"언젠가 '고종명'의 정확한 뜻이 궁금하여 사전을 찾아보았더니, '제 명대로 살다가 편안하게 죽음'이라고 풀이되어 있었습니다. 이 말의 핵심은 임종(臨終)을 편안한 마음으로 맞이함에 있다고 보는 것이 옳겠습니까?" 이것은 윤 여사의 가벼운 질문이었다.
　"나도 그렇게 생각합니다. 오복 가운데 이미 수(壽)와 강녕(康寧)이 들어 있으니까, '고종명'은 주로 임종에 관계되는 개념이라고 보는 것이 옳겠지요."
　"그렇다면 선생님께서 아까부터 하신 말씀을 '곱게 늙어서 멋있게 죽자!'라는 가르침이라고 요약해도 무방하겠습니까?"
　"뭐 '가르침'이라고까지 할 것은 없지요. 어쨌든 윤 선생은 우리 대화의 핵심을 아주 깔끔하게 정리해 주었어요" 하며 무심 선생은 활짝 웃었다. 분위기를 일순에 밝게 하는 웃음이었다. 내가 애써 바꾸어보려고 해도 뜻대로 되지 않은 분위기의 변화를 윤 여사가 간단하게 만들어낸 것이다. 역시 슬기롭고 아름다운 여성의 힘이 크다는 것을 새삼 느꼈다. 이때 강 여사가 또 다른 질문을 하였다.

"아까 선생님께서 '죽음을 조용히 바라보는 슬기와 용기'라는 말씀을 하셨는데, 좀더 구체적으로 말씀해 주셨으면 합니다."

"우리는 죽음을 지극히 불길한 것으로 여기고 그 말을 입에 담는 것조차 싫어할 정도로 죽음을 두려워합니다. 그러나 늙음과 마찬가지로 죽음도 삶 속에 이미 예견된 자연현상에 불과하다는 사리(事理)를 생각한다면, 그것은 기피하거나 두려워할 문제가 아니지요. 천체의 운행을 따라서 주기적으로 찾아오는 엄동설한을 대하듯이, 죽음도 조용한 마음으로 태연하게 대하는 것이 사리에 맞지 않습니까."

"이론으론 그렇다 하더라도 사람의 정서라는 것이 이론대로 통제할 수 있는 것이 아니지 않습니까?"

"물론 그렇지요. 그러니까 수양이 필요하다는 말도 나오게 되구요." 이어서 무심 선생은 죽음을 태연하게 맞이한 사람들의 전설 몇 가지를 이야기하였다. 처음 듣는 이야기가 아니어도 무심 선생의 입을 통해서 들을 때는 새로운 감회가 있었다.

어느 고승이 자신의 죽을 날을 예고하고 모든 일을 깨끗하게 마무리지은 다음에, 그 날이 왔을 때 "나 이제 가네" 하고 조용히 누웠다는 이야기가 있었다. 다른 어떤 고승은 이제 할일이 모두 끝났다며 떠나가겠다고 제자들에게 고별을 선언했다가, 어느 제자승으로부터 아직 끝나지 않은 일이 하나 남았다는 말을 듣고, 임종을 잠시 연기했다는 이야기도 나왔다.

　두 여인이 가장 흥미를 느끼며 들은 것은 칸트와 괴테가 남긴 마지막 한 마디에 관한 일화였다. 칸트가 남긴 마지막 말은 "좋아!"(Gut)였고, 괴테가 남긴 임종의 말은 "보다 더 광명을!"(Mehr L'icht)였다고 전해진다. 일생을 도학자처럼 완벽하게 산 칸트는 모든 것이 만족스럽다는 뜻으로 "좋다"라고 말했으며, 평생 끝없는 정열을 불태우며 '위로 향한 정진'(Streben nach Oben)을 삶의 신조로 삼은 괴테는 죽음에 임해서도 더 밝은 광명을 희구했다는 것이 저 말들에 대한 교과서적 해석이다. 그러나 일설에 따르면, 칸트의 경우는 그가 죽기 직전에 마신 홍차의 맛이 만족스럽다는 뜻으로 "좋아"라고 말했고, 괴테의 경우는 임종 때 방이 어두운 것이 싫어서 커튼을 좀 더 열어 달라고 부탁하기 위하여 "더 밝게"라는 말을 마지막으로 남겼다는 풀이도 있다.

　끝으로 죽음을 두려워할 까닭이 없다는 것을 간결하게 말해주는 두 명언에 대한 언급도 있었다.

　"죽기 전에는 결코 죽지 않는다. 죽은 뒤에는 죽음을 의식하지 않는다. 그러므로 죽음은 경험할 수 없다."

　"삶이 끝나고 죽음이 시작되는 것은 아니다. 삶이 끝나면 죽음도 끝나고 만다."

　무심 선생의 말씀을 듣는 순간은 죽음이라는 것이 별것 아니라는 생각이 들기도 하였다. 대화를 마치고 웃으며 나왔을 때, 밖에는 하늘이 반쯤 개이고 아직 해가 많이 남아 있었다.

무심 선생과의 대화

저자약력

　충북 중원 출생.
　청주고보 졸업. 일본 제3고 졸업. 일본 동경대학 법학부 수학.
　서울대 철학과 졸업. 서울대 대학원 철학과 졸업.
　미국 Johns Hopkins 대학원 철학과 졸업(철학박사).
　하와이 대학교 Eastwest Center Senior Fellow. 서울대 철학과 교수 역임.
　현재 서울대학교 명예교수. 학술원 회원. 철학문화연구소 이사장.

주요저서

　『윤리학』『변혁시대의 사회철학』『한국윤리의 재정립』
　『삶을 어디서 찾을 것인가』『삶과 그 보람』『삶이란 무엇인가』
　『직업윤리와 한국인의 가치관』『흐르지 않는 세월』
　『새로운 천년을 바라보며』 등 다수가 있음.

2000년	1월 5일	1판 1쇄	인쇄
2000년	1월 10일	1판 1쇄	발행

　　　　지은이　김　태　길
　　　　발행인　전　춘　호
　　　　발행처　철 학 과 현 실 사
　　　　　　　　서울시 서초구 양재동 338-10
　　　　　　　　전화 579-5908, 5909
　　　　등　록　1987. 12. 15 제 1-583호

　　　　　　　　　값 8,000원

　　　ISBN 89-7775-278-7　03800